열정의 배신

하고 싶은 일만 하면 정말 행복해질까

...하고 싶은 일만 하면 정말 행복해질까...

열정의 배신

So Good They Can't Ignore You

칼 뉴포트 지음 **김준수** 옮김

부·키

지은이 칼 뉴포트 Cal Newport

현재 조지타운대학교 컴퓨터과학과 교수로 재직 중인 칼 뉴포트는 2004년 다트머스대학교를 최우수 성적으로 졸업하고 2009년 MIT에서 전기공학 및 컴퓨터과학 박사 학위를 받았다. 이후 MIT에서 박사후 과정을 마치고 컴퓨터과학과 조교수를 지냈으며, 2016년 조지타운대학교에 합류해 분산 시스템 이론을 전문 연구 분야로 두고 있다. 고교 시절 이미 친구와 함께 웹 디자인 회사를 설립했으며, 대학원 재학 당시 시작한 블로그 '스터디 핵스'는 현재 학습 및 커리어 관리 분야에서 최고 인기 블로그로 자리 잡았다. 이를 바탕으로 대학원 졸업 전에 성공적인 학습법에 관한 두 권의 책 《성공하는 사람들의 대학생활백서》와 《대학성적 올에이 지침서》를 출간해 주목받았고, 하버드, 프린스턴, MIT, 다트머스, 미들버리, 조지타운, 듀크 등의 명문대에 초청받아 '대학 생활에 성공하는 법'에 대해 수차례 강연하면서 미국 최고의 진로 멘토로서 입지를 굳혔다. 《열정의 배신》의 핵심 내용은 2012년 《뉴욕타임스》에 기고한 칼럼 〈열정을 따르라고? 열정이 당신을 따르게 하라〉에 기초해 있는데, 이 칼럼은 당시 《뉴욕타임스》에서 '이메일로 가장 많이 공유된 기사' 자리를 일주일 이상 지켰다. 이 책은 출간 이후 아마존 커리어 관리 및 구직 분야에서 5년 연속 베스트셀러에 올랐으며, 800-CEO-Read '최고의 비즈니스서', 글로브앤메일 '올해의 TOP 10 자기계발서', INC 매거진 '기업가를 위한 최고의 책' 등에 선정된 바 있다.
또한 2016년 TED 강연 〈소셜 미디어를 끊어야 하는 이유〉(현재 조회 수 500만 뷰 이상) 이후 내놓은 《딥 워크》와 《디지털 미니멀리즘》을 통해 집중력과 몰입, 디지털의 영향에 관한 문제를 꾸준히 제기 중이다. 유명 블로거임에도 불구하고 소셜 미디어 계정을 이제껏 한 번도 개설하지 않았다고 한다.
저자 홈페이지 http://calnewport.com

옮긴이 김준수

연세대학교 인문학부에서 국문학과 영문학을 전공했고, 현재 출판 기획과 번역에 종사하고 있다. 《마인드 셋》《트리거》《숙제의 힘》등을 우리말로 옮겼다.

열정의 배신

2019년 2월 25일 초판 1쇄 인쇄 | 2019년 3월 8일 초판 1쇄 발행

지은이 칼 뉴포트 | 옮긴이 김준수 | 펴낸곳 부키(주) | 펴낸이 박윤우 | 등록일 2012년 9월 27일 | 등록번호 제312-2012-000045호 | 주소 03785 서울 서대문구 신촌로3길 15 산성빌딩 6층 | 전화 02)325-0846 | 팩스 02)3141-4066 | 홈페이지 www.bookie.co.kr | 이메일 webmaster@bookie.co.kr | 제작대행 올인 피앤비 bobys1@nate.com
ISBN 978-89-6051-699-1 03300

이 도서의 국립중앙도서관 출판예정도서목록(CIP)은 서지정보유통지원시스템 홈페이지(http://seoji.nl.go.kr)와 국가자료공동목록시스템(http://www.nl.go.kr/kolisnet)에서 이용하실 수 있습니다.(CIP제어번호: CIP2019004373)

아내 줄리에게

이 책을 바친다

차례

'하고 싶은 일'만 하면
정말 행복해질까?

열정을 좇던 그 남자에게 무슨 일이 벌어졌나

"열정을 따르라"는 말은 위험한 조언입니다.

토머스가 이 사실을 어디서 깨닫게 됐는지, 아마 독자 여러분은 상상
조차 하기 힘들 겁니다. 그는 뉴욕주 캐츠킬산맥의 트렘퍼산 남쪽에 펼
쳐진 떡갈나무 숲 사이 산책로를 걷는 중이었죠. 그 길은 1980년대 초
반부터 캐츠킬산맥 자락에 자리 잡은 젠 마운틴 사원Zen Mountain Monastery
의 영지를 가로지르는 여러 산책로 중 하나였습니다. 토머스는 이 사원
에서 승려가 되기 위한 2년 과정 중 약 절반을 보내고 있었죠. 1년 전
처음 이곳에 도착했을 때만 해도 오랫동안 품어 왔던 꿈을 이룬 듯한
기분이었습니다. 불교에 귀의하려는 자신의 열정을 좇아 이 고즈넉한
캐츠킬산맥의 사원까지 이르렀고, 앞으로는 행복만이 가득하리라 기대
했던 겁니다. 하지만 그날 오후 떡갈나무 숲 한가운데 멈춰 선 그는 터
져 나오는 울음을 참을 수 없었습니다. 멋지게만 보였던 바로 그 꿈이
자신을 망쳤다는 걸 깨달은 거죠.

"저는 늘 '인생의 의미는 뭘까?' 하고 스스로에게 묻곤 했어요." 매사추세츠주 케임브리지의 한 커피숍에서 처음 만났을 때 토머스는 제게 이렇게 말했습니다. 그때는 이미 캐츠킬산맥에서 통곡한 시점으로부터 몇 년이 지난 후였지만 토머스는 자신의 얘기를 꼭 하고 싶어 했습니다. 마치 그런 회고가 복잡했던 지난날의 악몽을 씻는 데 도움이 되기라도 하듯이 말이죠.

대학에서 철학과 신학을 전공하고 비교종교학 석사 과정까지 마친 토머스는, 자신이 추구하는 인생의 의미를 찾기 위해 불교에 귀의하는 길을 택했습니다. "철학을 공부하다가 불교로 옮겨 가는 건 그야말로 극에서 극으로 향하는 거나 마찬가지였어요. 하지만 당시엔 곧바로 불교 수행을 하는 게 제가 가진 의문을 해소하는 방법이라고 여겼죠."

그렇지만 졸업 후 돈이 필요했던 그는 갖가지 직업을 전전해야 했습니다. 1년간 한국의 산업 도시인 구미에서 영어를 가르친 적도 있었습니다. 아시아에서 지낸다는 게 처음엔 꽤나 로맨틱하게 느껴졌지만 그 환상이 깨지는 데는 얼마 걸리지 않았습니다. "한국에서는 매주 금요일 밤이면 퇴근한 직장인들이 거리에 늘어선 포장마차로 모여들어요. 그리고 밤새 소주를 들이붓죠. 겨울에는 포장마차들마다 뿌옇게 김이 뿜어져 나와요. 하지만 가장 기억에 남는 건 다음 날 아침 길거리에 말라붙어 있던 토사물 자국이에요."

토머스의 여정은 중국과 티베트, 남아프리카를 거치면서 계속 이어졌고, 런던에서는 IT 업계에서 좀 따분한 직업인 데이터 입력 일을 하기도 했습니다. 그러는 동안에도 불교야말로 자신에게 행복을 가져다줄 거라는 그의 신념은 점점 커져만 갔죠. 그렇게 시간이 지나면서 그는 마침내 승려가 되겠다는 결심을 굳히게 됩니다. "사원에서 불교 수행을 하며 지내는 삶을 너무나 동경하게 됐어요. 그게 제 꿈을 실현시킬 방법이라고 생각했으니까요." 승려가 되는 것에 비하면 다른 일들은 전부 시시하게 느껴질 뿐이었습니다. 그는 자신의 열정을 따르기로 마음을 굳혔죠.

런던에서 머물던 시절, 젠 마운틴 사원에 대해 처음 듣자마자 그곳의 청정함에 마음이 끌렸습니다. "아, 거기 있는 사람들은 정말 제대로 수행을 하겠구나, 생각했죠." 토머스의 열정은 젠 마운틴 사원이야말로 그가 있어야 할 곳이라고 속삭였습니다.

사원에 들어가기 위한 준비를 마치는 데 꼬박 9개월이 걸렸습니다. 마침내 사원 입교를 허락받고 케네디공항에 도착한 그는 캐츠킬산맥으로 향하는 버스에 몸을 실었죠. 버스가 도심을 벗어나 고풍스러운 시골 마을들을 지나는 동안 주위 풍경은 점점 더 아름다워져 갔습니다. 차창 밖으로 그 거짓말 같은 모습들을 지켜본 지 3시간이 흘러 트렘퍼산 초입에 도착한 버스는 토머스를 갈림길에 내려 두고는 사라졌죠. 정류장에서부터 사원 입구로 이어지는 길에는 연철 막대 문들이 마치 그를 기다리기라도 했다는 듯 활짝 열려 있었습니다.

그리고 토머스의 눈앞에 교회를 개조한 4층짜리 본관 건물이 나타났습니다. 그 지역에서 나는 청석과 떡갈나무 목재로 지어진 건물이었죠. 사원 안내 책자에 "영적 수행을 위해 산이 내어 준 장소"라고 묘사된 바로 그곳이었습니다. 여닫이문을 밀고 들어가자 신참 담당 스님이 그를 맞아 줬지요. 당시의 감정을 쉽게 말로 옮기지 못하던 토머스가 가까스로 적당한 표현을 찾아냈습니다. "무지 배가 고픈데 곧 엄청나게 훌륭한 음식을 먹을 수 있다는 사실을 알고 있는 기분이랄까요? 그때 제 마음이 딱 그랬어요." 수도승으로서 새 삶을 시작한 토머스의 출발은 나쁘지 않았습니다. 본관에서 떨어진 숲속의 작은 오두막에 머물렀죠. 시작한 지 얼마 되지 않았을 때, 한번은 자신과 비슷한 오두막에서 15년 동안 지내 온 고참 승려에게 본관과 오두막 사이를 오가는 일이 지겹지 않느냐고 물어본 적이 있었습니다. 그러자 그 선배는 사뭇 진지한 어조로 "나도 이제 겨우 배우기 시작하는 중이라네"라고 답했습니다.

젠 마운틴 사원의 하루 일과는 보통 새벽 4시 반에 시작됩니다. 승려들은 본당에 가지런히 깔린 방석 위에서 40~80분가량 명상을 하며 아침을 맞이했지요. 본당 정면에 나 있는 고딕 양식의 창문 밖 풍경은 장관이지만 방석 위에 앉아 있는 수행자들의 눈높이에서는 보이지 않았습니다. 뒤쪽에는 감독 승려 한 쌍이 앉아 있다가 가끔 방석 사이를 오가곤 했습니다. "자신도 모르게 졸지 않도록 죽비로 쳐 주는 거죠"라고 토머스는 설명했습니다.

본당에서 그대로 아침 식사까지 마치고 나면 모든 승려에게는 각자 할 일이 배당됩니다. 토머스는 화장실 청소와 배수로 관리를 맡았고, 좀 생뚱맞게 사원 회보의 그래픽 디자인도 담당했습니다. 보통 그런 다음에는 명상을 더 하고, 선배 수련자와 선문답禪問答을 하고, 대개 긴 시간 진행되는 어려운 법문 설법을 듣는 일과가 이어졌지요. 저녁 식사 전에야 짧은 개인 시간이 주어졌는데 토머스는 그 시간을 주로 오두막에 불을 지피는 데 사용했습니다. 캐츠킬산맥의 추운 밤을 이겨 내려면 필요한 일이었죠.

토머스의 문제는 '선문답'이었습니다. 선종￿宗 불교에서 선문답이란 주로 이야기나 질문의 형태로 제시되는 단어 알아맞히기 퍼즐 같은 겁니다. 논리적으로는 답하기 불가능한데 직관을 사용해 진리를 깨우치게 하려는 목적인 거죠. 그 개념을 제게 설명하던 토머스는 수행 초기에 자신이 경험했던 사례라며 문제를 냈습니다.

"거센 바람에도 뽑히지 않는 나무를 보여 주세요."

"전 이런 질문에 답하는 법을 전혀 몰라요." 제가 난색을 표했죠.

"이 선문답에서는 생각하지 않고 바로 답해야 해요. 잠깐이라도 머뭇거리면 방에서 쫓겨나고 선문답은 끝나 버리죠."

"이런, 그럼 전 이미 쫓겨난 거군요."

"제 경우엔 이렇게 답을 냈죠." 토머스가 말을 이었습니다. "일어서서 나무처럼 바람에 나부끼듯 팔을 살랑살랑 흔들었어요. 아시겠죠? 그러니까 핵심은, 말로 포착할 수 없는 개념을 표현해야 한다는 겁니다."

본격적으로 선 수행을 하려는 젊은 수도승이 맞닥뜨리는 첫 장벽이 바로 이 선문답 수련입니다. 이 과정을 통과해야 선불교의 여덟 관문 중 첫 번째를 넘어서는 것이죠. 그 전까지는 제대로 된 수도승으로 인정받지 못하죠. 토머스는 선문답을 설명하기 난감해했는데, 예전에 선을 연구해 봤던 터라 저는 납득할 수 있었습니다. 합리적으로 이해시킬 도리가 없으므로 일반인에게 그 개념을 설명하기란 쉽지 않은 일이지요. 그래서 더는 토머스를 쥐어짜지 않고 대신 구글 검색을 택했습니다. 그렇게 찾은 선문답에 대한 설명은 아래와 같습니다.

한 수행승이 조주￿州 선사에게 물었다.

"개에게도 불성 佛性이 있습니까?"

그러자 선사가 답했다.

"무無."

한자 '무無'를 영어로 대략 번역하면 '노no'입니다. 제가 찾은 해석에 따르면 조주 선사는 수행승의 질문에 답한 것이 아니라 그 질문을 되돌려 준 것이라고 하지요. 토머스는 이런 선문답 수련에 애를 먹으면서 몇 달을 매달렸습니다. "선문답 수련을 하고 또 했어요. 잠들 때까지 내내, 온몸이 거기에 익숙해질 때까지요."

그러다 마침내 깨달음의 순간이 왔습니다.

"숲속을 걷고 있을 때였어요. 나뭇잎을 바라보고 있던 제가 어느 순간 사라졌죠. 누구나 겪는 현상이지만 대개 별로 중요하게 여기지 않지요. 하지만 제게 그런 일이 일어났을 때 전 준비된 상태였고 그 순간을 포착한 겁니다. 그리고 깨달았어요. '이것이 바로 선문답의 요체구나!' 하고요."

토머스가 이르렀던 자연과의 합일이 바로 불교에서 세상을 이해하는 핵심입니다. 그 일체감이 선문답에 대한 답을 줬지요. 그리고 고참 승려와의 다음 선문답 시간에 토머스는 어떤 제스처를 취했습니다. 우리가 일상에서 흔히 취하는 그런 자세였죠. 그리고 그것으로 자신이 선문답의 직관적 이해에 도달했음을 보여 줬습니다. 마침내 첫 번째 관문을 통과하고 정식 수도승으로 공식 인정을 받은 겁니다.

토머스가 자신이 가졌던 열정의 실체를 깨달은 것은 선문답 수련 과정을 통과한 지 얼마 지나지 않아서였습니다. 다시 그 숲속을 걷고 있던 때였죠. 이제 단단한 통찰력을 갖춘 그는 선배 승려들이 허구한 날 들려줬던 설법을 비로소 이해할 수 있었습니다. "숲길을 걸으면서 그들의 설법이 결국 선문답 수련과 똑같은 얘기였구나 하고 깨달았습니다." 다시 말해 토머스는 답을 찾은 겁니다. 선승禪僧의 삶이 어떤 것인지 말이죠. 그건 바로 한 가지 화두, 핵심 통찰을 붙들고 끊임없이 탐구하는 것이었습니다.

그렇게 토머스는 자신이 추구해 온 열정의 정점과 마주했습니다. 스스로를 당당하게 수도승이라고 소개할 수 있게 됐죠. 하지만 그럼에도 불구하고 그가 그토록 바랐던 순수한 평화나 행복감은 전혀 느끼지 못하고 있었습니다.

"현실은 아무것도 변하지 않았어요. 저는 전과 다름없이 같은 고민과 걱정거리를 안고 있는 똑같은 사람일 뿐이었던 겁니다. 어느 일요일 늦은 오후에 이 사실을 깨닫고 나니 저절로 울음이 터져 나오더군요."

토머스는 자신의 열정을 좇아 젠 마운틴 사원까지 찾아왔습니다. 많은 이들이 흔히 그러하듯, 행복의 열쇠는 자신의 진정한 천직을 찾고 과감하게 그 길을 걷는 것이라고 믿으면서요. 하지만 그날 떡갈나무 숲에서 토머스는 자신의 생각이 얼마나 소름 끼칠 정도로 순진했는지 깨우쳤습니다. 완전한 승려가 되려는 꿈을 이룬다고 해서 자신의 인생이 극적으로 변하지는 않는다는 사실을 알게 된 것이죠.

토머스가 깨달았듯이 적어도 '무슨 일을 하며 살 것인가'라는 문제에 관한 한, 행복해지는 비결은 생각보다 복잡합니다. 단순히 "내 인생을 어떻게 살아야 하나?"라는 고전적인 질문에 답하는 것보다 훨씬 더.

내가 '열정의 본질'을 탐구하게 된 계기

2010년 여름, 저는 한 가지 질문에 사로잡혀 있었습니다.

"분명 자신이 하는 일을 사랑하는 사람들도 있는데, 왜 나머지 대부분의 사람들은 그러지 못하는 걸까?"

이 질문에 답하려는 노력 끝에 토머스 같은 사람들을 만나게 됐고, 그들의 이야기를 들으면서 그간 막연하게나마 간직해 왔던 생각이 진실임을 깨달은 거죠. 바로 '자신이 사랑하는 일을 만드는 문제에 관한 한, 열정을 따르라는 건 별로 쓸모 있는 조언이 아니다'라는 것이었습니다.

제가 이런 생각을 갖게 된 계기는 이렇습니다. 2010년 여름에 저는 MIT에서 박사후 과정을 밟고 있던 중이었지요. 바로 전해에 컴퓨터 과학 박사 학위를 받았고 교수가 되려 했던 터라, MIT의 대학원 과정은 제가 걸을 수 있는 유일한 인생의 경로라고 여겼습니다. 순리대로 일이 풀린다면 교수라는 직업은 평생직장이 될 수 있을 테니까요. 즉 2010년 당시 저는 인생에서 처음이자 마지막으로 구직을 준비 중이었던 겁니다. 한 사람의 인생에서 '무엇이 열정을 불러일으키는지'를 고민해야 할 때였던 거죠.

사실 저는 교수가 되지 못할 수도 있다는 현실적인 가능성에 신경이 곤두서 있었습니다. 토머스를 만난 지 얼마 지나지 않아 진로 문제를 상의하기 위해 제 지도 교수를 만났죠. 그런데 이분이 처음 꺼낸 말은 "자네는 얼마나 낮은 수준의 학교까지 감당할 수 있겠나?"였습니다. 학계의 교수직이라는 건 언제나 얻기 힘든 자리지만, 특히 경제 상황이 좋지 못했던 2010년에는 더욱 심각했던 겁니다.

더구나 제 전공 분야는 갈수록 인기가 시들해지고 있었죠. 제가 논문을 쓴 분야에서 가장 최근에 학위를 딴 두 사람은 모두 아시아로 가서야 교수가 될 수 있었고, 박사후 과정을 마친 두 사람은 각각 스위스와 캐나다에서 일자리를 얻었습니다. "교수가 되는 과정은 정말 어렵고, 스트레스도 심하고, 우울한 일이에요"라고 그중 한 사람이 제게 말해 주더군요. 저와 아내 모두 미국에, 그것도 이왕이면 동부 해안 쪽에 계속 머물고 싶었기에 우리의 선택지는 아주 좁았고, 저는 정말 학계에서 직업을 얻지 못할 수 있다는 현실에 맞닥뜨린 겁니다. 어쩔 수 없이 원점에서부터 어떻게 살아야 할지 고민할 수밖에 없었습니다.

여기까지가 제가 저만의 탐구를 시작하게 된 배경입니다. 제가 알고 싶은 점은 분명했죠. "자신의 일을 사랑하는 사람들의 비밀은 뭘까?" 그리고 간절히 그 답을 찾고 싶었습니다.

그 과정에서 제가 발견한 것들을 앞으로 다루게 될 겁니다.

* * *

이미 얘기했듯이 제 탐구가 본격적으로 탄력을 받은 것은 "열정을 따르라"는 말에 심각한 결함이 있다는 사실을 토머스처럼 알게 된 다음이었습니다. 이 말은 성공의 당연한 지혜인 양 여겨지지만, 실제로는 뛰어난 커리어를 어떻게 이루는지 설명하는 데 도움이 되지 않을 뿐 아니라 대부분의 경우 상황을 오히려 악화시키기까지 하지요. 토머스의 경우처럼 불가피하게 현실이 이상을 충족시키지 못할 때는 이직의 위험과 불안감을 고조시키는 겁니다.

이 깨달음을 바탕으로 우선 1부에서는 이른바 '열정론'의 실체를 파헤칠 겁니다. 하지만 여기서 그치지 않고 그다음에 떠오르는 질문에도 답해야 했습니다.

"만약 '열정을 따르라'가 잘못된 조언이라면, 그걸 대체할 수 있는 올바른 조언은 뭘까?"

2부에서 4부까지 내용인 이 탐구의 과정은 예기치 못했던 장소로 저를 인도했지요. 예를 들자면 '자율성'의 중요성을 더 잘 이해하기 위해 저는 어느 젊은 아이비리그 졸업생이 소유한 유기농 농장에서 하룻밤을 보내게 됐습니다. '능력'과 관련해 전업 뮤지션과 어울린 까닭은 점차 사라져 가는 '장인匠人 정신'이 직업과 깊은 관련이 있을 거라고 생각했기 때문이었고요. 그 외에도 벤처 투자자, 방송작가, 컴퓨터 프로그래머, 교수 등의 세계로 뛰어들어 인상적인 커리어를 쌓는 데 무엇이 중요하고 중요하지 않은지 구별해 내고자 했습니다. 그 결과 저는 놀라지 않을 수 없었지요. 열정에 대한 집착 탓에 생겨난 안개를 걷어 내니 다양한 통찰의 원천들이 마침내 제 모습을 드러냈기 때문입니다.

이 책에서 다루는 이야기에는 '실력의 중요성'을 강조한다는 공통된 맥락이 있습니다. 제가 발견한 바에 따르면 어떤 직업을 훌륭하게 만드는 요소들은 그만한 희소성과 가치를 가집니다. 그런 직업을 갖고자 한다면 우리 역시 그에 상응하는 희소하고 가치 있는 뭔가를 가지고 있어야 합니다. 달리 말해 좋은 직업을 얻으려면 우선 뛰어난 인재가 되어야 한다는 겁니다.

물론 실력만으로 행복을 보장할 순 없지요. 존경받는 듯 보이지만 사실은 비참한 일중독자들을 보면 알 수 있습니다. 따라서 저는 단지 실력을 갖추는 데 그치지 않고 여러분의 일을 특별하게 만들어 줄 '커리어 자산'에 투자하는 법까지 다룰 겁니다.

결국 제 주장은 기존의 통념에 반기를 듭니다. '열정'이란 제대로 일하면 얻을 수 있는 부산물이라고 주장하니까요. 제가 아끼는 배우이자 코미디언인 스티브 마틴이 성공 비결을 묻는 질문에 "누구도 당신을 무시하지 못할 실력을 쌓아라"라고 답했듯이, 열정을 따르기보다 여러분이 원하는 일에 열정이 따라오도록 만들어야 합니다.

많은 사람들에게 이런 주장은 너무 급진적으로 여겨질 것이기에, 여타 다른 파괴적인 아이디어들이 그렇듯이 처음부터 좀 화려하게 시작할 필요가 있었습니다. 그래서 전 이 책을 일종의 선언서 스타일로 썼지요. 전체 내용은 4가지 원칙들로 나뉘고, 각각의 원칙들은 좀 도발적인 제목으로 표현돼 있습니다. 그리고 되도록 간명하고 효과적으로 쓰려고 노력했고요. 세상을 보는 새로운 시각을 전하고 싶었지만 그렇다고 과도한 사례와 논의를 장황하게 늘어놓고 싶지는 않았습니다. 이 책은 구체적인 조언을 전하겠지만 '10단계 시스템'이나 '자기평가' 같은 건 찾을 수 없을 겁니다. 그렇게 공식화하기에는 주제 자체가 민감한 부분이 있으니까요.

이 책의 끝부분에서는 제가 얻은 통찰을 어떻게 저 자신의 직업 생활에 적용했는지 구체적으로 알게 될 겁니다. 또 우리는 다시 토머스를 만나게 될 겁니다. 사원에서 실망스러운 깨달음을 얻은 이후 그는 '자신에게 맞는 일'이 아니라 '제대로 일하는 법'을 찾는 데 집중하기로 원칙을 수정했고, 결국은 난생처음으로 자신이 하는 일을 사랑하게 됐습니다. 이 행복은 여러분 역시 간절히 원하는 것이겠죠.

저자로서 바람이 있다면, 여러분이 이 책을 읽고 난 다음 "열정을 따르라"거나 "사랑하는 일을 하라"는 등의 지나치게 단순한 구호로부터 자유로워졌으면 하는 것입니다. 이런 종류의 구호들이 오늘날 직업적 혼란과 갈등을 가중시키는 데 한몫하고 있기 때문이죠. 그리고 이 책을 통해 한층 의미 있고 멋진 '일'을 할 수 있는 실질적 통찰을 얻기 바랍니다.

1부

일의 원칙, 첫 번째

열정을 따르지 마라

1장

⊗

스티브 잡스는 거짓말쟁이

•
•

자신이 가진 열정에 맞는 직업을 찾아야 행복할 수 있다는

이른바 '열정론'의 실체를 파헤친다.

650만 명을 홀린 졸업 연설의 진실

2005년 6월, 스티브 잡스는 졸업생들에게 연설하기 위해 스탠퍼드대학교 스타디움에 마련된 강단에 올라섰습니다. 청바지와 샌들 차림을 졸업 가운으로 가린 채 잡스는 자신의 인생에서 얻은 교훈을 2만 3000명 앞에서 풀어놨지요. 그리고 연설이 3분의 1쯤 흘렀을 때 이렇게 말했습니다.

여러분이 사랑하는 일을 찾으세요. … 위대한 일을 하는 유일한 방법은 여러분이 하는 일을 사랑하는 겁니다. 아직 그런 일을 찾지 못했다면

계속해서 찾아보세요. 현실에 안주하지 말고.

연설을 마치자 그에게 기립 박수가 쏟아졌지요.

잡스의 연설에는 그 외에도 여러 교훈들이 담겨 있었지만 '당신이 사랑하는 일을 하라'는 내용을 특히 강조했습니다. 예를 들어 스탠퍼드대학교가 낸 보도 자료에서는 잡스가 "졸업생들에게 꿈을 추구할 것을 독려했다"라고 논평했지요. 곧이어 이 연설을 찍은 동영상이 유튜브에 오르자 순식간에 350만 뷰의 조회 수를 기록했고, 스탠퍼드대학교에서 올린 공식 동영상에도 300만 명이 몰렸지요. 자신의 일에 대한 사랑의 중요성을 설파한 이 동영상들을 본 사람들이 남긴 반응은 거의 비슷했습니다.

"여기서 가장 귀중한 교훈은 자신의 목적을 찾고 열정을 따르라는 거네. … 자신이 꼭 해야 한다고 생각하는 일을 이루기에도 인생은 너무 짧아."

"열정을 따라야 해. 인생은 그러라고 있는 거야."

"열정이야말로 우리가 인생을 살게 해 주는 동력이지."

"자신의 일에서 중요한 건 바로 열정이다."

"'안주하지 마라.' 아멘."

이렇게 인습을 타파하는 상징적 인물인 스티브 잡스가 커리어에 관한 유명한 조언에 동의하는 모습을 보고 수백만 명의 사람들이 감명받은 겁니다. 이 조언을 이른바 '열정론Passion Hypothesis'이라고 부르도록 합시다.

직업에서 행복을 얻으려면, 우선 당신의 열정이 어디로 향하는지 파악한 후 그 열정에 맞는 직업을 찾아야 한다.

이 가설은 사실 현대 사회에서 이미 너무나 익숙해진 테마라고 할 수 있죠. 다행히 어떤 일을 하며 살아야 할지 선택할 수 있는 오늘날의 우리는 어린 나이부터 이 메시지에 길들여져 왔습니다. 그래서 용기 있게 자신의 열정을 따르는 이들을 숭배해야 한다고, 안전한 길에 순응하는 겁쟁이들을 동정해야 한다고 배웠죠.

이런 제 주장이 너무 과하다고 의심된다면 언제 서점에 들를 때 커리어나 진로 분야 서가를 몇 분만 둘러보세요. 이력서 작성이나 면접 대비 도서를 제외하면 나머지는 모두 이런 열정론을 지지하는 책들뿐일 겁니다. 《자신에게 맞는 커리어 찾기: 당신의 성격을 당신이 좋아할 일과 연결시키는 법Career Match: Connecting Who You Are with What You'll Love to Do》이나 《당신에게 맞는 일을 하라: 성격 유형에 맞게 완벽한 커리어를 발견하는 법Do What You Are: Discover the Perfect Career for You Through the Secrets of Personality Type》이란 제목을 달고 있는 이런 책들은 간단한 성격 검사를 거치면 여러분이 꿈꾸던 직업을 찾을 수 있다고 약속합니다. 최근에는 열정론을 더 공격적으로 따르는 새로운 책들이 늘어나고 있습니다. 전통적인 사무직은 애초에 글러 먹었으며 스스로 독립하려면 열정이 필요하다고 주장하는 책들이죠. 《사무직에서 탈출하라: 회사의 노예에서 번창하는 사업가로Escape From Cubicle Nation: From Corporate Prisoner to Thriving

Entrepreneur》같은 제목을 단 이런 부류의 책에는 "당신을 즐겁게 하는 일을 찾는 비법을 가르쳐 준다"라는 리뷰가 달려 있습니다.

이런 책들 외에도 수천 명의 전문 블로거, 상담사, 이른바 구루라는 사람들이 직장에서의 행복에 대해 같은 얘기를 퍼뜨립니다. "행복해지려면 열정을 따라야 한다"라고 말이죠. 어느 유명한 커리어 상담사는 제게 "좋아하는 일을 하면 부는 저절로 따라온다"라는 말은 이제 커리어 상담 계통에서는 사실상 일반적인 모토로 자리 잡았다고 말했습니다.

하지만 이런 현상에는 한 가지 문제가 있습니다. 위의 말들을 그저 기분 좋은 슬로건이라 여기며 지나치지 않고, 스티브 잡스같이 열정적인 사람들이 정말 어떻게 자신의 커리어를 시작했는지 파고들어 보거나, 학자들에게 직장에서의 행복을 실제로 예측할 수 있는 방법에 대해 물어본다면, 사실은 그게 결코 간단치 않다는 걸 금방 알 수 있다는 겁니다. 열정론이라는 단단해 보이는 실타래가 한번 풀리기 시작하면 필연적으로 충격적인 깨달음에 도달하지 않을 수 없다는 거죠. "열정을 따르라"는 게 사실은 끔찍한 조언이라는 깨달음 말입니다.

제가 이 실타래를 풀기 시작한 건 대학원을 떠나게 될 즈음이었고, 결국은 열정론을 온몸으로 거부하고 '내가 사랑하는 일을 찾는 데 무엇이 가장 중요한지' 직접 찾아 나서게 됐습니다. 모든 건 "열정을 따르라"는 말이 나쁜 조언이라는 깨달음에서 시작됐기에, "열정을 따르지 마라"라는 첫 번째 일의 원칙은 열정에 대한 제 반론의 토대인 셈입니다. 그러니 우선 스티브 잡스와 애플 창업에 대한 진실을 확인해 보는 것이 우리 논의의 출발점으로 가장 적합할 겁니다.

우리가 몰랐던 스티브 잡스

만약 여러분이 애플을 창업하기 전의 젊은 스티브 잡스를 만났더라면 그를 IT 회사 창업에 관심 있는 인물이라고는 전혀 여기지 못했을 겁니다. 오리건주에서 인문학으로 유명한 리드칼리지Reed College에 재학할 당시 잡스는 장발에다 맨발로 다녔지요. 동시대의 다른 IT 기업 창업자들과는 달리 잡스는 사실 사업이나 전자 기기에 별로 관심이 없는 학생이었습니다. 대신 서구 역사와 댄스를 연구했고 동양 신비주의 사상에도 빠져 있었죠.

잡스는 1학년을 마치고 중퇴했지만, 한동안 캠퍼스에 머물며 바닥에서 자고 지역의 하레 크리슈나Hare Krishna(힌두교의 비슈누파. 비슈누 신과 그의 아바타인 라마 신과 크리슈나 신을 믿는 종파·옮긴이) 사원에서 주는 공짜 밥을 얻어먹으며 지냈습니다. 이렇게 특이한 행적 덕분에 그는 캠퍼스에서 '괴짜'로 유명했죠. 제프리 영Jeffrey S. Young이 1988년에 출간한 잡스 전기에 따르면, 잡스는 결국 이 가난뱅이 생활에 염증을 느끼고 1970년대 초 캘리포니아 로스앨토스의 부모님 집으로 돌아가 지내면서 아타리Atari라는 비디오 게임 회사의 야간 교대 근무 일을 얻습니다(이 회사가 그의 관심을 끈 것은 《새너제이머큐리뉴스San Jose Mercury News》에 실린 "재미있게 일하며 돈도 벌자"는 광고 덕분이었습니다). 이 시기 잡스는 아타리와 샌프란시스코 북부에 위치한 사과 과수원이자 수련 공동체 '올 원 팜All One Farm'을 오가며 시간을 보냈죠. 그러다 아타리를 그만두고 수개월간 탁발승들과 함께 인도로 영적 여행을 떠났다가 돌아온 다음 로스앨토스 젠 센터에서 본격적으로 선 수행을 시작합니다.

잡스가 인도에서 돌아온 이후인 1974년, 지역 엔지니어이자 기업가인 알렉스 캄라트Alex Kamradt는 '콜 인 컴퓨터Call In Computer'라는 컴퓨터 시분할time-sharing(하나의 컴퓨터를 여러 명의 사용자가 동시에 이용하기 위한 시스템·옮긴이) 기업을 차렸습니다. 그리고 캄라트는 자신의 중앙 컴퓨터에 고객들이 접속하는 데 사용할 단말기 디자인을 스티브 워즈니악Steve Wozniak에게 부탁하죠. 잡스와 달리 워즈니악은 대학에서 정규 교육을 받은 진정한 IT 전문가였습니다. 하지만 사업가 체질이 아니었던 워즈니악은 오랜 친구인 잡스에게 이 사업의 세세한 진행을 맡겼습니다. 이후 모든 게 잘 흘러갔지만, 1975년 가을 잡스가 캄라트에게 알리지 않은 채 올 원 팜으로 떠나면서 문제가 생겼습니다. 돌아왔을 땐 이미 다른 사람이 그 자리를 차지한 후였던 거죠.

제가 이 이야기를 하는 건 IT나 기업 운영에 열정을 가진 사람의 행동으로는 보기 어렵기 때문이지요. 잡스가 애플 컴퓨터를 창업하기 채 1년도 전에 벌어진 일들이란 말입니다. 즉 애플 설립 몇 달 전만 하더라도 스티브 잡스는 그저 영적 깨달음을 추구하며 고뇌하던 젊은이였을 뿐, IT는 당장 급한 돈을 위해 건드려 본 수준이었습니다.

하지만 잡스의 마음가짐을 뒤흔든 결정적 순간이 같은 해 후반에 찾아오지요. 주변의 이른바 '컴퓨터광'들이 집에서 조립할 수 있는 조립 모형 세트 컴퓨터의 등장에 환호하는 모습을 포착한 겁니다.(이런 잠재적 가능성을 발견한 건 잡스만이 아니었습니다.《파퓰러일렉트로닉스Popular Electronics》잡지 표지를 장식한 최초의 조립식 컴퓨터를 본 어느 야심 찬 하버드대학교 학생은 이 새로운 기기에 필요한 프로그래밍 언어인 베이직을 개발하는 회사를 세웠고, 결국 하버드를 자퇴한 뒤 본격적으로 사업에 뛰어들지요. 이 기업이 마이크로소프트였고, 그 대학생의 이름은 바로 빌 게이츠였습니다.)

잡스는 워즈니악에게 이런 조립식 컴퓨터의 회로판을 디자인하여 지역 애호가들에게 판매하자는 아이디어를 내놓습니다. 처음 계획은 회로판을 개당 25달러에 만들어 50달러에 파는 것이었죠. 그렇게 총 100개를 팔면 제작비와 최초 디자인 비용 1500달러를 빼고도 1000달러라는 짭짤한 이문이 남을 것이라 기대한 겁니다. 다만 워즈니악도 잡스도 원래 하던 일은 유지하면서 여유 시간을 투자하는, 그야말로 저위험 벤처 사업 수준이었지요.

하지만 이 지점에서 지금까지도 전설로 내려오는 이야기가 펼쳐집니다. 잡스가 폴 터렐Paul Terrell이 운영하는 캘리포니아 마운틴뷰의 컴퓨터 가게 바이트 숍Byte Shop에 맨발인 채로 찾아가 회로판 판매를 제안한 겁니다. 하지만 터렐은 자기 가게에서 회로판만 팔 생각은 없고 조립을 마친 완제품 컴퓨터라면 사겠다고 답하지요. 대당 500달러를 주겠다면서 되도록 빨리 50대를 납품하라고요. 이를 계기로 잡스는 예상보다 많은 돈을 벌었을 뿐 아니라 본격적으로 스타트업 설립을 위한 자금 마련에도 나서게 됩니다. 이렇게 예기치 못했던 횡재 덕에 애플 컴퓨터가 탄생한 것이죠. 잡스의 전기 작가 제프리 영이 강조했듯이 말입니다. "그들의 계획은 좀스럽고 별 볼 일 없었다. 세상을 집어삼키려는 야심과는 거리가 밀었다."

잡스 이야기가 알려 주는 교훈

제가 스티브 잡스의 과거 이야기를 이렇게 소상히 밝히는 이유는 만족스러운 직업을 찾는 일에 관한 한, 디테일이 중요하기 때문입니다. 만약 젊은 시절의 잡스가 훗날 스스로 얘기한 조언을 따라 오직 자신이 사랑하는 일만 추구했다면, 지금쯤 그는 아마 로스앨토스 젠 센터에서 가장 유명한 강사가 되어 있었을지 모릅니다. 하지만 다행히 그는 그 조언대로 살지 않았죠. 단언컨대 애플은 열정의 산물 같은 게 아니라 별 볼 일 없는 계획이 기대를 뛰어넘어 성공한 행운의 결과였을 따름입니다.

잡스가 결국은 자신의 일에 열정을 갖게 됐다는 것까지 의심하지는 않습니다. 그의 유명한 연설 동영상 중 하나만 봐도 그가 자신의 일을 얼마나 사랑하는지 쉽게 알 수 있죠. 하지만 그래서요? 그 사실이 말해 주는 건 '자신이 하는 일을 즐기는 건 좋은 일이다'라는 점뿐입니다. 맞는 말이긴 하지만 동어반복에 불과하지요. 우리가 진정으로 궁금해하는 질문, "자신이 사랑하게 될 일을 어떻게 찾을 것인가?"에 답하는 데는 아무런 도움도 되지 않습니다.

그럼 우리 역시 잡스처럼 어느 한 직업에 매달리지 말고 날아오르게 해 줄 계기를 기다리며 갖가지 작은 계획들을 세우고 시도해 봐야 하는 걸까요? 아니면 어떤 분야를 추구하느냐가 중요한 걸까요? 원래 계획을 고수해야 할 때와 버리고 떠나야 할 때를 어떻게 구별할 수 있을까요? 이렇게 잡스의 이야기는 '해답'이 아니라 오히려 더 많은 '질문'만 우리에게 남겨 놓습니다.

다만 이 이야기에서 우리가 확실히 알 수 있는 한 가지는, 적어도 잡스 본인에게는 "열정을 따르라"는 조언이 별로 쓸모가 없었다는 것입니다.

2장

⊗

열정은 속임수다

·

·

열정론을 증명하는 사례를 찾으려고 노력할수록

실제로는 그런 일이 얼마나 드문지 알게 될 뿐이다.

성공 뒤에 깨닫게 되는 것들

특별한 커리어를 가진 특별한 사람들에게는, 잡스처럼 자신에게 맞는 일을 찾기까지의 복잡한 과정이 그리 낯설지 않습니다. 2001년 대학을 갓 졸업한 4명의 친구들은 "자신에게 의미 있는 일을 하며 살아가는 사람들"을 인터뷰하기 위해 국토 횡단 여행을 하기로 의기투합했습니다. 자신들이 만족할 수 있는 커리어를 어떻게 쌓아야 할지 조언을 구하기 위함이었죠. 그들은 그 여정을 다큐멘터리로 찍었는데, 나중에 PBS 방송국에서 시리즈로 방영되기까지 했습니다. 그리고 그런 경험을 필요로 하는 다른 젊은이들을 돕기 위해 '로드트립 네이션^{Roadtrip Nation}'이라는 비영리 단체를 세우기에 이르지요. 로드트립 네이션의 가장 큰 의의는 프로젝트 과정에서 진행된 다양한 인터뷰들이 방대한 영상 라이브러리로 보관되어 있다는 점입니다.[1] 사람들이 어떻게 자신의 현재 직업을 갖게 됐는지 현실을 파악하는 데 이보다 더 훌륭한 자료는 없을 테니까요.

온라인에서 무료로 이용할 수 있는 이 영상 자료들을 보면 아마 스티브 잡스의 경우가 예외라기보다는 당연한 일처럼 느껴질 겁니다. 예를 들어 라디오 진행자 아이라 글래스Ira Glass와의 인터뷰를 보면, 3명의 대학생이 그에게 "자신이 원하는 것을 찾는 법"과 "자신이 잘할 수 있는 일을 알아내는 법"에 대한 지혜를 요청합니다.

글래스는 이렇게 답하지요. "영화를 보면 자신의 꿈을 좇아야 한다는 식으로 나와요. 하지만 전 그런 거 안 믿습니다. 그건 영화에서나 가능한 일이니까요." 그러면서 무엇이든 잘하게 되려면 시간이 걸린다는 점을 강조합니다. 자신만 해도 라디오 진행에서 즐거움을 얻기까지 오랜 세월이 필요했다고 고백하지요. "일을 통해 스스로를 단련하는 게 중요합니다. 실력이 갖춰질 때까지요. 그 기간이 가장 힘든 단계죠."

'일이란 원래 힘든 법이니 그냥 받아들이라'는 말보다는 뭔가 희망적인 얘기를 듣고 싶어 했던 학생들의 얼굴이 굳어지는 모습을 본 글래스는 말을 이어 나갑니다. "제가 보기에 여러분의 문제는, 직접 해 보기도 전에 모든 일을 미리 판단하려 든다는 거예요. 그건 정말 큰 잘못이에요."[2]

이 자료에 등장하는 다른 인터뷰에서도 비슷한 얘기가 나옵니다. 최종적으로 어떤 일을 좋아하게 될지 예측하기는 어렵다고 말이죠. 우주

생물학자인 앤드루 스틸Andrew Steele은 이렇게 단언합니다. "아뇨, 전 제가 뭘 하게 될지 전혀 몰랐어요. 여러분이 앞으로 뭘 할지 지금 결정해야 한다는 생각에 전 반대합니다." 그러자 한 학생이 그에게 박사 과정을 밟게 된 이유가 "언젠가 세상을 바꾸겠다는 소망 때문이었는지" 물었습니다. "아뇨. 전 그저 다양한 일 중에서 선택했을 뿐입니다."[3]

세계적으로 유명한 서프보드 제조사인 '채널 아일랜드 서프보드 Channel Islands Surfboards'의 창립자 앨 메릭Al Merrick 역시 시간이 흐르면서 열정을 갖게 됐다는 비슷한 얘기를 들려줍니다. "사람들은 너무 서둘러 자신의 인생을 시작하려고 하는데, 참 슬픈 일입니다. 전 무슨 거대한 제국을 세우려는 생각으로 시작하지 않았어요. 단지 뭐든 제가 하는 일에서 최고가 되겠다는 목표를 세웠을 뿐입니다."[4]

또 다른 영상에서는 유명한 유리세공업자 윌리엄 모리스William Morris가 태평양 연안 북서부의 숲속에 위치한 자신의 공방으로 학생들을 이끌고 갑니다. 한 학생이 "전 관심사가 너무 다양해서 뭐 하나 집중하지 못해요"라고 불평하자, 모리스는 그녀를 쳐다보며 말하지요. "아마 앞으로도 그러지 못할 겁니다. 또 그럴 필요도 없고요."[5]

이 인터뷰 내용들은 모두 한 가지 중요한 핵심을 강조하고 있지요. 바로 "뛰어난 커리어를 갖추는 데는 다양한 방법이 있으며, '자신의 열정을 따르기만 하면 된다'는 단순한 생각을 거부한다"는 겁니다.

오랫동안 열정론을 믿어 온 사람이라면 이런 얘기에 놀랄지도 모릅니다. 하지만 엄밀한 조사들에 근거해 직장 만족도를 연구해 온 학자들에게는 그다지 새로운 얘기가 아닙니다. 이미 그들은 수십 년간 비슷한 결론을 내려 왔지만, 커리어 관리 분야에서는 아직까지도 그런 연구 결과에 주목하는 사람들이 별로 없지요. 과연 이렇게 간과되어 온 연구가 대체 무엇인지 살펴보기로 합시다.

학자들은 열정을 어떻게 바라보는가

왜 어떤 사람은 자신의 일을 즐기는 반면 어떤 사람은 그렇지 못할까요? 이 질문에 대한 사회과학적 연구 결과를 종합해 보면 다음과 같이 요약할 수 있습니다. 직업 만족도를 결정짓는 데는 여러 복잡한 요인들이 있지만, 적어도 '기존에 자신이 가진 열정에 맞는 직업을 찾는다'는 그중에 포함되지 않는다는 겁니다.

이 연구 결과가 찾아낸 진실을 더 잘 이해하기 위해 제가 다다른 결론 3가지를 제시해 보겠습니다.

첫 번째 결론: 일에 대한 열정은 드물다

2002년 캐나다 심리학자 로버트 밸러랜드Robert J. Vallerand의 연구진은 캐나다 대학생 539명을 집중적으로 조사했습니다.[6] 이 조사 내용은 다음 2가지 질문에 대한 답을 찾는 것이었죠. "이 학생들은 열정을 가지고 있는가?" 만약 그렇다면 "그 열정은 무엇에 관한 것인가?"

열정론의 핵심에는 우리 모두가 아직 발견되지 않은 열정을 품고 있다는 전제가 깔려 있습니다. 이 실험은 바로 그 전제가 옳은지 검증하려는 것이었죠. 그리고 그 결과는 조사 대상 학생들 중 84퍼센트가 열정을 가진 것으로 나타났습니다. 이것만 보면 열정론 지지자들은 좋아하겠지만 아직 더 중요한 사실이 남아 있지요. 학생들의 열정 중 상위 5가지가 댄스, 하키(캐나다 학생들이니까요), 스키, 독서, 그리고 수영 순이었던 겁니다. 물론 학생들에게는 소중한 열정들이겠지만 직업을 고르는 것과는 별 상관이 없는 것들이지요. 실제로 파악된 열정 중 직업이나 교육과 관계있는 항목은 4퍼센트에도 미치지 못했습니다. 나머지 96퍼센트는 스포츠나 예술 등 취미에 가까운 것들이었고요.

이 연구 결과는 열정론에 심대한 타격을 줍니다. 따를 만한 열정이 애초에 없는데, 어떻게 열정을 따를 수 있단 말일까요? 적어도 이 캐나다 대학생들은 직업을 선택할 때 열정이 아닌 다른 전략이 필요할 겁니다.

두 번째 결론: 열정에는 시간이 필요하다

에이미 브제스니에프스키[Amy Wrzesniewski] 예일대학교 조직행동학 교수는 사람들이 자신의 직업을 어떻게 생각하는지에 대해 연구해 왔습니다. 대학원생 시절 《성격연구저널[Journal of Research in Personality]》에 실린 훌륭한 논문을 통해 직업과 커리어 그리고 천직 간의 차이를 밝히고자 했지요.[7] 그녀의 정의에 따르면 '직업'은 돈을 버는 수단이고, '커리어'는 더 나은 일을 향하는 과정이며, '천직'은 인생의 중요한 부분이자 정체성의 필수 요소로서의 일입니다.

브제스니에프스키는 의사, 컴퓨터 프로그래머부터 사무직 직원에 이르는 다양한 직업군을 조사한 끝에, 대부분의 사람들이 자신의 일을 이 3가지 범주 중 하나로 인식한다는 사실을 발견했습니다. 이렇게 사람마다 일을 다르게 분류하는 이유를 설명할 수 있는 한 가지 방법은 '다른 직업에 비해 더 좋은 직업이 있다'고 보는 겁니다. 열정론이 옳다면 의사나 교사처럼 일반적인 열정에 부합하는 직업을 가진 사람들은 자신의 일을 진정한 천직으로 여기는 비율이 높아야 할 겁니다. 또 반대로 누구도 그다지 바라지 않는 덜 화려한 직업을 가진 사람들은 대부분 자신의 일을 천직으로 여기지 않겠지요.

과연 이런 생각이 옳은지 검증하기 위해 그녀는 지위가 같고 거의 비슷한 업무를 담당하는 집단인 대학 행정 보조 직원들을 조사했습니다. 그랬더니 놀랍게도 자신의 일을 각각 직업, 커리어, 천직으로 생각하는 비율이 거의 비슷하게 나타났습니다. 다시 말해 이는 업무 유형만 가지고 그 사람이 얼마나 자신의 직업에 만족하는지 예측하기는 어렵다는 뜻이지요.

하지만 열정론을 지지하는 쪽에서는 이 결과를 두고 대학 행정 보조라는 직업군에는 다양한 사람들이 분포돼 있기 때문이라고 반박할 수도 있습니다. 고등 교육에 대한 열정 때문에 그 일을 하게 된 사람들은 자신의 일을 좋아할 것이고, 안정적이고 보수가 좋다는 등의 다른 이유로 어쩌다 대학 행정 보조가 된 사람들은 그 같은 만족감을 느끼지 못할 거라고 얘기하겠지요.

하지만 브제스니에프스키는 여기서 그치지 않았습니다. 행정 보조 직원들의 일에 대한 인식이 저마다 다른 이유를 파악하기 위해 연구한 끝에, 누가 자신의 일을 천직으로 여기는지 예측하는 강력한 지표가 '근무 연수'라는 점을 찾아냈습니다. 더 오래 일한 행정 보조 직원일수록 자신의 일을 사랑하는 사람이 더 많았다는 겁니다.

이 결과 또한 열정론에 치명타를 날립니다. 브제스니에프스키의 연구에 따르면 가장 행복하고 가장 열정적인 직원들은 열정을 따른 사람들이 아니라, 자신의 일에 충분히 능숙해질 만큼 오래 일한 사람들이었던 것이죠. 조금만 생각해 보면 충분히 이해할 수 있는 얘깁니다. 근무연수가 오래됐다는 건 일에 능숙해지고 높은 능률을 올릴 수 있는 충분한 시간을 보냈다는 뜻이죠. 또한 동료들과 끈끈한 유대감을 형성하고 자신의 일이 타인을 이롭게 하는 경우도 많이 지켜봤을 겁니다. 여기서 무엇보다 중요한 것은, 열정론으로는 이런 현상을 설명할 수 없다는 점입니다. 열정론은 진정한 열정을 따라 직업을 선택하기만 하면 즉시 행복이 보장된다고 강조하니까요.

세 번째 결론: 열정은 실력의 부산물이다

대니얼 핑크Daniel Pink는 〈동기 부여의 놀라운 과학On the Surprising Science of Motivation〉이라는 유명한 TED 강연에서 자신의 저서《드라이브Drive》를 언급하며, 동기 부여에 관한 학문을 지난 몇 년간 연구해 왔다면서 이렇게 말합니다. "말하자면 현실과 이론은 완전히 다릅니다. 연구 결과를 살펴보면 학문이 알아낸 사실과 비즈니스 현실에서 알려진 내용 간에는 상당한 괴리가 있음을 알 수 있지요."

그가 언급한 "학문이 알아낸 사실"은 40년 전 확립된 '자기 결정 이론Self-Determination Theory'을 지칭하는 것이죠. '왜 우리는 어떤 일에 더 많은(또는 적은) 동기가 부여될까'라는 문제를 이해하는 데서 현재까지 밝혀진 최고의 이론입니다.[8] 이 이론에 따르면 직업 등에서의 동기 부여를 위해서는 3가지 기본적 심리 욕구가 충족돼야 하지요. 이 요인들은 자신의 직업에 대해 본질적으로 동기가 부여되기 위해 필요한 일종의

'영양소'라고 할 수 있습니다.

- 자율성 스스로 자신의 일과를 통제하고 있으며 자신의 행동이 중요하다고 느끼
  는 것
- 능숙성 자신의 일을 잘한다고 느끼는 것
- 관계성 다른 사람들과 연결되어 있다고 느끼는 것

이 중 세 번째 욕구는 그리 놀랍지 않습니다. 직장 동료들과 친밀하다면 일도 더 좋아질 테니까요. 앞의 2가지 욕구를 살펴보는 것이 더 흥미롭습니다. 예를 들어 자율성과 능숙성은 서로 연결되어 있지요. 대부분 일에 능숙해지면 성취감도 더 올라갈 뿐 아니라 자신의 일에 대한 통제력도 더 상승하니까요. 이러한 결과는 앞서 살펴본 브제스니에프스키의 연구를 뒷받침해 줍니다. 경험이 더 많은 행정 보조 직원들의 일에 대한 만족도가 높은 것은 그 만족도를 발생시키는 자율성과 능숙성을 쌓는 데 시간이 걸리기 때문이라고 설명할 수 있는 겁니다.

이 기본적 심리 욕구에 무엇이 포함되지 않는지 살펴보는 것 역시 흥미롭습니다. 분명 학자들이 찾아낸 '동기 부여에 중요한 영향을 끼치는 요인' 중에는 "기존의 열정에 맞는 직업을 찾는 것"이 없다는 사실에 주목해야 합니다. 오히려 학자들이 발견한 득징들은 직업의 유형과는 별 상관없는 일반적인 요소들이었습니다. 자율성과 능숙성은 어느 직업군에서든 숙련될 때까지 열심히 노력할 의지만 있다면 누구나 가질 수 있지요.

이 메시지는 비록 "열정을 따르면 즉시 행복해질 거야"처럼 감동을

주지는 못하지만 사실에 근거하고 있습니다. 결국 이렇게 말할 수 있지요.

"제대로 일하는 것이, 자신에게 맞는 일을 찾는 것보다 중요하다."

3장

⊗

열정은 위험하다

·

·

열정론을 믿을수록 행복은 멀어진다.

열정론은 어떻게 탄생했는가

우리 사회가 대체 언제부터 "열정을 따르라"는 말을 강조하기 시작했
는지 정확한 시점을 짚어 내기는 어렵습니다만《파라슈트: 취업의 비
밀What Color Is Your Parachute?》이 출간된 1970년이라고 생각하는 게 타당할
겁니다. 이 책의 저자 리처드 볼스Richard Bolles는 당시 성공회의 교구 신
부였는데 마침 성공회 신부 다수가 실식 위기에 처해 있었죠. 그는 이
렇게 커리어 전환을 앞둔 신부들을 위한 조언을 모아《파라슈트: 취업
의 비밀》을 펴냈습니다. 초판 인쇄 부수는 단 100부에 불과했지요.

요즘에 비춰 보면 볼스의 안내서가 내놓은 전제는 너무 뻔하게 들립
니다. "당신이 좋아하는 것을 찾아라. 그런 다음 당신을 필요로 하는 곳

을 찾아라." 하지만 1970년 당시만 해도 이는 혁신적인 아이디어였습니다. "그때는 책상에 앉아 펜대를 굴리며 자신의 커리어를 관리한다는 건 호사가들의 취미 정도로 여겼죠"라고 볼스는 회상합니다.[1] 하지만 이 메시지에 담긴 긍정적 사고방식이 사람들의 마음을 사로잡았습니다. 자신의 삶을 스스로 관리할 수 있다면 자신이 사랑하는 일을 추구하지 않을 이유가 없는 것이었죠. 그리하여 볼스의 책은 600만 부가 넘게 팔려 나갔습니다.

《파라슈트: 취업의 비밀》이 출간된 후 수십 년 동안 열정론의 인기가 더욱 높아졌다고 볼 수 있습니다. 구글의 엔그램 뷰어Ngram Viewer를 이용하면 이 점을 확인할 수 있습니다.[2] 특정 문구가 특정 기간 동안 인쇄물에 얼마나 자주 등장했는지 구글이 디지털화한 방대한 자료를 검색해 보여 줍니다. 엔그램 뷰어 검색창에 "당신의 열정을 따르라follow your passion"는 문구를 입력하면 볼스의 책이 출간된 1970년에 사용 빈도가 급등했고 이후 서서히 늘어나다가 1990년을 기점으로 그래프가 상승 곡선을 그리는 걸 볼 수 있습니다. 그리고 2000년에는 이 문구가 인쇄물에 등장하는 빈도가 1970년대와 1980년대에 비해 무려 3배 이상 높아졌지요.

이를 해석하자면 《파라슈트: 취업의 비밀》이 베이비붐 세대에 열정 중심의 커리어 관리라는 개념을 소개했고, 그 교훈이 그들의 자녀 세대에까지 전해져 열정에 대한 집착이 더 심화됐다고 볼 수 있습니다. 이 자녀 세대는 "직업에 대한 높은 기대감"을 가졌다고 심리학자 제프리 아넷Jeffrey Arnett은 설명합니다. "이들은 직업을 단순한 일이 아니라 일종의 모험으로, 자기계발과 자기표현의 장으로, 자신의 재능에 잘 맞는 만족감을 제공해 주는 대상으로 여겼다."[3]

열정론이 잘못됐다는 제 주장을 받아들인다고 해도, 이 부분에 와서는 "대체 뭐가 문제지?" 하고 반문할 수 있을 겁니다. 열정론이 비록 소수의 사람에게나마 현재의 나쁜 직장을 떠나 자신의 커리어를 실험하도록 격려한다면 나름대로 제 역할을 하는 게 아니냐고 할 수 있겠지요. 그러니 이 '직업에 관한 동화'가 널리 퍼졌다는 사실을 우려할 필요는 없다면서요.

하지만 제 생각은 다릅니다. 이 문제에 대해 연구하면 할수록, 열정론이 사람들로 하여금 어딘가에 마법 같은 '딱 맞는 일'이 자신을 기다리고 있으며, 그 일을 찾기만 하면 자신이 바라던 바로 그 일이라는 걸 단숨에 알아챌 수 있으리라는 생각을 심어 준다는 사실을 알게 됐으니까요. 여기서 문제는 만약 이런 확신을 실현하는 데 실패할 경우 만성적인 이직이나 자신에 대한 회의감 등의 부작용이 뒤따른다는 것입니다.

이는 통계를 통해 확인할 수 있습니다. 방금 살펴본 것처럼 지난 몇십 년간은 볼스의 전염성 강한 아이디어가 인기를 끌었죠. 그렇지만 '열정을 따르고 사랑하는 일을 찾으라'는 주장에 집착했음에도 우리는 조금도 행복해지지 않았습니다. 조사 연구 기관인 컨퍼런스 보드Conference Board의 2010년 직업 만족도 조사에 따르면, 미국인 중 자신의 직업에 만족한다고 답한 비율은 45퍼센트에 불과했습니다. 이 조사가 처음 실시된 해인 1987년에 61퍼센트를 기록한 이래 이 비율은 조금씩 낮아져 왔지요. 이 기관의 소비자 조사 센터 소장 린 프랭코Lynn Franco는 이것이 경기 탓은 아니라고 말합니다. "지난 20년간 경기가 좋았을 때나 나빴을 때나 모두 직업 만족도는 지속적으로 하향세를 보였습니다."
특히 인생에서 직업의 역할에 대해 가장 관심을 가질 법한 연령대인 젊
은이들 가운데 64퍼센트가 '직업에 매우 불만족'이라고 답했다는 점이
중요합니다. 이는 지난 20년 동안의 조사 중에서 전 연령대를 통틀어
불만족 수치가 가장 높은 기록이죠.[4] 즉 세대를 넘어 진행된 열정 중심
의 커리어 관리 전략이 실패로 돌아갔음을 암시하는 겁니다. 자신이 하
는 일을 사랑하는 데 중점을 둘수록 오히려 그 일에 대한 사랑이 줄어
드는 결과를 낳았다고 할 수 있지요.

물론 직업 만족도의 하락에 다른 요인들도 작용하므로 이 통계만
으로 명확한 결론을 내기는 어렵습니다. 제가 제기한 우려를 이해하
는 데는 개인들의 일화를 살펴보는 방법도 있지요. 알렉산드라 로빈스
Alexandra Robbins와 애비 윌너Abby Wilner가 2001년 청년들의 불만을 다룬
《청년 위기Quarterlife Crisis: The Unique Challenges of Life in Your Twenties》라는 책이
있습니다. 이 책에는 직업 세계에서 방황하는 불행한 20대 수십 명의
증언이 담겨 있는데, 그중에서 워싱턴 출신의 27세 젊은이 스콧은 이렇
게 말합니다.

"지금 다니는 직장의 환경은 더없이 완벽하죠. 전 제가 열정을 품고
있음을 아는, 정치학과 관련된 커리어를 골랐어요. 사무실과 동료들, 심
지어 상사까지 마음에 듭니다." 하지만 열정론의 매혹적인 약속은 스콧
으로 하여금 지금의 완벽한 직장이 정말 충분히 완벽한지 의구심을 갖
게 만들었습니다. "그런데도 만족스럽진 않아요." 그는 자신의 직업도
다른 모든 직업들처럼 상당히 무거운 책임감이 따른다는 사실을 걱정
합니다. 그래서 평생직장으로 삼을 만한 다른 일자리를 다시 찾기 시작

했지요. "제 관심을 끌 만한 다른 선택지를 찾아보고 있지만 마음에 드는 커리어를 떠올리기는 정말 힘들군요."

《청년 위기》에 등장하는 또 다른 젊은이 질은 "전 오직 제게 궁극적으로 맞는 직업을 찾기 위해 대학을 졸업했어요"라고 말합니다. 질이 도전한 어떤 직업도 이런 높은 기준을 만족시키지 못했다는 사실은 그리 놀랍지 않지요. 또 25세의 젊은이 일레인은 절망적으로 내뱉습니다. "저는 제가 정말 뭘 하고 싶어 하는지 모르겠어요. 사실은 제가 뭘 잃고 있는지조차 모르겠는걸요."[5]

이런 식의 사례가 계속 이어집니다. 대학생부터 중년에 이르기까지 전 연령대에서 갈수록 흔히 나타나고 있는 이런 이야기들은 모두 같은 결론을 가리키고 있지요. 바로 '열정론은 틀렸을 뿐 아니라 위험하기까지 하다'는 겁니다. 그러니 누군가에게 "열정을 따르라"고 하는 건 순수한 낙관적 표현에 그치지 않고, 그 사람의 커리어에 혼란과 불안을 야기할 수도 있는 위험을 내포하고 있는 것이지요.

열정 너머에 있는 것들

제 주장을 계속하기 전에 이 점만은 강조해야겠군요. '어떤 사람들에게는 열정을 따르라는 조언이 통했다'는 명백한 사실 말이죠. 로드트립 네이션의 영상 중에는 대중 문화 잡지 《롤링스톤Rolling Stone》의 영화평론가 피터 트래버스Peter Travers와의 인터뷰도 포함돼 있습니다. 그는 어렸을 적부터 영화관에 노트를 갖고 들어가 자신의 생각을 적곤 했다고 말했죠.[6] 프로 운동선수처럼 재능이 뛰어난 개인들을 살펴보면 열정이 힘을 발휘한 경우를 흔히 접할 수 있습니다. 예를 들어 프로야구 선수 중에 애초부터 야구에 대한 열정이 가득했다고 말하지 않는 사람을 찾기란 무척 어렵죠.

제 생각을 들은 사람들 중 몇몇은 이런 사례들을 들어 열정에 대한 제 결론을 반박하기도 했습니다. "열정을 따랐기 때문에 성공한 예가 있잖아요. 그러니 '열정을 따르라'는 건 올바른 조언임에 틀림없어요." 그러나 이 논리에는 오류가 있지요. 어떤 전략이 성공한 몇 가지 사례가 있다고 해서 그 전략이 보편적으로 효과를 낸다고 할 수는 없으니까요. 더 많은 사례를 연구해 본 후 대다수의 경우에 무엇이 효과를 냈는지 확인해야 하는 겁니다.

제가 한 것처럼 자신의 일에 열정을 가진 많은 사람들을 연구해 보면, 분명 그들 중 전부는 아니더라도 대다수가 '기존에 자신이 가진 열정을 확인하고 그에 따랐다'는 단순한 이야기가 아닌, 더 복잡한 이야기를 한다는 걸 알게 될 겁니다. 피터 트래버스나 프로 운동선수들은 예외일 뿐인 거죠. 그러니 "열정을 따르라"가 대부분의 사람들에게 잘못된 조언이라는 제 주장을 이런 예외가 약화시키지는 못하는 겁니다.

이렇게 결론짓고 나면 다음의 중요한 질문을 떠올리지 않을 수 없죠. "열정론이 우리를 올바르게 이끌지 못한다면, 그 대신 무엇을 해야 하는가?" 저는 뒤이어 나올 3가지 원칙들을 통해 이 질문에 답하고자 합니다. 이 원칙들은 '자신이 하는 일을 정말 사랑하는 법'을 찾아내고자 한 제 탐구의 산물이죠. 이제부터는 지금까지의 다소 논증적인 어투에서 벗어나 좀 더 사적인 대화 분위기로 이어 나가려 합니다. 그래야 직업에서 얻을 수 있는 행복의 진실을 마주했을 때 제가 느낀 복잡하고 모호한 감정이 잘 반영될 수 있을 것 같군요.

열정론이라는 이 가시덤불을 걷어 내고 나서야, 그러니까 "열정을 따르지 마라"라는 첫 번째 일의 원칙을 발견한 다음에야, 비로소 우리는 오랫동안 어둠 속에 묻혀 있던 커리어에 대한 한층 현실적인 조언들을 살펴볼 수 있지요. 그런데 제가 두 번째 일의 원칙을 찾아낸 장소는 뜻밖에도 맹연습 중인 블루그래스bluegrass(미국 전통 컨트리 음악의 한 장르·옮긴이) 뮤지션들과 만난 보스턴 교외였습니다.

2부

일의 원칙, 두 번째

누구도 무시하지 못할
실력을 쌓아라

4장

⊗

장인의 비결을 모방하라

·

·

일에 대한 2가지 사고방식이 존재한다. '열정 마인드셋'은

자신의 일이 자신에게 제공하는 가치에 집중하는 반면, '장인 마인드셋'은

자신의 일이 생산하는 가치를 중시한다. 대부분의 사람들은 열정 마인드셋을 택하지만,

장인 마인드셋이야말로 '사랑하는 일'을 창조하는 기반임을 알 수 있다.

골방에 틀어박혀 연습하는 이유

보스턴 메이플턴 스트리트의 코너를 돌자 깔끔한 교외 주택들 사이에 초라하게 자리 잡은 구식 가옥 한 채가 보였습니다. 그 집에 가까이 다가갈수록 기이한 점이 더 도드라졌죠. 페인트는 벗겨져 있었고 가죽 안락의자 2개가 문밖에 나와 있었으며 빈 맥주병들이 바닥에 나뒹굴고 있었거든요.

어쿠스틱 기타 프로 연주자인 조던 타이스^{Jordan Tice}가 문 앞에서 담배

를 피우며 서 있다가 손을 흔들며 저를 맞았습니다. 그를 따라 집 안으로 들어가다 보니 입구의 작은 현관이 침실로 개조되어 있더군요. "이 침실을 쓰는 밴조 연주자는 MIT 출신 박사예요. 좋은 친구죠." 조던이 말해 줬습니다.

조던도 몸을 누일 공간만 있다면 어디든 가리지 않고 들어가 사는 많은 뮤지션 중 한 명입니다. 자신이 살고 있는 2층으로 올라가면서 "블루그래스 클럽하우스에 오신 걸 환영합니다"라고 했지요. 조던의 방은 마치 좁은 기도실 같았습니다. 대학 때 제가 살았던 기숙사 방보다도 작아서 침대와 책상만으로 꽉 찰 정도였죠. 한쪽 구석에 진공관 앰프가, 다른 쪽 구석에 바퀴 달린 여행 가방이 놓여 있었고요. 방에는 마틴 브랜드의 낡은 기타 하나만 보였고, 나머지 기타들은 아마 아래층의 공동 연습실에 보관해 두는 것 같았습니다. 다른 방에서 의자 하나를 빌려와 마주 앉았지요.

조던의 나이는 24세였습니다. 딴 직업이라면 젊은 축에 속하겠지만, 그가 처음 음반 계약을 맺었던 때가 고등학생 시절이었으니 어쿠스틱 음악계에서는 신인이 아니었죠. 그런데도 그는 넘칠 정도로 겸손했습니다. 그의 세 번째 앨범 《롱 스토리Long Story》를 다룬 한 평론은 "모차르트부터 오늘날에 이르기까지 음악계에는 항상 영재들이 있었다"[1]라는 말로 시작되지요. 이런 식의 칭찬을 조던은 질색했습니다. 유명 블루그래스 뮤지션인 개리 퍼거슨Gary Ferguson이 자신의 투어에 당시 16세던 조던을 동참시킨 이유를 묻자 어물거리다가 입을 닫아 버리더군요.

저는 좀 더 밀어붙였습니다. "참 대단한 일이잖아요. 개리 퍼거슨이 당신을 자신의 기타 연주자로 골랐으니까요. 하고많은 기타리스트들

중에서 유독 열여섯 살짜리인 당신을 택했으니 말이죠."

"그런 일로 특별히 우쭐하지는 않아요." 조던이 겨우 내놓은 대답이었지요.

그렇지만 음악 얘기에는 반응을 보였습니다. 그에게 "요즘은 무슨 작업을 하고 있나요?"라고 묻자 눈을 반짝이며 책상에 펼쳐진 작곡 노트를 집어 들더군요. 연필로 그린 오선지 위에는 옥타브를 넘나드는 빽빽한 4분 음표와 함께 손으로 쓴 설명이 드문드문 보였습니다. "새로운 곡을 쓰는 중이에요. 아주 빠른 곡이죠." 조던은 기타를 들어 제게 그 신곡을 연주해 주었습니다. 블루그래스의 비트를 따르는 곡이지만 드뷔시에게서 영감을 받은 멜로디는 기존의 장르와는 사뭇 다르게 느껴졌죠. 조던은 기타 지판 너머 허공을 응시한 채 연주하면서 이따금 가쁜 숨을 몰아쉬곤 했습니다. 그러다 한 음을 놓치고는 당황했지만 이내 자세를 고쳐 잡고 실수가 없어야 한다며 다시 연주를 계속했죠. 제가 곡의 빠른 템포가 인상적이라고 했더니, 그는 "아뇨, 이것도 느려요"라고 답하고는 자신이 원하는 속도가 어느 정도인지 보여 줬는데 이전보다 적어도 2배는 빨랐습니다. 연주를 마치고는 사과하듯이 "아직 리드 부분 곡조를 완성하지 못했어요. 원하는 음이 떠오르지 않더라고요"라고 말했지요. 리드 부의 연속음들을 연주하려면 여러 기타 줄을 얼마나 빠르고 복잡하게 짚어야 하는지 보여 주면서요. "범위가 정말 넓거든요."

저는 조던에게 이 곡을 연습하는 방식을 알려 달라고 청했습니다. 먼저 그는 자신이 원하는 효과를 낼 수 있게 천천히 연주를 시작했습니다. 손가락이 지판을 오르내리는 사이의 공간을 멜로디가 채울 수 있도록 말이죠. 그런 다음 자신이 속도를 이기지 못할 때까지 점점 속도를 높였습니다. 이 과정을 계속 반복하는 거였죠. "몸과 마음이 모두 필요한 연습이죠. 서로 다른 멜로디들을 모두 좇아야 하니까요. 피아노를 칠 때는 눈앞의 모든 게 명확해요. 열 손가락이 절대 서로 부딪힐 일이 없죠. 하지만 기타를 칠 땐 각각의 손가락을 어떻게 쓸지 신경 써야 해요."

그는 이 곡 연습을 순간적인 "기술적 집중"이라고 표현했습니다. 평소 특별히 공연 준비를 하지 않는 날이면 그는 자신에게 익숙한 것보다 약간 빠른 속도로 두세 시간 동안 꼼짝 않고 연습을 한다고 했지요. 이 새로운 기술을 완벽히 익히려면 얼마나 걸리겠냐고 물었더니 "아마 한 달 정도요"라고 답하면서 다시 연주를 이어 갔습니다.

장인의 마음가짐이란 무엇인가

한 가지 확실히 해 두고픈 점이 있습니다. 조던 타이스가 자신의 일을 사랑하는지 여부에 저는 사실 관심이 없었다는 겁니다. 또한 왜 그가 뮤지션이 되기로 결심했는지, 기타 연주를 자신의 '열정'으로 여기는지에 대해서도 마찬가지였죠. 뮤지션의 커리어란 사람마다 제각기 다르고 독특한 환경이나 어린 시절의 운이 작용하는 경우도 많습니다(조던의 부모님 모두 블루그래스 뮤지션이었다는 점이 그가 일찍 기타를 잡게 된 큰 이유 중 하나였을 겁니다). 이런 점 때문에 연주자들의 커리어에서 일반적으로 적용 가능한 스토리를 찾아내기는 어려웠습니다. 다만 제가 조던에게 흥미를 느낀 점은 그가 일상에서 자신의 일을 대하는 태도였죠. 그 속에서 저는 사랑하는 일을 찾기 위한 탐구에 결정적인 인사이트를 얻을 수 있었습니다.

제가 조던을 찾아가게 된 계기는 2007년 방영된 토크쇼 〈찰리 로즈 Charlie Rose〉에서 시작됐습니다. 배우이자 코미디언인 스티브 마틴Steve Martin이 자서전《본 스탠딩 업Born Standing Up》을 출간했는데, 진행자 로즈는 그 책과 관련해 그와 인터뷰를 했지요.[2] 그들은 마틴의 성장사에 대해 이야기를 나눴습니다. "저는 다른 사람들의 자서전을 많이 읽는 편인데, 그러다가 종종 좌절하게 돼요. … 그러곤 묻죠. 대체 '어떻게' 오디션 기회를 얻어서 그렇게 갑자기 유명 클럽에서 일하게 된 거지? '어떻게' 그럴 수 있는 거야?" 마틴이 자신의 자서전을 쓰게 된 건 바로 이 '어떻게'에 대한 스스로의 답을, 적어도 자신이 성공을 거둔 스탠드업 코미디 분야에서라도 내놓기 위함이었던 겁니다. 그 과정에서 마틴이 제시한 단순한 아이디어를 듣고 저는 어안이 벙벙해졌죠. 인터뷰의 마지막 5분은 연기자를 꿈꾸는 지망생들에게 조언을 해 달라는 로즈의 요청에 대한 마틴의 대답으로 채워졌습니다.

"아무도 제 조언을 귀담아 듣지 않더군요. 듣고 싶은 답이 아니었기 때문이겠죠. 그들이 원하는 건 좋은 에이전트를 구하는 법이나 멋진 대본을 쓰는 방법이었겠지만… 저는 항상 이렇게 말합니다. '누구도 당신을 무시하지 못할 실력을 쌓아라'라고요."

로즈가 특유의 모호한 툴툴거림으로 어깃장을 놓자 마틴은 한마디 덧붙였습니다. "만약 '어떻게 하면 진짜 잘할 수 있을까?'를 고민한다면, 사람들이 자연스레 당신을 찾아오게 될 겁니다."

이것이 바로 마틴을 스타덤에 올려놓은 철학이었던 겁니다. 자신의 연기를 누구도 무시하지 못하도록 가다듬어야겠다고 결심했을 때 그는 겨우 스무 살에 지나지 않았죠. "당시의 코미디는 전부 사전에 정한 대로만 연기했고, 농담의 핵심이 되는 펀치라인도 '타당탕탕' 하는 식으로 죄다 진부한 것들뿐이었어요."[3] 마틴은 한발 더 나아갈 수 있겠다고 생각했습니다. 〈찰리 로즈〉에 출연한 즈음 한 기사에서 그는 자신의 변화를 이렇게 설명했죠. "만약 펀치라인이 없다면 어떨까? 따라 읽는 대사판이 없다면? 긴장감을 조성한 후 그대로 놔둔다면? 클라이맥스를 향하다가 그냥 허무하게 끝내 버린다면?"[4]

유명한 어느 연기에서 마틴은 관객들에게 "이제 저의 전매특허인 마이크에 코를 대고 하는 연기를 보여 드리죠"라고 말합니다. 그런 다음 고개를 숙여 몇 초 동안 코를 마이크에 대고는, 뒷걸음질 치면서 그대로 관객에게 인사하며 퇴장해 버리지요. "그 순간에는 관객들이 웃지 않아요. 그러다 제가 이미 다음 연기로 넘어갔다는 걸 안 다음에야 웃는 거죠."

마틴이 생각하기에 자신의 새로운 연기가 자리 잡기까지 10년이란 세월이 필요했지만, 일단 그러고 나자 엄청난 성공을 거둘 수 있었습니다. 그의 얘기를 들으면 현재의 명성을 얻기까지 지름길 따위는 없었다는 사실이 분명해 보입니다. "아주 능숙해지면 자신감은 자연스럽게 배어나는 거죠. 관객들 역시 그 점을 느끼는 거라고 생각합니다."

"누구도 무시하지 못할 실력을 쌓아라." 저는 이 말을 2008년 겨울, 대학원 과정 마지막 해에 인터넷으로 본 마틴의 인터뷰에서 처음 들었습니다. 당시 '스터디 핵스Study Hacks'라는 블로그를 막 시작한 참이었지요. 제가 출간한 두 권의 학생용 진로 가이드에서 영감을 얻어 만든 블로그였는데, 주로 학부생들을 위한 조언을 게시하는 공간이었습니다. 마틴의 얘기에 감명받은 저는 곧 그의 아이디어를 소개하는 포스팅을 블로그에 올렸습니다.[5] 그러면서 "분명 무서울 정도로 냉철한 면도 있지만, 그보다는 훨씬 더 속 시원히 깨우쳐 주는 말이다"라고 결론지었지요.

대학원 과정이 끝나갈 무렵 제가 몰두하고 있던 연구 방식은 웹 사이트에 연구 주제를 쓰고 또 고치는 일의 반복이었습니다. 아주 진을 빼는 과정이었죠. 제 연구가 재미있다는 점을 세상이 알아주길 원했지만 아무도 신경 쓰지 않는 것만 같았습니다. 그런데 마틴의 이야기는 그런 자기 홍보에서 절 한발 물러서게 해 주었습니다. 마치 "그런 사소한 데 집착하지 말고, 그보다는 실력을 쌓는 데 더 집중하라"고 얘기해 주는 것 같았죠. 덕분에 저는 웹 사이트에 신경 쓰는 대신 현재까지도 지속되고 있는 습관 하나를 들이게 됐습니다. 바로 매달 연구에 투자하는 시간을 계산하게 된 겁니다. 예를 들어 처음 이 장을 쓴 달에는 연구에 총 42시간을 투자했죠.

이렇게 시간을 계산하는 전략 덕택에 저는 연구의 질을 높이는 데 무엇보다 주의를 집중하게 됐습니다. 하지만 조금씩 나아지는 느낌은 들었으나 그래도 여전히 마틴의 아이디어를 완전히 저의 것으로 만들지는 못한 기분이었죠. 그러다가 이후에 사람들이 자신의 일을 사랑하게 되는 과정을 파악하기 위한 연구를 시작하면서 다시금 마틴의 조언을 떠올리게 된 겁니다. 그 아이디어가 뛰어난 커리어를 만들어 나가는 데 중요한 역할을 한다는 점을 직감할 수 있었기 때문이죠. 그렇게 해서 저는 조던 타이스를 찾아오게 된 거지요. 마틴의 말을 제대로 이해하고자 한다면 그 말대로 살고 있는 사람들을 이해할 필요가 있다는 걸 깨달았기 때문입니다.

조던이 자신의 루틴에 대해 하는 말을 듣고 있으니 그가 마틴처럼 자신의 결과물에 집중한다는 사실을 알 수 있었습니다. 앞서 얘기했듯 그는 이 기도원 같은 방에서 몇 날 몇 주 동안 오직 새로운 기술을 연마하는 데 몇 시간씩 기꺼이 바치고 있었으니까요. 그 연습이 자신이 만드는 곡에 정말 중요하다고 생각했기 때문입니다. 또한 결과에 대한 그의 헌신은 왜 그가 지나칠 만큼 겸손한지도 설명해 줍니다. 조던의 사전에 '자만'은 아예 없는 단어인 것이죠. "제가 바라는 건 의미 있는 뭔가를 창조하고 세상에 선보이는 겁니다"라고 그는 말했습니다.

조던과의 만남 이후 저는 이런 연주자의 마음가짐에 대해 냉소적인 베테랑은 어떻게 생각하는지 듣기 위해 마크 캐스티븐스Mark Casstevens에게 연락했습니다. 마크는 무려 99개의 빌보드 싱글 차트 1위 곡 연주를 담당했을 정도로 자기 분야에서 입지가 탄탄한 내슈빌 출신의 뮤지션입니다. 그에게 조던에 관한 얘기를 하자 결과물의 품질에 대한 집착은 프로 음악계에서 법칙과도 같다는 데 동의하더군요. "그건 외모, 장비, 성격, 인맥보다 중요한 거죠. 음악계엔 '테이프는 거짓말하지 않는다'는 격언이 있어요. 녹음을 마치자마자 바로 틀어 보면 알죠. 실력은 숨길 수 없어요."

'테이프는 거짓말하지 않는다.' 저는 이 말이 마음에 들었습니다. 조던, 마크, 그리고 스티브 마틴 같은 연주자나 연기자가 그토록 노력하는 이유를 멋지게 설명해 주고 있으니까요. 만약 누구도 나를 무시할 수 없을 정도로 실력을 갖추기 위해 노력하지 않는다면 뒤처지고 만다는 사실이 새삼 느껴졌습니다.

앞으로 우리가 얘기할 내용을 간단히 정리해 보지요. 지금까지 얘기한 '일에 대해 결과를 중시하는 접근법'을 저는 '장인 마인드셋craftsman mindset'이라고 부를 겁니다. "누구도 무시하지 못할 실력을 쌓아라"라는 이 두 번째 일의 원칙에서 목표는, 제가 조던 같은 연주자들을 연구하면서 명확히 이해하게 된 아이디어를 여러분에게도 알려 주는 것이죠. 어떤 일을 하든 이 장인 마인드셋은 자신이 사랑하는 커리어를 만드는 일에서 매우 중요하지요. 하지만 섣불리 결론을 내리기에 앞서, 우리 대부분이 자신의 생계 수단에 대해 흔히 갖는 마음가짐과 이 장인 마인드셋을 비교해 보는 시간을 가져 봤으면 합니다.

나는 왜 '열정 마인드셋'에 반대하는가

"사람들은 진정한 자신이 누구인지 찾고, 그것을 자신이 정말로 사랑하는 일과 연결시킴으로써 성장하고 성공한다."[6] 작가 포 브론슨Po Bronson이 2002년 《패스트컴퍼니Fast Company》에 기고한 글에서 한 말입니다. 제가 첫 번째 원칙에서 정체를 폭로했던 열정론을 믿는 사람이라면 자주 들어 봤음직한 조언일 겁니다. 이러한 브론슨 방식의 일에 대한 접근법은 '열정 마인드셋passion mindset'이라고 할 수 있습니다. 장인 마인드셋이 '내가 세상에 무엇을 줄 수 있는가'를 중시한다면, 열정 마인드셋은 반대로 '세상이 내게 무엇을 줄 수 있는가'에 집중하죠. 후자는 대부분의 사람들이 자신의 일을 대하는 마음가짐이기도 합니다.

　제가 이 열정 마인드셋에 반대하는 이유는 2가지입니다(첫 번째 원칙에서 다뤘던, 열정론이 잘못된 전제를 기반으로 하고 있다는 사실 외에 2가지 더). 첫째, 내 일이 나에게 무엇을 줄 수 있는지에만 신경 쓴다면 그 일에서 마음에 들지 않는 점만 유독 도드라져 보일 테고, 그러면 고질적인 불행을 피할 수 없기 때문입니다. 특히나 중요한 프로젝트나 자율성이 부여되지 않는 커리어 초기 단계에는 더욱 그럴 수밖에 없습니다. 이런 열정 마인드셋으로 직업 세계에 입문한다면 번거로운 잡무나 기업의 위계질서에 대한 절망감을 견디기 힘들 겁니다.

　더욱 심각한 둘째 이유는, 열정 마인드셋이 불러일으키는 "나는 누구지?" "내가 진짜 좋아하는 일은 뭐지?" 같은 질문은 근본적으로 답하기가 불가능하다는 점입니다. "과연 이게 진정한 내 모습일까" "내가 이 일을 사랑하는 건가?" 등의 질문에 "예"나 "아니요"로 명확히 답하기는 어렵죠. 즉 열정 마인드셋은 거의 대부분의 경우에 불행과 혼란을 가중시키게 되는 겁니다. 그래서 브론슨도 커리어 탐구 과정을 담은 책 《천직 여행: 잃어버린 나를 찾아가는What Should I Do With My Life?》에서 "이 책에 등장하는 모든 사람들이 경험한 공통된 한 가지 감정은 인생에서 뭔가를 놓쳐 버렸다는 상실감이다"[7]라고 인정했던 것이죠.

장인 마인드셋은 무엇을 줄 수 있는가

지금까지 저는 자신의 일에 대한 사람들의 2가지 사고방식을 다뤘습니다. 첫 번째인 장인 마인드셋은 '내가 세상에 무엇을 줄 수 있는가'에, 두 번째인 열정 마인드셋은 '세상이 나에게 무엇을 줄 수 있는가'에 각각 집중하는 태도입니다. 장인 마인드셋은 명확한 답을 주지만 열정 마인드셋은 답하기 어려운 모호한 질문과도 같죠. 제가 조던 타이스를 만난 뒤 내린 결론처럼, 장인 마인드셋은 지금 자신의 직업이 '옳은지 그른지'에 대한 자기중심적 사고에서 벗어나 오직 일에 몰두하고 정말 최고의 실력을 갖추는 데 열중하라는 확실한 메시지를 전달합니다. 장인 마인드셋은 주장합니다. 훌륭한 커리어는 누가 거저 주는 게 아니라 자신의 손으로 일궈 내는 것이며 그 과정이 결코 순탄치는 않을 거라고.

이런 면에서 조던 타이스처럼 연주에만 몰두하면 되는 명징함은 부러움의 대상일 수 있습니다. 그런데 여기에 두 번째 원칙의 핵심이 있습니다. 바로 '장인 마인드셋을 단지 부러워만 할 것이 아니라 모방해야 한다'는 것이죠. 다시 말해 지금 하는 일이 자신의 진정한 열정과 맞느냐 하는 질문은 접어 두고, 다른 사람들이 결코 무시할 수 없도록 일을 잘하는 데만 집중하라는 겁니다. 즉 어떤 일을 하든지 연습에만 매진하는 연주자처럼 일을 대해야 한다는 거죠.

이런 마인드셋의 변화는 제 경우 실제로 상당한 성과를 안겨 줬습니다. 하지만 누구에게나 이 변화가 자연스럽게 다가오는 건 아닙니다. 제 블로그에서 장인 마인드셋에 대한 탐구 과정을 밝혔을 때 일부 독자들은 불편한 감정을 드러냈으니까요. 그들이 제기했던 반론들이 장인 마인셋을 비판할 때 흔히 쓰이는 주장이기에 여기서 한번 짚고 넘어가려 합니다. 한 독자는 이렇게 썼습니다.

조던 타이스가 인정받지 못하면서도 그토록 오랜 기간 기꺼이 연습에 매진했던 건 그가 하고 있는 일이 오랫동안 자신이 열정을 품어 왔던 바로 그 분야였기 때문이에요. 바로 그 일이 자신에게 딱 맞는 일이란 걸 알아냈던 거죠.

이런 식의 반응을 하도 많이 봤기에 저는 거기에 '열정 기존론'이라는 이름까지 붙였습니다. 이 주장의 핵심은 장인 마인드셋이란 오직 자신의 일에 이미 열정을 가진 사람들에게만 가능하다는 것이죠.

하지만 저는 동의할 수 없습니다.

우선 첫 번째로, 조던 타이스나 스티브 마틴 같은 사람들이 자신의 진정한 천직을 찾았음을 알고 안심했을 거라는 전제부터 잘못입니다. 이런 전문 연주자나 연기자를 만나 보면, 특히 이제 갓 자신의 커리어를 시작한 경우라면, 그들이 불확실한 자기 생계에 대해 얼마나 불안에 떨고 있는지 알 수 있을 겁니다. 조던은 주변 친구들과 비교하면서 과연 자신이 얼마나 잘할 수 있을지에 대한 불안감을 "일에 집중하지 못하게 방해하는 자욱한 안개"와 같다고 표현했습니다.

이런 안개와 싸우는 것은 끝없는 전쟁이지요. 마틴 역시 자신의 연기를 개선하려고 애쓴 10년 동안 끊임없이 밀려드는 불안감에 힘들어했습니다. 이들의 장인 마인드셋은 결코 확고한 내면의 열정에서 비롯된 것이 아니라 더 현실적인 요인 때문이었죠. 엔터테인먼트 업계의 속성이 그렇습니다. 마크 캐스티븐스의 말처럼 테이프는 거짓말을 하지 않으니까요. 기타 연주자나 코미디언에게 중요한 것은 오직 그들이 생산해 낸 결과물뿐입니다. 진정한 천직을 찾았는지 여부를 고민하느라 세월을 보내다가 업계에서 퇴출되면 그 고민 자체가 아무 쓸모없는 것이 되어 버리니까요.

다음 두 번째이자 더 근본적인 이유는, 제가 왜 연주자들이 장인 마인드셋을 갖게 됐는지에 대해 별 관심이 없기 때문입니다. 앞서 얘기했 듯 그들은 각자 자신들만의 고유한 세계가 있고 무엇이 그들의 동기를 자극했는지는 일반화될 수 없죠. 조던의 이야기에 제가 주목한 이유는 장인 마인드셋이 실제 어떤 모습으로 드러나는지 보여 주기 위함이었 습니다. 그러니 조던이 장인 마인드셋을 '왜' 가지게 됐는지에 대해서 는 신경 쓰지 말고, 그가 장인 마인드셋을 '어떻게' 활용하고 있는지에 주목하기 바랍니다.

다음 장에서 저는 '현재 직업에 대해 어떻게 느끼는지에 상관없이 장 인 마인드셋을 갖추는 것이 훌륭한 커리어의 바탕이 된다'는 주장을 펼 칠 겁니다. 이번 장에서 '열정 기존론'에 제가 반대하는 이유를 미리 명 확히 밝힌 건 그 때문이죠. 앞으로 설명하겠지만 실제로 현실에서는 먼 저 장인 마인드셋을 갖추면, 열정은 그다음에 따라오게 돼 있습니다.

5장

장인 마인드셋은 무엇이 다른가

.

.

'좋은' 직업을 '좋게' 만드는 것은 다름 아닌 그 직업의 희소성과 가치다.

그렇기에 만약 좋은 직업을 갖고자 원한다면, 마땅히 그에 걸맞은 희소하고 가치 있는

실력을 갖춰야 한다. 장인 마인드셋이 중요한 것은 이 때문이다.

이런 실력을 일컬어 '커리어 자산'이라고 한다.

'좋은 직업'의 경제학

4장에서 저는 이렇게 주장했죠. "지금 하는 일을 사랑하고 싶다면 열정 마인드셋('세상이 나에게 무엇을 줄 수 있는가?')을 버리고 장인 마인드셋('내가 세상에 무엇을 줄 수 있는가?')을 갖춰라."

이렇게 생각하면 우선 한 가지 단순한 질문이 떠오릅니다. "그럼 과연 '좋은 직업'을 좋게 만드는 요소나 특징은 무엇일까?" 이 질문에는 사례를 통해 구체적으로 답하는 게 좋겠지요. 앞서 첫 번째 일의 원칙

을 다루면서 저는 좋은 직업을 가진 동시에 현재의 일을 사랑하는 사람들의 사례를 살펴본 바 있습니다. 거기서 뭔가 아이디어를 얻을 수 있을 겁니다.

앞서 소개한 사람들 중에는 애플 창립자 스티브 잡스, 라디오 진행자 아이라 글래스, 서프보드 제작자 앨 메릭이 있었지요. 이들 3명의 사례를 통해 "어떤 점이 그들이 가진 커리어를 그토록 매력적으로 만드는가?"에 대한 답을 찾아보았습니다. 다음은 그 과정을 통해 제가 내린 결론입니다.

◐ 좋은 직업의 특징

- **창의성** 아이라 글래스는 '라디오'라는 매체의 영역을 넓혔고 그 공로로 수많은 상을 수상했습니다.
- **영향력** 애플Ⅱ 컴퓨터부터 아이폰에 이르기까지, 스티브 잡스는 디지털 시대 인간의 생활 방식을 바꿔 놓았습니다.
- **자율성(자기통제)** 앨 메릭은 언제 일어나고 무슨 옷을 입을지 고민하지 않습니다. 사무실에 출근했다 퇴근하는 삶을 살지도 않지요. 자신의 채널 아일랜드 서프보드 공장이 위치한 곳 근처 샌타바버라 해변에서 그는 여전히 서핑을 하며 시간을 보냅니다. 버턴 스노보드Burton Snowboards의 창립자 제이크 버턴 카펜터Jake Burton Carpenter는 이 두 회사의 합병 협상이 이뤄졌을 때 메릭과 함께 파도를 기다리고 있었다고 회상했지요.

이 3가지가 좋은 직업의 특징 전부라곤 하기 어렵지만, 우리가 가지고 싶은 꿈의 직업을 떠올려 보면 분명 위에서 언급한 특징들이 포함돼 있을 겁니다. 그럼 이제 정말 중요한 다음 질문을 던질 차례입니다. "어떻게 하면 나의 일에도 이런 특징들이 발현되게 할 수 있을까?"

이 질문에 대한 답을 찾기 시작하면서 맨 처음 발견하게 된 점은, 이러한 특징들은 '희소'하다는 것입니다. 대부분의 직업에서는 일의 과정과 방식에서 창의성이나 영향력, 자율성을 발휘하기 쉽지 않죠. 예를 들어 이제 막 대학을 졸업한 신입 사원이라면 "세상을 바꿀 만한 일을 해 봐"라는 얘기보다는 아마 "가서 정수기 물통 좀 바꿔"란 소리를 주로 듣게 될 겁니다.

또한 이 특징들은 좋은 직업을 규정하는 핵심 요소이기 때문에 '가치' 있는 것이라고 할 수 있죠. 그런데 희소성과 가치, 이 2가지는 우리가 익히 아는 분야에서 이미 다뤄졌습니다. 기초 경제학 이론에서는 '희소하면서도 가치 있는 것'을 얻으려면 그 대가로 역시 희소하고 가치 있는 것을 제공해야 한다고 말합니다. 이 '수요 공급의 법칙'에 따르자면 우리가 만약 좋은 직업을 원한다면 그에 상응하는 가치를 지닌 것을 제공해야 하는 겁니다. 물론 이 주장이 맞다면 우리가 위에서 살펴본 3명의 사례에서도 그런 일이 일어났는지 확인할 수 있어야 하겠지요. 훌륭한 커리어를 얻기 위해서는 그에 상응하는 대가가 지불되어야 한다는 해석이 과연 옳은지 살펴봅시다.

먼저 스티브 잡스의 경우를 따져 보죠. 폴 터렐의 바이트 숍에 찾아갔을 때 잡스는 그야말로 희소하고 가치 있는 뭔가를 갖고 있었습니다. 바로 애플 I 컴퓨터의 회로판 말이죠. 아직 퍼스널 컴퓨터 시장 초창기였던 당시 애플 I은 가장 뛰어난 성능을 가진 PC였습니다. 이 회로판을 100대 팔아서 번 돈은 잡스에게 일종의 여유를 안겼지만, 경제학적 관점에서 보자면 자신의 커리어에서 더 큰 가치를 얻기 위해 그는 자신이 제공하는 것의 가치를 더 높여야 했습니다. 여기서 잡스의 성공 시대가 개막하게 되죠. 그는 마이크 마크쿨라^{Mike Markkula}로부터 25만 달러를 투자받아 워즈니악과 함께 그 누구도 무시하지 못할 새로운 컴퓨터 디자인에 착수합니다.

샌프란시스코 베이에어리어 지역의 홈브루 컴퓨터 클럽^{Homebrew Computer Club}(실리콘 밸리 초창기에 해커, 컴퓨터 기업가 등이 결성한 컴퓨터 동호인 모임·옮긴이)에는 잡스와 워즈니악에 버금가는 뛰어난 엔지니어들이 많았지만, 잡스에게는 투자를 받아내어 완제품을 생산하는 데 기술력을 집중시킬 수 있는 자신만의 능력이 있었습니다. 그 결과 탄생한 것이 애플 II 컴퓨터로 경쟁 상대를 훨씬 뛰어넘는 제품이었죠. 컬러 그래픽을 지원하고 모니터와 키보드가 내장돼 있으며 개방형 구조로 메모리와 주변 장치를 확장할 수 있었습니다(플로피 디스크는 애플 II에서 처음으로 상용화됐지요). 애플 II 덕분에 회사는 이름을 알렸고 잡스는 삼류 기업가에서 그야말로 선도적 기업의 대표가 됐습니다. 그는 뛰어난 가치를 생산해 내고 그 대가로 자신의 커리어에서 창의성, 영향력, 자율성을 얻게 된 것이죠.

라디오 진행자 아이라 글래스가 유명한 라디오 쇼 〈디스 아메리칸 라이프^{This American Life}〉를 제작할 기회를 얻게 된 것은, 그가 이미 공영 라디오 분야에서 최고의 에디터이자 진행자로서 자신의 입지를 굳힌 다음의 일이었습니다. 처음에 인턴부터 시작한 글래스는 〈올 싱스 컨시더드^{All Things Considered}〉라는 프로그램의 편집을 맡게 됐죠. 그처럼 지방 NPR(미국공영라디오) 방송국에 인턴으로 입사했다가 말단 제작 업무를 맡게 된 젊은이들은 많았습니다. 하지만 글래스는 자신의 기술을 더욱 희소하고 가치 있게 만드는 데 집중했다는 점에서 이들과 달랐지요. 맛깔스러운 편집 기술 덕분에 그는 몇 개의 방송 코너를 맡을 수 있었습니다. 비록 글래스의 목소리는 라디오 진행자라면 으레 그래야 한다고 신성시하는 요소를 조롱하고 완전히 무시했지만 그럼에도 그의 방송은 여러 상을 받기 시작했습니다.

편집에 대한 타고난 재능이 잠재돼 있다가 비로소 발휘된 것이라고 볼 수도 있을 겁니다. 하지만 일의 원칙 첫 번째에서 글래스가 실력을 키우려면 고된 노력이 필요하다고 강조했던 대목을 떠올려 봅시다. "우리처럼 창의적인 일을 하는 사람들은 모두 일종의 '갭'을 느낄 때가 있습니다. 자신이 만들어 낸 결과물이 썩 마음에 들지 않는 것 말예요. 뭔지 아시죠? 잘하려고 노력은 했지만 그리 훌륭하다고는 말할 수 없는 거죠. 핵심은 실력이 갖춰질 때까지 어떻게든 버티는 겁니다. 이게 가장 어려운 부분이죠."[1] 로드트립 네이션 인터뷰에서 그는 자신의 커리어에 대해 이렇게 설명했습니다. 즉 어느 날 갑자기 한 천재가 대학을 졸업하고는 라디오 방송국에 입성해 프로그램을 만들게 된 게 아니라는 겁니다. 글래스의 이야기를 들으면 들을수록, 남들이 무시하지 못할 실력을 갖추기 위해 자신의 일에 매진했던 한 젊은이의 모습을 발견할 수 있지요.

그리고 그 전략은 효과를 발휘했습니다. 〈올 싱스 컨시더드〉에서 맡은 짧은 코너가 성공을 거둔 후 글래스는 시카고의 WBEZ 라디오 방송국에서 제작하는 다른 프로그램 진행자로 발탁됐고, 그럼으로써 그가 가진 실력의 가치 또한 더 올라갔지요. 1995년 WBEZ 라디오 방송국 국장이 전국 방영을 목표로 한 자유로운 형식의 라디오 쇼 〈디스 아메리칸 라이프〉를 기획하려고 했을 때, 글래스는 이 국장이 영입하려는 진행자 리스트 맨 위에 이름을 올렸습니다. 현재 글래스는 창의성, 영향력, 자율성이 풍부한 커리어를 갖추고 있지만 그의 성장 스토리를 잘 들여다보면 경제학적 함의가 분명히 드러납니다. 즉 그의 멋진 직업은 각고의 노력을 통해 얻은 희소하고 가치 있는 기술의 대가인 것이죠.

앨 메릭에게서도 이와 비슷한 이야기를 듣게 되는 건 사실 별로 놀랍지 않은 일입니다. 전문 서프보드 제작자로서 그의 커리어를 받쳐 준 희소성과 가치가 있는 기술이 무엇인지는 아주 쉽게 알 수 있습니다. 그가 만든 서프보드가 각종 대회를 휩쓸었으니까요. 하지만 여기서 중요한 사실은 처음부터 그랬던 건 아니라는 점이죠. 메릭은 원래 여러 해 동안 보트 제작 일을 하며 서프보드 제작에 필요한 섬유유리를 접했고, 본인도 직접 서핑을 하면서 이 스포츠에 대해 알게 되었습니다. 하지만 실제로 가치 있을 정도의 보드 제작 기술을 갖추기까지는 엄청난 노력이 필요했죠. 로드트립 네이션 인터뷰에서 그는 당시를 회상하며 이렇게 말했습니다. "처음에는 오랫동안 실패할까 봐 너무 두려웠어요. 세계 챔피언이 되려는 이들을 위해 만드는 서프보드인데 자칫 잘못되기라도 하면 어쩌나 하고 말이죠. 그래서 최고의 서프보드를 만들기 위해 더욱더 열심히 일하고 노력하게 됐습니다."

해변 근처에 사무실이 있고 언제든 맘대로 서핑을 할 수 있다니 부러운 일이지만 이 직업이 메릭에게 거저 주어진 건 아닙니다. 이를 위해서는 희소하고 가치 있는 기술을 갖춰야 한다는 점을 그는 알았던 것이죠. 켈리 슬레이터Kelly Slater 같은 프로 서핑 선수들이 그의 보드를 타고 대회에서 우승을 하게 된 후에야, 비로소 그에게 자신이 일하는 환경을 마음대로 조성할 수 있는 자유가 생긴 겁니다.

지금까지 제가 주장한 바를 아래와 같이 정리해 보겠습니다.

> **◎ 좋은 직업과 커리어 자산 이론**
>
> • 좋은 직업을 규정하는 특징들은 희소하고 가치 있는 것이다.
> • 수요 공급의 법칙에 따르자면 이런 특징들을 얻기 위해서는 그 대가로 역시 희소하고 가치 있는 능력이 필요하다. 이렇게 자신이 제공할 수 있는 희소하고 가치 있는 능력이 바로 '커리어 자산$^{career\ capital}$'이다.
> • '누구도 자신을 무시할 수 없는 실력'을 갖추는 데 끊임없이 집중하는 장인 마인드셋이야말로 커리어 자산을 얻기 위한 가장 적합한 전략이다. 바로 이 것이 만약 당신의 목표가 자신이 좋아하는 직업을 갖는 것이라면 열정 마인드셋보다 장인 마인드셋을 추구해야 하는 이유다.

잡스, 글래스, 메릭 모두 장인 마인드셋을 가진 사람들이라고 할 수 있습니다. 심지어 메릭은 서프보드 제작자 초창기 시절 한 인터뷰에서 "나는 장인입니다"라고 직접 자신을 가리켜 '장인'이란 단어를 사용하기까지 했지요.[2] 커리어 자산 이론에 따르면 이건 결코 우연이 아닙니다. 좋은 직업을 규정하는 특징들을 얻기 위해서는 그 대가로 뭔가 희소하고 가치 있는 것들을 지녀야 하는 것이죠. 바로 제가 커리어 자산이라고 부르는 것들 말입니다. 커리어 자산을 최대한 쌓겠다는 목표를 세웠다면, 자신이 생산해 내는 결과물에 끊임없이 집중하는 장인 마인드셋이야말로 반드시 갖춰야 할 마음가짐입니다. 바로 이것이 제가 장인 마인드셋을 열정 마인드셋보다 우위에 두는 이유지요. 열정의 존재 여부나 고된 노력의 가치에 관해 철학적인 논쟁을 벌이고 싶은 마음은 없습니다. 저는 다만 아주 현실적인 측면에서 이렇게 주장하는 겁니다. 직업 생활에서 성공하고 싶다면 그에 걸맞은 요소를 갖춰야 하며, 장인 마인드셋이야말로 그 목표를 달성하는 데 핵심이 되는 태도라는 거죠.

그런데 이 주장을 따르면 반대쪽 주장에 대해서는 필연적으로 부정적인 결론에 이르게 된다는 점을 인정하지 않을 수 없군요. 열정 마인드셋은 좋아하는 직업을 갖는 데 비효율적일 뿐 아니라, 대부분의 경우 오히려 방해가 되며, 때로는 암울한 결과를 가져올 수도 있다는 결론 말입니다.

무모한 열정은 어떤 결과를 낳는가

2009년 여름 이틀 간격으로《뉴욕타임스》에 실린 기사 두 편에는 열정 마인드셋과 장인 마인드셋의 차이가 극명히 드러나 있습니다. 그중 첫 번째 기사의 주인공은 리사 포이어Lisa Feuer[3]입니다. 광고 마케팅 업계에서 일하던 그녀는 38세에 직장을 그만뒀습니다. 회사 생활의 답답한 제약에 힘들어 하다가 과연 이 일이 자신의 천직인지 의문이 들었죠. "혼자 사업을 꾸려 가는 남편을 보면서 저도 할 수 있겠다는 생각이 들더군요." 그녀는 그렇게 사업을 시작하게 됐습니다.

기사에 따르면 포이어는 200시간짜리 요가 강사 교육 과정에 등록

했습니다. 교육비 4000달러는 주택 담보 대출로 해결했죠. 자격증을 취득한 후엔 주로 어린이와 임산부를 대상으로 한 요가 프로그램인 카르마 키즈 요가Karma Kids Yoga 강습을 시작했습니다. 포이어는 프리랜서로 일하는 어려움을 무릅쓴 이유를 기자에게 이렇게 설명했습니다. "제가 하는 일을 사랑하니까요."

포이어가 이런 결심을 한 배경에는 열정 마인드셋이 자리하고 있습니다. 진정한 천직이라는 신화에 사로잡힌 사람들에게는 열정을 위해 편안함을 포기하는 것쯤은 오히려 영웅적인 행동이지요. 그 예로 《사무직에서 탈출하라: 회사의 노예에서 번창하는 사업가로》[4]의 저자이자 열정 마인드셋의 신봉자인 파멜라 슬림Pamela Slim을 살펴보도록 할까요. 자신의 홈페이지에 올려놓은 바에 의하면 그녀는 다음과 같은 대화를 수시로 한다고 합니다.

나   그럼 이제 계획대로 밀고 나갈 준비가 됐나요?

상대방 뭘 해야 할지는 알겠지만 정말 해낼 수 있을지 모르겠어요! 내가 과연 훌륭한 예술가/코치/ 컨설턴트/마사지사가 될 수 있을까요? 혹시라도 사람들이 내 웹 사이트를 보고 비웃으면 어쩌죠? 누가 정말 찾아오기나 할까요?

나   허리를 꼿꼿이 세우고 용기를 내세요.[5]

이런 일이 하도 많다 보니 슬림은, 리사 포이어처럼 자신의 꿈을 좇는 용기를 더 많은 사람들에게 불어넣어 주기 위해 아예 '허리를 꼿꼿이 세워라'는 이름의 전화 상담 세미나 상품을 내놓았습니다. 이 상품 소개 문구에는 슬림이 "왜 다른 사람들의 성공 모델에 맞춰 살아야 하는가?" "위대한 일을 할 용기를 어떻게 얻는가?" 등의 질문에 답해 준다고 설명돼 있지요. 비용은 47달러입니다.

'허리를 꼿꼿이 세워라'가 표방하는 이른바 '용기 문화'는 여러 작가들과 온라인 논객들을 통해 퍼져 나가고 있지요. 그들이 주장하는 바는 이렇습니다. "당신이 사랑하는 일을 얻지 못하게 만드는 가장 큰 장애물은 용기 부족이다. 다른 사람들이 정해 놓은 성공의 정의에서 벗어날 수 있는 용기가 필요하다." 그러니 과감히 자신의 꿈을 좇으라는 것이죠. 열정 마인드셋에 비춰 봤을 때 이런 주장은 더할 나위 없이 타당하게 들립니다. 만약 어딘가에 내게 완벽하게 맞는 직업이 존재한다면 열정을 따르지 않는 삶은 시간 낭비일 뿐이겠죠. 이 관점에서 보면 리사 포이어의 선택은 하루빨리 실행에 옮겼어야 할 용기 있는 행동입니다. 그녀를 파멜라 슬림의 전화 상담 세미나에 게스트로 모셔야 할 정도인 거죠. 하지만 커리어 자산 이론의 관점에서 봤을 때 카르마 키즈 요가 강습을 시작한 선택은 그저 무모한 도박에 지나지 않습니다.

열정 마인드셋의 문제는 기존에 쌓아 온 가치를 무너뜨린다는 겁니다. 파멜라 슬림 같은 열정 마인드셋 지지자들은 창의성, 영향력, 자율성을 가질 수 있는 프리랜서가 되는 게 쉽다고 주장하지요. 하지만 커리어 자산 이론은 이 주장에 동의하지 않습니다. 좋은 직업을 얻기 위해서는 단지 대단한 용기만이 아니라 훌륭하고도 진정 가치 있는 능력이 필요하다고 강조하지요. 광고 업계를 떠나 요가 강습을 시작했을 때 포이어는 오랫동안 쌓아 온 커리어 자산을 버리고 알지도 못하는 전혀 상관없는 분야로 진출한 겁니다. 요가 강사가 인기 있는 직종임을 고려하면 겨우 한 달의 교육 과정을 이수했을 뿐인 그녀는 동종 업계에서 실력이 낮은 축에 속할 수밖에 없고, 남들에게 무시당하지 않을 정도가 되려면 한참 멀었다고 할 수 있죠. 따라서 요가라는 직업에서 그다지 영향력을 발휘할 위치에 있지 못한 겁니다. 당연히 포이어의 도전이 성공할 가능성은 낮았고, 불행히도 실제로 그런 결과가 나왔습니다.

2008년 금융 위기가 찾아오자 포이어의 사업 또한 어려워졌죠. 그녀가 수업하던 체육관 중 한 곳이 문을 닫았고 곧이어 지역 고등학교에서 열었던 강좌 2개도 폐쇄됐습니다. 경기가 어려워진 탓에 개인 레슨의 수요도 줄었고요. 그녀의 얘기가 《뉴욕타임스》에 실렸던 2009년에는 연간 총수입이 겨우 1만 5000달러에 불과한 상태가 됐죠. 기사 말미에 포이어가 기자에게 보낸 문자 메시지가 소개되어 있습니다. "지금 정부에서 저소득층에게 나눠주는 식료품 할인권을 받으러 줄 서 기다리는 중이에요."

리사 포이어의 기사를 내보낸 지 이틀 뒤 《뉴욕타임스》는 역시 홍보 마케팅 분야에서 일하는 조 더피Joe Duffy에 대한 이야기를 실었습니다.[6] 포이어처럼 더피도 광고계에서 일해 왔지만 회사 생활에 회의를 갖기 시작했죠. "광고 일이 지겨워졌어요. 인생을 단순하게 살면서 좀 더 창의적인 일에 집중하고 싶었습니다"라고 더피는 회상했습니다. 더피는 원래 그림을 그렸지만 생계를 위해 전문 일러스트레이터로 광고계에 입문한 경우였습니다. 열정 마인드셋의 지지자들은 더피와 같은 상황에 처한 사람에게 당장 광고계를 떠나 예술혼을 불태우라고 부추길 겁니다.

하지만 더피의 사고방식은 장인 마인드셋에 가까웠습니다. 자신의 직업이 주는 제약으로부터 도망치는 대신, 자신을 더 돋보이게 하는 데 필요한 커리어 자산을 쌓기 시작했죠. 기업의 로고와 브랜드 아이콘 제작을 전문 분야로 삼았고, 실력이 성장함에 따라 선택지도 넓어졌습니다. 마침내 미니애폴리스에 본사를 둔 대형 광고 회사 팰런 매켈리고트Fallon McElligott가 그를 스카우트하여 그룹 내에 독자적인 자회사 더피 디자인Duffy Designs을 설립하고 그 운영을 맡겼습니다. 결국 그는 커리어 자산을 키운 덕에 더 많은 자율성을 얻게 된 것이죠.

팰런 매켈리고트에서 소니, 코카콜라 등 대기업의 로고를 제작하여 20년을 보낸 후, 더피는 다시 한 번 자신의 자산을 투자해 자율성 확보에 나서게 됩니다. 이번에는 15명 규모의 더피 앤드 파트너스Duffy & Partners라는 회사를 직접 차렸습니다. 이런 사업가로서의 행보는 포이어와는 확연히 다르죠. 더피는 이미 세계 최고의 로고 전문가고 수많은 고객들을 확보한 상태에서, 즉 성공이 보장될 만큼 충분한 커리어 자산을 가진 채로 창업한 겁니다. 반면 포이어는 겨우 200시간의 트레이닝과 한 움큼의 용기만으로 회사를 차렸죠.

최근 은퇴한 더피가 자신의 직업을 사랑했다는 점은 의심할 나위가 없습니다. 그는 세간의 존경을 받으며 자율적으로 일했고, 광고의 중요성이 커지면서 세상에 큰 영향력도 발휘할 수 있었죠. 하지만 무엇보다 포이어와 극명하게 비교되는 지점은, 더피가 위스콘신주의 토타가틱강 주변에 약 40만 제곱미터의 땅을 사들여 더피 트레일Duffy Trails이라는 휴양지를 만들었다는 겁니다. 열렬한 크로스컨트리 스키 애호가인 더피에게 매년 11월부터 3월까지 스키를 즐길 수 있는 약 8킬로미터의 숲

길은 거부할 수 없는 선택이었던 거죠.《뉴욕타임스》에 보도된 것처럼 여기에는 세 곳의 별채가 별도로 마련돼 있어 20명 이상이 묵을 수 있지만, 더운 여름밤이면 농어로 가득한 호숫가 근처에 설치된 대형 텐트에 대부분의 손님들이 몰린다고 합니다.

더피가 이곳을 구입했을 때 그의 나이 45세였습니다. 포이어가 광고계를 떠나 요가 사업을 시작했던 나이와 그리 차이가 나지 않죠. 이 두 사람의 이야기는 로버트 프로스트의 시를 떠올리게 합니다. "가을 숲속에 두 갈래 길이 나 있었"는데 한 사람은 실력을 키우는 길을 선택했고, 다른 한 사람은 열정의 빛을 따라갔지요. 앞사람은 자신의 직업에서 자율성을 갖고 업계의 스타가 되었으며 휴양지에서 가족들과 함께 주말을 보내고, 뒷사람은 식료품 할인권을 받으러 줄을 서야 하는 처지에 놓였습니다.

이런 비교가 꼭 올바르다고 할 순 없겠죠. 포이어가 광고 업계에 남아 모든 에너지를 불살랐다고 해도 더피처럼 성공했을지는 알 수 없는 일이니까요. 하지만 비유로서는 꽤나 훌륭한 역할을 합니다. 식료품 할인권을 받으러 기다리는 포이어의 이미지를, 비슷한 나이지만 해외여행에서 돌아와 자신의 휴양지에서 스키를 즐기며 주말을 보내는 더피의 모습에 겹쳐 보면 충격적이기까지 하니까요. 커리어 자산을 충분히 쌓은 상태의 창업에 비해 아무 준비 없이 시작한 창업이 가진 위험성과 비합리성을 잘 보여 주는 장면입니다. 포이어와 더피 모두 직장에서 같은 시기에 같은 문제와 맞닥뜨렸죠. 더구나 자신이 좋아하는 일을 하고 싶어 한 점까지 같았습니다. 하지만 이 문제를 다루는 방식에서 둘은 갈렸고, 결국 장인 마인드셋을 택한 더피가 확실한 승자가 된 겁니다.

장인 마인드셋이 통하지 않는 경우

이번 장을 쓰기 얼마 전에, 갓 대학을 졸업했고 제 블로그의 오랜 독자이기도 한 존으로부터 한 통의 이메일을 받았습니다. 세무사가 된 그는 자신의 직업을 걱정하고 있었습니다. 일이 재밌게 느껴질 때도 있지만, 늦게까지 일해야 하는 데다가 업무 영역도 엄격히 정해져 있어서 특별히 두각을 나타내기 어렵다는 불평이었죠. "지금의 생활 방식이 마음에 들지 않는 건 둘째 치고 이 일에서 특별한 의미도 찾을 수가 없어요. 사실 가장 약한 사람들을 괴롭히는 일이잖아요."

지금까지 저는 장인 마인드셋을 지지하고 열정 마인드셋을 비판하는 입장을 취해 왔습니다. 장인 마인드셋의 강점 중 하나는 직업의 종류를 따지지 않는다는 겁니다. 좋은 직업은 커리어 자산을 통해 얻어지는 것이지 내적인 열정에 부합하느냐의 여부로 결정되는 것이 아니라는 입장이기 때문이죠. 따라서 천직을 찾느라 애쓸 필요가 없는 겁니다. 대부분의 직업에서 훌륭한 커리어를 쌓을 수 있으니까요. 존도 이런 주장을 익히 알고는 있었지만 정작 세무사로서의 삶에 실제로 적용하기는 어려웠던 겁니다. 자신의 직업이 마음에 들지 않지만 그럼에도 훌륭한 장인처럼 묵묵히 견디며 실력을 키워야 하는 건지 알고 싶어했죠.

이 중요한 질문에 저는 이렇게 답을 보냈습니다. "그 일을 그만둬야 할 것 같군요."

그러고 나서 생각해 보니 커리어 자산 이론이 상대적으로 더 잘 적용되는 직업과 그렇지 않은 직업이 있다는 점이 분명히 느껴지더군요.

존을 돕기 위해 저는 자신의 일을 사랑하기가 힘든 직업의 특징들을 3가지로 정리해 보았습니다.

> **Ⓞ 장인 마인드셋을 적용하기 힘든 직업의 특징**
>
> 1 희소하고 가치 있는 능력으로 자신을 차별화하기가 거의 불가능한 직업
>
> 2 쓸모없거나 세상에 해가 된다고 스스로 생각하는 일을 주로 해야 하는 직업
>
> 3 정말 싫은 사람들과 함께 일해야만 하는 직업[7]

이 중 한 가지 이상 해당된다면 그 직업은 커리어 자산을 쌓고 투자하려는 여러분의 의지를 꺾어 버릴 수 있다는 뜻입니다. 첫 번째 특징의 경우라면 실력을 늘리기가 애초에 불가능하고, 두 번째 경우라면 커리어 자산을 갖출 때까지 버티기가 어려울 테지요. 존의 직업은 이 2가지에 모두 해당하므로 그에게 그만두라고 조언한 겁니다.

다른 예를 하나 더 들어 보죠. 이 책을 쓸 당시 MIT의 컴퓨터과학자였던 저는 월 스트리트의 헤드헌터들로부터 몇 통의 이메일을 받았습니다. 그들은 자신들이 제안하는 일자리가 능력을 개발하기에도 좋고 근무 시간에 비해 충분한 보상을 해 줄 거라고 했죠. 그중 한 헤드헌터는 "어느 곳보다 더 높은 급여를 주는 회사가 월 스트리트에 서너 군데 있는데 제안 드리는 곳이 바로 그중 한 군데입니다"라고 썼습니다(나중에 친구들에게 듣기로는 이런 기업들의 초봉이 대략 20~30만 달러 수준이라더군요). 하지만 제가 보기에 이런 회사들은 위에서 말한 두 번째 요건에 해당됩니다. 이 점을 잘 알았기에 저는 그 제안 메일을 받자마자 과감히 삭제해 버릴 수 있었죠.

하지만 정작 여기서 놓치지 말아야 할 큰 그림은, 장인 마인드셋의 예외라 할 수 있는 이 특징들마저 '이 직업이 열정에 부합하는가'와는 아무런 상관이 없다는 점입니다. 오히려 '제대로 일하는 것이 좋은 일을 찾는 것보다 중요하다'는 명제를 뒷받침해 주고 있죠.

지금까지 장인 마인드셋을 지지하는 이유를 설명하고 그 예외까지 둘러봤으니, 이제부터는 실제로 장인 마인드셋이 어떻게 적용되는지 살펴보도록 하겠습니다.

6장

⊗

커리어 자산을 쌓아올린 사람들

•

•

커리어 자산의 힘을 몸소 보여 준 두 사람을 만나

그들이 어떻게 장인 마인드셋을 통해 자신이 바라는 커리어를 구축했는지 들어 본다.

31세의 성공한 방송작가 알렉스 버거Alex Berger는 자신의 일을 사랑합니다. 29세의 친환경 기술 벤처 투자자 마이크 잭슨Mike Jackson 역시 자신의 직업을 사랑하는 사람이죠. 이번 장에서 이 두 사람의 이야기를 다루는 이유는, 장인 마인드셋으로 멋진 커리어를 쌓기까지의 현실적 어려움을 생생히 잘 보여 주기 때문입니다. 알렉스와 마이크 둘 다 열정을 찾기보다 실력을 갖추는 데 집중했고, 그 커리어 자산을 바탕으로 훌륭한 직업의 특징들을 확보해 나갔습니다.

방송계에서 TV 방송작가로 일하고 싶은 사람이 가장 먼저 거쳐야 할 단계는 제이미 같은 사람을 만나는 일입니다. 20대 후반인 제이미는 자신과 해당 프로그램을 익명 처리해 주는 조건으로, 최근 관여했던 TV 프로그램 방송작가 채용 과정의 실상을 제게 알려 주었습니다. 그 얘기를 듣고 제가 확실히 느낀 건 'TV 작가가 되기란 정말 쉬운 일이 아니구나' 하는 깨달음이었죠.

제이미가 알려 준 과정은 이랬습니다. 가장 먼저 PD가 작가 기획사에 샘플 대본을 보내 달라고 요청합니다. 그렇게 해서 받은 100개 정도의 샘플 원고들을 제이미가 읽고 평가하면서 점수를 매긴 다음, 그중 상위 20개 정도만 추려서 담당 PD에게 올리는 거죠. 그런데 PD는 이미 베테랑 작가들을 고용한 상태이므로 이런 공개 모집을 통해 뽑을 수 있는 자리는 얼마 되지 않습니다.

그 경쟁의 치열함을 보여 주기 위해 제이미는 제게 자신의 원고 평가서를 건넸습니다. 원고를 보내온 100여 명의 작가들 중 14명을 제외하고는 모두 이미 TV에서 방송된 적 있는 대본들을 보냈더군요. 아직 방송 경험이 없는 나머지 14명 중 제이미가 준 가장 높은 점수는 6.5점(10점 만점)에 불과했습니다. 그나마 이 한 사람을 제외하고는 훨씬 더 낮은 평가를 받았죠. 그가 4점을 준 한 원고에는 "흥미로운 스토리나 눈길을 끌 만한 장면, 신선한 대사가 없고 밋밋함"이라는 평이 달려 있었습니다. 또 다른 원고에는 "4분의 1만 읽었는데도 확실히 수준 이하"라고 적혔고요.

이처럼 TV 방송작가의 세계로 들어서기란 힘든 일입니다. 하지만 동시에 왜 그토록 많은 사람들이 그 목표에 매달리는지도 알 수 있었죠. 멋진 직업이기 때문입니다. 우선 수입을 살펴보면 신입 작가 때는 비교적 평범하게 시작합니다. 미국작가조합Writers Guild of America에 따르면 주당 2500달러가 최소 급여인데, 한 프로그램의 일반적인 기준이 26주라는 걸 감안하면 6개월 치 급여가 6만 5000달러인 셈이니 훌륭한 수준이죠. 프로그램의 성공 여부에 따라 1~2년 뒤에는 스토리 에디터로 승진할 수도 있습니다. 이에 대해 한 베테랑 방송작가는 살롱닷컴Salon.com에 기고한 글에서 "그래 봤자 여전히 쥐꼬리만큼 받는다"라고 했지만, 다른 작가는 이 '쥐꼬리'가 방송 한 회당 1만 달러가 넘는다고 인정했습니다.[1] 여기서 그치지 않고 다음 단계인 PD가 되면 더욱 흥미진진해지죠. 일단 그 자리에 오르면 그야말로 "돈방석에 앉는 셈"이라고들 합니다. 최고 작가들의 경우 100만 달러 이상의 수입을 올릴 수 있습니다. 위에서 언급한 살롱닷컴 기사에 따르면 장기 프로그램의 PD 수입을 두고 업계에서는 억만장자를 넘어 '조만장자'라는 용어를 쓴다고 하네요.

물론 돈을 많이 버는 다른 직업들도 얼마든지 있습니다. 골드만삭스에서 승승장구하는 사람들은 30대 중반에 100만 달러를 벌기도 하고, 유명 로펌의 파트너 자리에 오르면 몇 년 지나지 않아 비슷한 돈을 받을 수 있죠. 하지만 할리우드는 월 스트리트와 업무 스타일에서 차이가 납니다. 생각해 보세요. 이메일에 파묻히거나 밤늦게까지 계약 협상을 할 필요도, 까다로운 채권 시장이나 판례를 공부해야 할 필요도 없죠. 방송작가가 신경 써야 할 건 단 한 가지, 멋진 대본을 만들어 내는 일뿐입니다. 대본 마감을 맞춰야 하니 일이 고될 수는 있겠지만 어쨌든 길어야 반년이면 끝나는 일이고, 창의적인 일인 데다가 자유롭게 반바지를 입고 일할 수도 있으며, 끝내주게 맛있는 음식들도 제공받습니다(한 소식통에 따르면 "작가들은 음식에 집착한다"라고 하더군요). 앞 장에서 다룬 좋은 직업의 특징을 다시 떠올려 보자면, TV 방송작가라는 직업이 매력적인 건 사람들이 자신의 직업을 사랑하게 만드는 3가지 요소인 창의성, 영향력, 자율성을 갖추고 있기 때문이죠.

저와 만났을 때 알렉스 버거는 이 엘리트 세계에 이미 입성한 단계였습니다. 파일럿 프로그램 대본을 USA 네트워크^{USA Network} 방송국에 판 거죠. 파일럿 대본을 판다는 건 곧 아이디어를 파는 것과 마찬가지입니다. 서너 명의 방송국 임원들 앞에서 5분 정도 자신의 비전을 홍보해야 하죠. USA 네트워크 같은 케이블 TV 방송국에서는 임원들이 매주 이런 발표를 15~20건 정도 들은 다음 스태프 미팅을 통해 실제 구매할 대본을 서너 개 선택하는데, 알렉스의 아이디어가 바로 그 주에 선택된 4건의 대본 중 하나였던 겁니다.

물론 알렉스의 프로그램이 방송되기까지는 넘어야 할 관문이 더 있지만 파일럿 대본을 팔았다는 것 자체만으로도 업계에서는 상당히 대단한 일입니다. 한마디로 제대로 된 길을 가고 있다는 상징과 같죠. 이를 증명이라도 하듯 알렉스의 대본을 좋아했던 USA 네트워크의 임원 중 한 사람이 그를 이미 방영 중이던 스파이 드라마 〈코버트 어페어스 Covert Affairs〉에 참여할 수 있게 도와줬습니다. 그 덕에 파일럿 프로그램의 방영이 결정되기까지 기다리는 동안 일거리를 얻을 수 있었죠. 알렉스의 경우 특별히 따로 이름을 알려야 했던 건 아닙니다. 이미 당시까지 각기 다른 프로그램에 방영된 3편의 대본을 쓴 경험이 있었으니까요. 가장 최근작인 스톱모션 코미디 〈글렌 마틴, DDS^{Glenn Martin, DDS}〉는 디즈니 회장을 역임한 마이클 아이스너^{Michael Eisner}와 공동 작업해 두 시즌 동안 방영되었죠. 그러니 알렉스가 이 소수에게만 허락된 업계에서 입지를 굳힌 작가라는 점은 의심할 여지가 없습니다.

그럼 과연 그는 어떻게 그 자리까지 올 수 있었을까요?

할리우드에 입성하기가 왜 어려울까

방송계 진입이 어려운 건 승자 독식 시장이라는 특성 때문입니다. 이곳에서 인정받는 커리어 자산은 대본 쓰는 능력 단 한 가지인 데다가, 소수의 구매자를 만족시키기 위해 이 자산을 얻고자 하는 사람들은 수천 명에 이르지요.

그런데 바로 이런 면에서 알렉스는 특별했습니다. 다트머스대학교 재학 시절 그는 토론 챔피언으로 명성을 날렸습니다. 2002년에 2인조로 참석했던 전국 토론 토너먼트에서 최고의 자리에 올랐고 그 대회에서 베스트 스피커 상까지 거머쥐었죠. TV 대본과 마찬가지로 토론은 실력의 차이가 확연히 드러나고 평가 체계가 구체적이고 명확하기에, 미국 최고의 토론 챔피언이 되기 위해 알렉스는 끊임없이 기술을 단련해야 했습니다. 이후 그의 할리우드 성공기를 들으면서 저는 바로 그때 단련한 기술이 성공의 연료가 되었음을 확신할 수 있었죠.

할리우드로 진출하겠다고 마음먹은 알렉스의 논리는 전형적인 토론

가답게 꼼꼼했습니다. "로스쿨에는 언제든 진학할 수 있다고 생각했지만 글을 쓸 기회는 현실적으로 그때가 유일했죠." 과거를 회상하면서 알렉스는 자신이 처음 서부로 왔을 때 자신의 목표가 무엇인지도 잘 알지 못했다고 털어놨습니다. "하고 싶은 일은 너무 많았지만 그 일들의 의미는 깨닫지 못했어요. 예를 들면 방송국 간부가 되고는 싶었지만 무슨 일을 하는 건지는 몰랐죠. 방송작가가 되겠다고 마음먹었을 때 역시 뭘 해야 하는 건지 잘 몰랐고요." 불변의 열정을 좇기 위해 용기를 낸 젊은이에게서 볼 수 있는 일반적인 태도는 분명 아니었습니다.

처음 LA에 도착한 알렉스는 내셔널 램푼National Lampoon이라는 코미디·엔터테인먼트 미디어 회사의 웹 사이트 에디터로 취직했습니다. 그러다 램푼이 TV 프로그램 제작에도 관심을 가지고 있다는 걸 알게 됐죠. "아는 것을 써라"라는 격언에 따라 알렉스는 코미디언들이 우스꽝스런 주제를 두고 판정단 앞에서 토론을 하는 쇼 〈마스터 디베이터스Master Debaters〉를 회사에 제안했습니다. 그리고 파일럿 프로그램 제작비로 얼마간의 돈을 받아 웨스트우드에 있는 보더스 서점에서 촬영에 돌입했죠. 하지만 TV 프로그램을 제작한다는 건 쉬운 일이 아니었고, 내셔널 램푼의 뜨뜻미지근한 노력은 그냥 물거품으로 끝났습니다.

알렉스의 이야기에서 제가 좋아하는 부분은 바로 다음 그가 취한 행동입니다. 내셔널 램푼을 그만두고 NBC 방송국의 프로그램 개발 임원의 어시스턴트로 들어간 거죠. 이 부분에서 알렉스의 토론가 기질이 발휘되는 걸 볼 수 있습니다. 방송계에서 성공하는 법을 배우기엔 내셔널 램푼은 너무 주변부에 위치한 곳이었죠. 대신 방송계의 중심에서 어시스턴트로 일하게 되면서 비로소 알렉스는 이 업계가 실제로 어떻게 돌아가는지 알 수 있게 된 겁니다.

알렉스는 얼마 지나지 않아 다른 많은 작가들이 실패를 경험하는 와중에도 방송국의 관심을 끄는 데 성공한 몇몇 작가들의 비결을 발견할 수 있었습니다. 바로 훌륭한 대본을 쓴다는 것이었죠. 하지만 그건 상상 이상으로 어려운 일이었습니다. 이런 통찰에 자극받아 알렉스는 모든 노력을 대본 집필에 집중했습니다. 많은 대본을 썼죠. 어시스턴트로 일한 8개월 동안 3편의 각기 다른 프로젝트를 밤새워 집필했습니다. 첫 번째 프로젝트는 내셔널 램푼을 떠나기 전 케이블 방송국 VH1에 판권이 넘어간 〈마스터 디베이터스〉로, 어시스턴트 일을 하면서도 알렉스는 계속해서 VH1 파일럿 대본을 가다듬었죠(대부분의 파일럿 프로그램이 그렇듯 VH1 방송은 끝내 이뤄지지 못했습니다). 동시에 램푼에서 만났던 프로듀서와 함께 또 다른 파일럿 대본 작업도 진행했고요. 마지막으로 워싱턴에서 보낸 자신의 성장기를 다룬 영화 대본도 썼습니다. "새벽 두세 시까지 대본을 쓰다가 다음 날 아침 여덟 시에 NBC로 출근하곤 했어요." 정말 바쁘게 보낸 시기였습니다.

어시스턴트로 일한 지 8개월이 지났을 때, 유명 정치 드라마 〈웨스트 윙The West Wing〉을 모방한 작품으로 지나 데이비스가 주연을 맡은 드라마 〈커맨더 인 치프Commander in Chief〉의 보조 작가를 구한다는 소식이 들려왔습니다. 비록 낮은 직위였지만 TV 방송작가라는 직업을 가까이에서 관찰할 수 있는 기회라 생각한 알렉스는 당장 지원했죠. 한편으론 HBO 방송국의 시트콤 〈커브 유어 인수지애즘Curb Your Enthusiasm〉에 대본을 제안한 경력도 포트폴리오에 추가하면서, 자신의 초기 대본들에 대한 피드백을 열성적으로 구했습니다. "일자리를 얻으려면 더 많은 샘플

이 필요하다고 생각했거든요"라고 알렉스는 당시를 회상합니다.

〈커맨더 인 치프〉 보조 작가로 일하면서 알렉스는 자신의 아이디어를 임원진에 홍보하기 시작했습니다. 보조 작가의 특권 중 하나는 이런 제안이 항상 논의 대상에 포함될 수 있다는 점이었으니까요. 드라마가 종영되기 직전 마침내 그가 내놓은 에피소드 아이디어 하나가 임원들의 관심을 끄는 데 성공했습니다. 파키스탄 비행기 추락 사고로 사라진 미사일과 동성 결혼식의 정치적 파장에 대한 내용이었죠. 당시 전속 작가였던 신시아 코언Cynthia Cohen과의 공동 작업을 통해 그는 이 에피소드의 초안 대본을 만들어 냈습니다.

"티보TiVo(티보 사의 디지털 비디오 녹화기·옮긴이)를 쓰는 사람은 이번 목요일 열 시에 방송될 〈커맨더 인 치프〉의 멋진 에피소드에 리모컨의 '좋아요' 버튼을 눌러 주길 바랄게." 알렉스는 친구들에게 이메일을 썼습니다. "왜 멋지냐고 묻는다면 방송 역사상 처음으로 '알렉스'와 '버거'라는 단어가 화면에 연속으로 뜰 거거든. 작가 이름으로 뜰 거라고."

자신이 쓴 대본이 첫 방송을 탄 이후엔 일이 빠르게 풀리기 시작했죠. 〈커맨더 인 치프〉가 종영된 후 알렉스는 또다시 낮은 직급의 일자리를 찾았는데, 이번에는 조너선 리스코Jonathan Lisco라는 프로듀서와 함께하는 일이었습니다. 리스코가 준비하던 〈케이-빌K-Ville〉은 2005년 허리케인 카트리나 이후 뉴올리언스의 풍경을 담은 드라마로 폭스 방송국에서 방영 예정이었죠. 하지만 이미 방송 크레디트에 이름을 올린 경험이 있고 수없이 다듬은 대본들이 충분한 상태였기에 이번 일자리는 알렉스에게 일종의 비공식 선발전이나 다름없었습니다. 리스코를 감동시킬 기회가 주어진 셈인데 실제로 그렇게 됐죠. 〈케이-빌〉의 전속 작가 자리에 공석이 생겼고 알렉스가 그 자리를 꿰찬 겁니다. 드디어 공식적으로 방송국 전속 작가가 된 거죠. 그는 계속 대본을 썼고 이 드라마가 종영되기 전 그가 집필한 에피소드 두 편이 방영됐습니다.

〈케이-빌〉이 끝난 후 한 지인의 주선으로 알렉스는 마이클 아이스너와 만났습니다. 당시 막 디즈니를 떠나온 아이스너는 독립 제작자로서 첫 프로젝트가 될 TV 코미디 프로그램을 제작하려고 준비 중이었죠. 알렉스는 자신이 방송국 전속 작가 출신이라 아이스너와 미팅하게 된 줄 알았지만, 사실 아이스너는 알렉스가 〈커브 유어 인수지애즘〉에 제안했던 대본에 감명을 받고 새로운 파일럿 대본을 써 달라고 부탁하게 된 것이었습니다. 그렇게 만들어진 파일럿 대본이 아이스너의 마음에 들었고, 알렉스는 그를 도와 〈글렌 마틴, DDS〉를 공동 제작했습니다. 그리고 이 프로그램은 케이블 방송사 니켈로디언^{Nickelodeon}의 닉 앳 나이트^{Nick at Nite} 채널에 편성되어 두 시즌 동안 간판 프로그램으로 방송되었죠. 〈글렌 마틴, DDS〉가 끝나갈 즈음 알렉스가 파일럿 대본을 USA 네트워크에 팔았고, 여기까지가 앞서 제가 얘기했던 그 방송국의 히트 프로그램 〈코버트 어페어스〉의 작가로 참여하게 된 과정입니다.

그는 단지 운이 좋았던 걸까

이처럼 알렉스 버거가 여러 번의 기회를 잡았던 이유를 이해하려면 우선 그가 가진 커리어 자산에 대해 알아야 합니다. 예를 들어 아이스너가 알렉스에게 프로그램 제작을 도와 달라고 부탁한 건 파격적이었지만, 이런 기회를 얻기까지 뭐가 필요했는지 생각해 봅시다. 그 당시 알렉스는 방송국 프로그램 전속 작가 출신이었고, 그의 포트폴리오에는 여러 차례 신랄한 피드백을 통해 다듬어진 훌륭한 코미디 대본이 갖춰져 있었죠. 그야말로 중요한 커리어 자산이 응집되어 있었던 겁니다.

시간을 거슬러서 알렉스가 어떻게 〈케이-빌〉의 전속 작가가 됐는지 짚어 보면 거기서도 다시금 커리어 자산이 활약했음을 발견할 수 있습니다. 이전에 이미 다른 방송국 드라마인 〈커맨더 인 치프〉 대본을 썼고 방송까지 됐죠. 이 또한 중요한 커리어 자산의 덕입니다.

더 과거로 돌아가 낮은 직급의 대본 어시스턴트에 불과했던 알렉스가 어떻게 〈커맨더 인 치프〉의 대본을 쓰고 방송까지 탈 수 있는지 살펴보면 그가 자신의 글쓰기 능력을 갈고닦기 위해 수년간 노력해 왔음을 알 수 있죠. 동시에 서너 개의 대본 작업을 하면서 항상 개선을 위해 피드백을 구하곤 했습니다. 대학을 갓 졸업하고 처음 LA로 온 알렉스 버거에게는 이런 커리어 자산 즉 글쓰기 능력이 없었지만, 〈커맨더 인 치프〉 작업을 할 즈음의 그는 첫 주요 작품을 써낼 준비가 돼 있는 상태였던 겁니다.

이러한 알렉스의 고속 승진은 고난을 이겨 낸 열정 덕택이 아닙니다. 그런 드라마틱한 이야기와는 거리가 멀죠. 토론 대회 우승자 출신의 알렉스는 방송계에서 어떤 커리어 자산이 가치 있는지 냉정하게 판단했고, 가능한 빨리 그 자산을 손에 넣기 위해 토론 대회를 준비할 때처럼 정진해 왔을 뿐입니다. 이 이야기에선 화려함 대신 오직 꾸준한 반복과 연습만이 눈에 띕니다. 알렉스 버거의 할리우드 입성기에는 특별한 비결 같은 건 없습니다. 단지 실력의 가치와 제대로 해내는 것의 어려움을 잘 이해한 덕분인 거죠.

실리콘 밸리 최고의 인기 직업

마이크 잭슨은 실리콘 밸리의 샌드힐 로드에 위치한 친환경 기술 벤처 투자 기업 웨스틀리 그룹^{Westly Group}의 이사입니다. 그의 직업을 단지 "인기 있다"고 말하는 건 겸손한 표현일 정도죠. "제 친구가 최근 일류 경영대학원의 학장과 저녁 식사를 했는데, 그 학장이 현재 자기네 대학원 졸업반 학생들 모두 친환경 기술 벤처 투자 회사에 입사하고 싶어 한다고 말했다더군요." 이렇게 말한 마이크 본인 또한 그 인기를 직접 체감하고 있습니다. 경영대학원 학생들로부터 그의 커리어에 대해 묻는 이메일을 수십 통씩 받고 있기 때문이죠. 한때 일일이 답장을 쓰기도 했지만 이제는 그러지 못한다면서 "누구나 바라는 직업이죠"라고 설명했습니다.

그의 직업을 탐내는 사람들이 많다는 사실은 놀랍지 않습니다. 친환경 에너지는 요즘 각광받는 산업이니까요. 세상을 돕는 길인 동시에, 마이크도 인정하듯 많은 돈을 벌 수 있기도 하죠. 직업상 마이크는 전세계를 돌아다니고, 상원 의원을 만나고, 새크라멘토와 LA 시장들과 함께 시간을 보냅니다. 그는 버락 오바마 선거 운동을 총괄 지휘한 '킹메이커' 데이비드 플루프^{David Plouffe}가 자신의 사무실을 자주 들른다고도 했습니다.

흥미로운 점은 마이크 역시 알렉스 버거처럼 어떤 분명한 열정을 추구하다가 지금의 직업을 갖게 된 것이 아니란 겁니다. 다만 실력을 갈고닦으면 결국 소중한 기회가 찾아온다고 확신하고 자신의 커리어 자산을 주의 깊고 꾸준하게 갖춰 나간 거죠. 하지만 알렉스와 달리 마이크는 그 자산을 어떻게 쓰고 싶은지도 명확히 모르는 상태에서 커리어 자산을 갖추기 시작했습니다. 사실 이 업계에 첫 면접을 보기 몇 주 전까지만 해도 그는 친환경 기술 벤처 투자자가 될 것이라곤 생각조차 해본 적이 없었죠.

벤처 투자자가 되기 위해 필요한 것들

마이크는 스탠퍼드대학교에서 생물학과 지구시스템과학을 전공했습니다. 학사 졸업 후에는 석사 취득을 위해 학교에 남았죠. 석사 과정 지도 교수는 인도의 천연가스에 대한 연구 프로젝트 진행 여부를 결정해야 하는 상황에서 이 프로젝트의 실행 가능성 탐사를 마이크의 학위 논문 과제로 지정했습니다. 2005년 가을 마이크가 끝낸 논문을 마음에 들어 한 지도 교수는 이 연구 프로젝트를 시작하기로 했습니다. 물론 마이크에게 해당 프로젝트를 이끌어 달라고 부탁한 건 전혀 놀라운 일이 아니었죠. 마이크는 이미 프로젝트의 세부 계획까지 완성해 놓은 상황이었거든요.

천성적으로 경쟁심이 강한 마이크는 지금의 성과가 후에 더 좋은 보상으로 돌아올 거란 믿음을 갖고 이 프로젝트에 매달렸습니다. "그때 저는 인도를 열 번, 중국도 네다섯 번 여행했고, 때로는 유럽까지 출장 가기도 했어요. 주요 공기업의 장들을 만났고 글로벌 에너지 시장이 실제로 어떻게 돌아가는지도 배웠죠." 2007년 가을 프로젝트가 완료됐을 때 마이크와 지도 교수는 국제 컨퍼런스를 열고 프로젝트의 결과를 발표하고 논의했습니다. 전 세계의 학자들과 정부 관료들이 여기에 참석했죠.

프로젝트가 끝난 마이크는 다음 행보를 고민했습니다. 해당 프로젝트로부터 얻은 여러 중요한 능력 중 가장 특별한 건 국제 탄소 시장에 대한 깊이 있는 이해였습니다. 그는 그중 하나로 잘 알려지지 않았지만 미국에 재생 에너지 크레디트를 거래하는 시장이 있다는 걸 배우게 됐죠. "그걸 아는 사람은 거의 없었어요. 정보의 비대칭이 심각해서 완전히 외부와 단절된 시장이었죠." 이 시장의 작동 원리를 이해하는 소수 중 한 사람이 된 마이크는 자신의 사업을 시작하기로 마음먹고 빌리지 그린Village Green이라는 기업을 세웁니다. 이 사업의 아이디어는 간단했어요. 마이크에게 돈을 지불하면 오직 일부 에너지 규제 전문가만 알고 있는 복잡한 거래를 통해 해당 사업체에 탄소 배출권에 필요한 인증서를 발급받아 주는 겁니다.

마이크는 스탠퍼드 동창인 친구, 그리고 다른 파트너들과 함께 이 업체를 2년간 운영했습니다. 마이크가 살고 있는 샌프란시스코 인근의 임대 주택에 사무실을 두었죠. 임대료를 걱정할 만큼 어렵지는 않았지만 그렇다고 딱히 대성공을 거두지도 못하는 상태였습니다. 그래서 경기가 나빠진 2009년 마이크와 파트너들은 불황에 맞서 싸우기보다는 회사 문을 닫는 쪽을 택했죠.

"우리는 제대로 된 직업을 갖기로 했죠"라고 마이크는 설명했습니다. 그런 다음의 일들은 이랬죠. 마이크의 친구 중에 스탠드업 코미디언이 있었는데 그의 여자 친구가 마침 어느 벤처 투자 회사에 면접을 보는 중이었습니다. 그런데 그녀가 정작 자신은 그 회사에 입사하지 않고 대신에 마이크를 추천한 거였죠. "제 커리어가 그 벤처 투자 회사에 딱 맞는다고 생각한 것 같아요." 마이크는 자신이 이 테크놀로지 관련 자금 분야에 잘 어울리는 사람이 아니란 걸 알았죠. "어떤 태양광 에너지 회사가 수익을 낼 수 있을지는 알아도 다음번에 페이스북처럼 될 기업을 찾는 법에 대해선 몰랐으니까요." 하지만 이전에 한 번도 취업 면접을 본 적이 없었기에 면접 참여만으로도 좋은 경험이 되리라 생각했습니다.

"제가 그 자리에 적절하지 않다는 걸 서로 일찌감치 알게 된 터라 면접 자체는 별 게 없었지만 면접관과는 개인적으로 잘 맞았죠." 이야기를 나누던 중 면접관인 벤처 기업가는 아이디어를 제시했습니다. "제가 친환경 기술 자금 쪽에 잘 맞을 거라면서 그쪽 업계의 친구에게 소개시켜 주겠다고 하더군요."

2009년 여름 마이크는 웨스틀리 그룹에서 인턴 일을 시작했습니다. 그리고 10월에는 정식 애널리스트가 되었고, 곧이어 관리자급으로 승진한 후 2년이 지나 이사 자리에 올랐습니다. "사람들이 제게 어떻게 이 직업을 갖게 됐냐고 물으면 농담 삼아 말하죠. 코미디언 친구를 사귀면 된다고."

마이크에게는 반드시 필요한 한 가지가 있었다

마이크 잭슨은 장인 마인드셋을 발판 삼아 무슨 일에든 최선을 다했고, 덕분에 경험하는 일들에서 최대한의 커리어 자산을 뽑아낼 수 있었습니다. 특별히 커리어 관리를 위한 정교한 계획을 세우지는 않았지만, 커리어의 매 단계에서 누가 자신의 커리어 자산에 관심을 갖는지 주의 깊게 지켜보면서 가장 유망해 보이는 기회를 놓치지 않았죠.

마이크가 운이 좋았다고 할 수도 있을 겁니다. 예를 들어 그는 벤처 투자사와 개인적 연줄이 닿은 덕분에 운 좋게도 좋은 직업을 소개받을 수 있었습니다. 하지만 이런 정도의 작은 우연은 사실 흔하게 일어납니다. 그보다 더 중요한 건 마이크가 기회를 얻었을 때 그의 커리어 자산이 결정적인 역할을 해서 그 자리를 차지할 수 있었다는 점이죠.

마이크와 함께 있으면 그가 얼마나 자신의 일을 잘하려 진지하게 노력하는지 금방 알 수 있습니다. 현재 자신의 직업을 사랑하는 건 분명하지만 마이크는 오히려 현재 직업을 얻기까지의 과정을 얘기하는 데 더 열성적이죠. 다음 장에서 자세히 다루겠지만 마이크는 그야말로 자신의 '모든' 하루 일과를 스프레드시트에 15분 단위로 기록해 놓습니다. 온 신경을 중요한 일들에 집중하려 하는 거죠. "이러지 않으면 온종일 이메일만 열어 보다가 하루가 가기 십상이에요." 그가 보내 준 한 스프레드시트를 보니 하루 중 이메일 보는 시간을 딱 90분으로 한정해 뒀더군요. 우리가 만나기 전날에는 이메일 확인에 45분만 썼다고 기록돼 있었습니다. 자신이 잘하는 일에 정말 진지한 태도로 임하는 사람이라는 걸 알 수 있었죠.

자신의 천직을 찾는 대신 가능성과 실력에 집중한 마이크의 노력은 이렇게 훌륭한 직업이라는 보상을 받았습니다. 하지만 그렇게 되기 위해 반드시 필요한 한 가지가 있었는데, 그건 바로 그 대가로 내놓을 훌륭한 커리어 자산이었던 겁니다.

7장

⊗

스스로 장인이 되는 법

•

•

커리어 자산을 획득하는 데 필요한 정교한 계획과 훈련을 소개하고

자신의 직업에 적용할 방법을 알아본다.

뛰어난 기타리스트가 된 비결

조던 타이스와 저는 둘 다 열두 살부터 기타를 치기 시작했죠. 첫 기타를 받고 저는 밴드를 결성해 몇 달 만에 첫 '콘서트'를 열었습니다. 6학년 장기 자랑에서 너바나Nirvana의 〈올 어폴러지스All Apologies〉를 느리게 편곡한 곡을 연주해 박수를 좀 받았죠. 그 이후로 더 진지해져서 중고등학교 내내 레슨을 받았고 매일 연습했죠. 때로는 블루스 록blues rock부터 지미 헨드릭스Jimi Hendrix까지 한 번에 몇 시간이고 기타를 치기도 했으니까요.

'로킹 체어Rocking Chair'란 알쏭달쏭한 이름의 우리 밴드는 1년에 10번

정도 공연했습니다. 축제, 파티, 경연장 등 공연 장비를 놓을 수만 있다면 어디든 장소를 가리지 않았죠. 주차장 건너편 묘지에서 공연한 적도 있을 정도였습니다. 드러머의 어머니가 그 장면을 촬영했는데, 묘지 앞 공연장부터 주차장까지 죽 훑은 이 영상을 보면 관객이라곤 채 10명이 안 됩니다. 시간이 한참 흐른 지금도 친구 어머니는 이 테이프를 재미있게 보신다는군요.

고등학교를 졸업할 무렵 그린 데이Green Day부터 핑크 플로이드Pink Floyd까지 제가 연주 가능한 레퍼토리가 수백 곡쯤은 되었죠. 말하자면 한 악기를 6년가량 연습하면 오를 수 있는 수준에 이른 겁니다. 하지만 역시 고등학교 졸업 무렵의 조던 타이스에 비한다면 기껏해야 평범한 실력에 불과했습니다.

조던 역시 저와 비슷한 시기에 처음 기타를 잡기 시작했지만, 고등학교 졸업 시점에 이미 전문 블루그래스 뮤지션들과 함께 미국 북동부 지역 투어를 경험하고 첫 음반 계약까지 체결한 상태였죠. 제가 고등학생이던 시절 데이브 매슈스 밴드Dave Matthews Band와 마찬가지로 우리 또래의 우상이었던 어쿠스틱 그룹 니켈 크리크Nickel Creek가 있었죠. 그런데 조던은 고등학생 때 그 그룹의 베이스 연주자인 마크 샤츠Mark Schatz와 함께 공연하는 수준이었던 겁니다. 이렇게 비교해 보면 떠오르는 의문이 한 가지 있죠. 둘 다 비슷한 기간 동안 열심히 연주했는데 왜 저는 고등학생 아마추어 연주자로 남은 반면 조던은 뛰어난 스타가 될 수 있었을까요?

이 의문은 조던을 만난 지 얼마 지나지 않아 곧 풀렸습니다. 18세 무렵 우리 둘의 실력 차이는 연습 시간의 양과는 별 관련이 없었습니다.

물론 저보다 조던의 총 연습량이 더 많았겠지만 큰 차이는 없었죠. 하지만 그 시간 동안 무엇을 했느냐가 중요했던 겁니다. 예를 들어 로킹 체어 시절 중 가장 선명하게 떠오르는 기억은 제가 잘 모르는 곡을 연주할 때 느꼈던 불편함입니다. 손에 익지 않은 곡조를 연주할 때면 따라오는 정신적인 스트레스가 싫었죠. 그래서 마지못해 곡들을 배우면서 일단 익숙해진 노래에만 주로 매달렸던 겁니다. 우리 밴드의 리듬기타 연주자가 연습 중에 뭔가 새로운 것을 시도해 보자고 제안하면 화가 나기도 했죠. 그 친구는 악보를 흘깃 본 다음 즉흥적으로 연주하는 걸 즐겼지만 저는 아니었거든요. 비록 어린 나이였지만 그런 정신적인 불편함이 연주자에게는 골칫거리라는 점을 알고 있었죠.

그럼 조던의 경우는 어땠을까요? 그에게 처음 기타를 가르쳐 준 사람은 교회에서 만난 친구였습니다. 조던의 기억에 따르면 그들은 주로 디 올맨 브러더스 밴드The Allman Brothers Band의 리드 파트(중심 멜로디)를 연습하곤 했다는군요. "그럼 그 친구가 리드 파트를 악보에 적어 주면 당신이 외웠다는 건가요?" 제 질문에 조던이 답했습니다. "아뇨, 우리는 그냥 귀로 듣고 따라 쳤어요." 같은 고등학교 시절의 저였다면 복잡한 리드 파트를 듣기만 하면서 배운다는 생각만 해도 정신적 스트레스와 인내의 한계가 폭발했을 겁니다. 하지만 조던은 그런 노력 자체를 즐겼던 거죠. 그때로부터 거의 10년이 지난 저와의 인터뷰 중 조던은 기타를 집어 들고는 올맨 브러더스의 〈제시카Jessica〉라는 곡을 연주했습니다. 아직도 기억하고 있었던 거죠. "훌륭한 멜로디예요"라면서. 어린 시절 조던은 불편함을 넘어 자신을 계속 몰아붙였을 뿐 아니라 즉각적인 피드백도 받았습니다. 기타 스승이 항상 옆에서 음이 틀릴 때마다 바로잡아 줬던 거죠.

현재도 조던의 연습 방식을 보면 한계에 대한 도전과 피드백이라는 이 특징들이 고스란히 드러납니다. 신곡에 필요한 연주 스타일의 속도를 높이기 위해 그는 이미 익숙해진 빠르기의 강도를 계속 올려가지요. 그러다 잘못된 음을 치기라도 하면 바로 연주를 멈추고 다시 처음부터 시작합니다. 자기 스스로 즉각적인 피드백을 실천하는 거죠. 연습하는 동안 그의 얼굴에 드러나는 긴장감과 가쁜 숨소리는 지켜보는 사람조차 힘들게 할 정도니 과연 실제 연주하는 사람이 얼마나 괴로울지는 상상조차 할 수 없죠. 하지만 조던은 기꺼이 이런 연습을 한 번에 몇 시간이고 계속했습니다.

바로 여기서 조던이 저를 앞서나간 이유를 찾을 수 있죠. 저는 그냥 연주를 했다면, 그는 제대로 연습을 한 겁니다. 베테랑 뮤지션 마크 캐스티븐스도 계속해서 실력을 높이기 위한 이런 노력을 강조했습니다. 저와 인터뷰할 당시 마크 역시 "까다로운 코드와 대위법으로 가득한 복잡한 B플랫 신곡"을 속도를 점차 높여 가며 연습하던 중이었죠. 아카데미 오브 컨트리 뮤직Academy of Country Music으로부터 '올해의 연주자' 상을 받은 캐스티븐스 수준의 연주자라 할지라도 "헛간에 가서 연습하는" 노력을 피할 수는 없는 겁니다. "저는 힘든 연습을 반복해서 몸이 노래를 기억하게 만들어요"란 마크의 말에서 조던의 길고 험난한 연습 과정이 떠올랐습니다. "더 힘들게 연습할수록 더 편안하게 연주할 수 있게 되고 그만큼 소리도 좋아지죠."

물론 이러한 발견은 비단 기타 연주에만 한정되는 게 아닙니다. 저 같은 평범한 연주자와 타이스나 캐스티븐스 같은 스타를 가르는 '전략의 차이'는 음악 이외에 분야에도 적용된다는 것이 이번 장의 핵심 내용이죠. 실력의 한계에 도전하고 즉각적인 피드백을 받는 데 집중하는 전략이 더 보편적인 원칙의 핵심이라는 겁니다. 저는 이 원칙이 대부분의 분야에서 커리어 자산을 획득하는 비결이라고 믿게 됐습니다.

그랜드 마스터는 어떻게 탄생하는가

체스는 어떤 분야에서 실력을 키우는 원리를 이해하기에 아주 적절한 대상입니다. 우선 '실력'의 기준이 명확하죠. 바로 선수의 평점으로 실력을 판단합니다. 비록 여러 평점 시스템이 존재하지만 세계체스연맹World Chess Federation이 사용하는 엘로 평점 시스템Elo rating system이 현재 표준으로 자리 잡고 있습니다. 선수들은 0점에서 시작해 점차 점수가 올라가는데 복잡한 계산법이지만 정식 토너먼트 경기 성적을 꽤 정확하게 반영하지요. 기대보다 잘하면 점수가 오르고 기대에 못 미치면 점수가 낮아집니다. 주말에만 가끔 경기하는 초보 선수는 3자리 수 정도의 점수를 받고, 세계선수권 챔피언에 올랐던 보비 피셔Bobby Fischer의 최고점은 2785점이었죠. 1990년 가리 카스파로프Garry Kasparov가 처음으로 2800점의 벽을 깼습니다. 지금까지 최고점 역시 카스파로프가 세운 2851점이죠.

실력에 관한 연구에 체스가 적절한 다른 이유는 아주 어려운 게임이기 때문입니다. 예를 들어 1997년 카스파로프를 무너뜨린 IBM의 슈퍼 컴퓨터 딥 블루Deep Blue는 초당 2억 가지의 수를 계산하고 그랜드 마스터(체스 명인)들의 경기 70만 건 이상의 데이터베이스를 분석해야 했죠. 이런 난도 때문에 체스란 분야에서 실력을 키우는 전략이 잘 발달돼 있고, 따라서 파악하기도 쉽다고 추측해 볼 수 있는 겁니다.

독일 심리학자 3명이 그랜드 마스터들의 특별한 기억력에 대해 연구하기 시작한 1920년대 초 이후 학자들이 계속 체스 선수들을 연구해 오고 있는 이유도 체스의 난도가 설명해 줍니다.[1](흥미롭게도 그랜드 마스터들의 기억력이 탁월하지는 않은 것으로 결론이 났죠. 머릿속에 체스 말의 위치를 저장하는 능력은 훌륭했지만 그들의 기억력 자체는 평균 수준이었습니다.) 우리의 관심사와 관련 있는 연구는 더 최근에 이뤄졌지요. 2005년 플로리다주립대학교의 심리학자 닐 차니스Neil Charness가 이끄는 연구진은 수십 년간 체스 선수들의 연습 습관을 조사한 결과를 발표했습니다.[2]

1990년대에 차니스 연구진은 신문 광고를 내거나 체스 토너먼트에서 전단지를 배포해 그들의 연구에 참여할 체스 선수들을 모집했습니다. 그렇게 전 세계 400명이 넘는 선수들을 조사해 왜 어떤 선수가 남들보다 실력이 뛰어난지를 밝혀내고자 했죠. 우선 연구에 참여한 선수들은 체스를 배운 상세한 과정을 양식에 맞춰 적었습니다. 특히 체스 선수로서 발전 과정을 연대순으로 정리하는 것이 중요했습니다. 몇 살부터 체스를 시작했는지, 각 연도에 어떤 종류의 훈련을 받았는지, 얼마나 많은 토너먼트에 참가했는지, 따로 코치에게 강습을 받았는지, 그렇다면 몇 번의 강습을 받았는지 등의 질문에 답해야 했죠.

기존 연구에 따르면 그랜드 마스터가 되기 위해서는 최소 10년 정도의 기간이 필요한 것으로 밝혀져 있었습니다. 심리학자 안데르스 에릭슨K·Anders Ericsson이 지적한 것처럼 보비 피셔와 같은 천재조차 국제적으로 두각을 나타내기까지 10년이 걸렸습니다. 다만 보비 피셔는 남들보다 일찍 시작했을 뿐이라는 거죠. '1만 시간의 법칙'이라 불리기도 하는 이 '10년 법칙'은 1970년대부터 학계에서 언급돼 왔지만, 말콤 글래드웰Malcolm Gladwell의 2008년 베스트셀러 《아웃라이어Outliers》를 통해 최근에 더욱 유명해졌습니다.[3] 글래드웰은 다음과 같이 요약했습니다.

> **⊘ 1만 시간의 법칙**
>
> 복잡한 일을 훌륭하게 수행하기 위해서는 일정한 임계점 수준의 연습이 필요하다는 사실이 전문가들의 연구를 통해 계속해서 드러나고 있다. 실제로 연구자들은 진정한 전문가가 되기 위해 필요한 마법의 숫자가 1만 시간이라는 결론에 도달했다.

《아웃라이어》에서 글래드웰은 "뛰어난 성취는 타고난 재능이 아닌 엄청난 연습량을 축적할 수 있는 타이밍과 장소에 의해 달성된다"라고 주장하면서 이 법칙을 그 증거로 제시했습니다. 빌 게이츠의 경우를 보면, 그는 미국에서 컴퓨터를 설치해 학생들이 자유롭게 이용하게끔 한 최초의 고등학교를 다녔는데 그 덕에 또래 세대에서 처음으로 컴퓨터를 수천 시간 이상 사용해 볼 수 있었죠. 모차르트의 아버지는 연습량의 신봉자였습니다. 모차르트가 어릴 적 유럽 순회공연을 하던 당시 그의 연습 시간은 비슷한 나이의 음악가들보다 적어도 2배 이상이었죠.

하지만 차니스의 연구에서 무엇보다 흥미로웠던 건 노력한 시간을 따지는 1만 시간의 법칙을 넘어 '어떻게 노력했는가'까지 들여다봤다는 점입니다. 즉 연구진은 똑같이 대략 1만 시간가량을 연습에 투자한 선수들을 조사했습니다. 이들 중에는 그랜드 마스터에 오른 사람들도 있었지만 중급 수준에서 벗어나지 못한 사람들도 있었죠. 두 집단 모두 같은 시간을 연습했으니 결국 그들의 실력 차이는 그 시간을 어떻게 사용했는가에 달려 있었을 겁니다. 바로 그 차이가 무엇인지를 차니스 연구진은 찾으려 한 거죠.

1990년대에는 꽤 중요한 문제였습니다. 당시 체스계에서는 실력 향상을 위한 최고의 전략이 무엇인지를 놓고 논쟁이 있었죠. 시간이 제한돼 있고 온갖 방해를 이겨내야 하는 실전 토너먼트 경기 경험이 관건이라는 주장이 있었던 반면, 약점을 파악하고 제거하기 위한 방법에 대한 집중적인 학습과 연구를 강조하는 주장도 있었습니다. 차니스의 프로젝트에 참여한 참가자들은 토너먼트 경기 경험이 정답일 것이라고 여겼지만 결국 그들이 틀렸다는 사실이 드러났죠. 게임을 집중적으로 연구하는 데 들인 시간은 체스 실력을 키우는 데 가장 중요한 정도가 아니라 다른 모든 요인들을 압도할 정도로 강력한 영향력을 발휘한다는 결과가 나왔던 겁니다. 연구진은 그랜드 마스터가 된 선수들의 경우 중급 수준 선수들에 비해 학습과 연구에 5배 이상의 시간을 투자했다는 점을 밝혀냈습니다. 그랜드 마스터들은 1만 시간 중 평균 5000시간을 학습에 투자했지만 중급 선수들은 1000시간 정도에 불과했지요.

더 자세히 보면 학습의 중요성은 더 분명해집니다. 차니스는 집중 학습을 할 때 "어려운 난도의 문제를 풀기 위해 관련 자료를 신중하게 선택하거나 조정한다"라고 결론지었죠. 이와는 달리 토너먼트 경기에서는 자신보다 실력이 명백히 뛰어나거나 명백히 떨어지는 상대와 맞붙을 가능성이 높기에 "실력이 향상될 가능성이 최소화된다"라고 했습니다. 뿐만 아니라 집중 학습을 할 때는 피드백도 빠르게 얻을 수 있습니다. 책에서 문제의 해답을 찾아보거나, 더 보편적으로는 전문가로부터 즉각적인 코칭을 받을 수 있는 거죠. 예를 들어 노르웨이 체스 천재 망누스 칼센Magnus Carlsen은 가리 카스파로프에게 연간 70만 달러가 넘는 돈을 지불하면서 자신의 직관적 플레이 스타일을 다듬었습니다.

우리가 앞서 다뤘던 기타 연습에도 적용되는 얘기입니다. 최고의 체스 선수들이 수행하는 집중 학습은 조던 타이스가 음악을 대하는 태도와 비슷하죠. 양쪽 모두 실력을 키우기 위해 신중하게 선택한 어려운 과제에 집중하고 즉각적인 피드백을 받습니다. 반면에 체스 토너먼트 경기 경험을 중시하는 쪽은 제 방식과 많이 닮았습니다. 흥미진진하고 즐겁지만 실력을 향상시켜 준다는 보장은 없죠. 저는 무대에서 보낸 시간을 포함해 익숙한 곡들을 연주하는 데 시간을 쏟았습니다. 차니스 연구의 중급 선수들처럼 적당한 연습을 비효율적으로 한 저와는 달리 비슷한 나이였을 때의 조던은 고통스럽게 집중 학습에 매달린 끝에 뛰어난 연주자가 된 겁니다.

1990년대 초 플로리다주립대에서 차니스의 동료로 일했던 안데르스 에릭슨은 이런 집중 학습 스타일을 '의식적 훈련deliberate practice'이라는 용어로 표현하면서 "개인의 성과에서 특정 영역을 효과적으로 향상시키기 위한 목적으로, 일반적으로는 지도자에 의해 고안되는 활동"으로 정의 내렸습니다.[4] 이후 수백 건의 후속 연구들에 의해 '의식적 훈련'이 체스, 의학, 회계 감사, 컴퓨터 프로그래밍, 브리지 카드 게임, 물리학, 스포츠, 타이핑, 저글링, 춤과 음악에 이르기까지 다양한 분야에서 탁월한 실력을 갖추기 위한 열쇠라는 점이 밝혀졌지요.[5] 따라서 만약 프로 운동선수들이 보이는 재능의 원천을 파악하고자 한다면 그들의 연습 스케줄을 보세요. 거의 예외 없이 그들 모두는 어렸을 때부터 전문 코치진의 지도에 따라 운동 능력을 체계적으로 키워 왔을 겁니다. 또 말콤 글래드웰에게 글 잘 쓰는 비결을 묻는다면 그 역시 의식적 훈련 덕택이라고 할 겁니다. 그는 자신이 《뉴요커》에 입사하기 전 《워싱턴포스트》의 뉴스룸에서 10년 동안 실력을 쌓은 후에야 출세작 《티핑포인트The Tipping Point》를 쓰기 시작했다고 《아웃라이어》에 썼으니까요.

에릭슨은 이렇게 지적했습니다. "프로 선수들이 뛰어난 실력을 대중 앞에 선보일 때는 별로 힘들지 않고 자연스러워 보이기 때문에 우리는 그들이 특별한 재능을 타고났다고 여긴다. 하지만 학자들이 그 우수함의 정체를 조사해 봤으나 그들에게서는 별다른 공통 요소가 발견되지 않았다."[6] 즉 농구 선수의 키와 미식축구 선수의 허리둘레 같은 일부 특수한 요인들을 제외하면 학자들도 프로 선수들에게 타고난 재능이 있다는 증거를 찾아내지 못한 겁니다. '탁월함의 비결'을 설명하려 하면 할수록 '평생에 걸친 의식적 훈련이 축적된 결과'라는 사실만 확실해지는 거죠.

그런데 의식적 훈련에 대해 제가 놀란 점은 그것이 어디에서나 확연히 드러나지는 않는다는 것이었습니다. 체스, 음악, 프로 스포츠처럼 경쟁 구도와 훈련 시스템이 확실히 갖춰진 분야 외에는 이런 식의 훈련이 비슷한 정도라도 눈에 띄지 않았죠. 에릭슨은 이에 대해서도 설명했습니다. "자기 전문 분야의 일을 시작한 사람들 대부분은 적당한 수준에 이를 때까지의 한정된 시간 동안 태도를 바꾸고 성과를 향상시킨다. 하지만 그 시기가 지나면 더 이상의 발전은 기대할 수 없게 되고, 따라서 그 일을 한 기간으로는 실력을 측정할 수 없는 것이다." 다시 말해 단지 어떤 일을 열심히 하는 것만으로는 곧 실력의 정체기에 이르게 되고, 이후로는 더 이상 발전을 기대할 수 없다는 겁니다. 기타를 치던 저나 토너먼트에만 매달리던 체스 선수들 또는 대부분의 지식 노동자들에게 일어나는 현상이죠. 바로 '정체기'를 맞는 겁니다.

에릭슨과 차니스의 연구 결과를 살펴보던 저는 이 지점에서 매우 놀랐습니다. 훈련 철학이 명확히 확립돼 있지 않은 대부분의 일들에서는 거의 모두가 정체되기 마련이라는 사실을 말해 주니까요. 여기에서 아주 흥미로운 가설을 하나 세워 볼 수 있습니다. 여러분이 분명한 훈련 체계가 확립돼 있지 않은 분야의 지식 노동자라고 가정합시다. 이 경우 만약 의식적 훈련을 자신이 하는 일에 적용하는 법을 깨닫는다면 동료들을 제치고 자신의 가치를 높일 가능성이 아주 크다고 할 수 있겠죠. 체계적으로 실력을 키우는 방법을 혼자만 아는 셈이니까요. 즉 의식적 훈련은 누구에게도 무시당하지 않는 실력을 빠르게 키울 수 있는 비결인 겁니다.

따라서 장인 마인드셋을 성공적으로 장착하기 위해 우리는 조던과 카스파로프가 각각 기타와 체스 훈련에 임했던 것과 같은 자세로 자신의 직업에 접근해야 합니다. 바로 의식적 훈련에 집중해야 한다는 것이죠. 그 방법에 대해서는 앞으로 더 살펴보겠지만 우선 이런 통찰을 제가 처음 발견한 게 아니라는 사실부터 밝혀보죠. 알렉스 버거와 마이크 잭슨의 이야기로 돌아가면 의식적 훈련이 '사랑하는 일을 찾기 위한 여정'의 중심에 있었다는 점을 알 수 있으니까요.

비판을 환영하고 시간을 낭비하지 않는다

알렉스가 어시스턴트에서 시리즈 제작자로 올라선 2년의 시간을 들여다봅시다. 그가 제게 말하길 방송될 수 있는 수준의 대본을 쓰게 되기까지는 최소 2년, 많게는 25년까지 걸릴 수 있다고 했죠. 자신이 빨리 성공한 이유가 토론 대회 방식으로 실력 향상에 매달린 덕분이라고 했습니다. "제겐 더 나아지려는 끝없는 갈망이 있어요. 마치 스포츠처럼 계속 연습하고 연구해야 하는 일이니까요." 이제 알렉스는 스스로 작가로서 자리를 잡았다고 자부하지만 여전히 대본 쓰는 법에 관한 책을 읽고 실력을 키울 방법을 찾습니다. "지속적인 배움의 과정인 거죠."

알렉스에게서 발견한 남다른 점은 이 배움이 혼자 이루는 게 아니란 겁니다. "지속적으로 동료들이나 다른 전문가들로부터 피드백을 구해야 하죠." 이 기간 동안 그가 선택한 프로젝트들은 다른 사람들에게 작업물을 보여 줘야 하는 일들이었습니다. 예를 들어 NBC에서 어시스턴트로 일하면서 그는 2개의 파일럿 대본을 썼죠. 하나는 VH1에, 다른 하나는 내셔널 램푼에서 만난 PD에게 보낼 대본이었습니다. 두 경우 모두 그의 대본을 기다리는 사람들이 있었고 그들이 읽고 분석하는 걸 꺼리지 않았죠. 마이클 아이스너와 일하게 된 계기를 만들어 준 〈커브 유어 인수지애즘〉 대본을 쓸 때도 그는 동료들에게 철저한 검토를 요청했습니다. "지금 돌아보면 누군가에게 보여 주기 창피할 정도였죠." 하지만 실력을 키우려면 어쩔 수 없었습니다. "앞으로 10년 뒤에 지금 쓰는 대본을 보면서도 똑같은 말을 하게 되길 바랍니다."

알렉스의 이야기로부터 우리는 안데르스 에릭슨이 의식적 훈련의 중대한 요소로 지적한 바로 그 특징을 발견할 수 있습니다. 현재 실력 이상의 프로젝트들을 맡음으로써 자신의 능력을 키워 나갔죠. 또 한 번에 하나가 아닌 서너 개의 대본을 동시에 작업했습니다. 심지어 정규직으로 일하는 동안에 말이죠! 그러면서도 비록 지금 보면 창피할 정도의 대본이지만 모든 작업물에 대해 집요할 정도로 피드백을 구했습니다. 그야말로 의식적 훈련의 교과서라 부를 만한 노력이었고 결국 효과가 있었죠. 덕분에 알렉스는 악명 높은 승자 독식 시장에서 커리어 자산을 획득할 수 있었습니다.

마이크 잭슨의 이야기에서도 비슷한 결과를 볼 수 있습니다. 벤처 투자자가 되기까지 매 단계마다 그는 현재 능력 이상의 프로젝트를 맡아 성공시키기 위해 최선을 다했습니다. 야심 차게 쓴 석사 학위 논문을 국제적 탐사 프로젝트로 실현시켰죠. 더 나아가 혹독한 스타트업의 세계로 뛰어들었습니다. 외부 투자도 없이 오직 빠르게 상황을 파악하는 능력으로 임대료를 감당해야 했죠. 이런 모든 단계마다 마이크는 홀로 노력한 게 아니라 직접적으로 피드백을 받았습니다. 국제적 탐사 프로젝트를 위한 연구는 동료들의 가차 없는 평가를 받았고, 스타트업을 운영할 때는 벌어들이는 돈이 곧 피드백인 셈이었습니다. 회사를 제대로 운영하지 못했다면 그는 결국 파산이라는 평가를 받았을 테니까요.

벤처 투자자가 된 지금도 마이크는 피드백을 통해 자신의 능력을 키우는 방식을 유지하고 있습니다. 그가 새로 선택한 도구는 매일 매 시간 단위로 기록하는 스프레드시트입니다. "주초마다 어떤 일에 얼마의 시간을 쓸지 정하죠. 그런 다음 기록해 놓으면 목표한 대로 시간을 사용했는지 확인할 수 있어요." 마이크가 보내 준 샘플 스프레드시트를 보면 변경 불가(피할 수 없는 약속)와 변경 가능(자신이 정한 활동), 크게 2가지로 분류가 돼 있죠. 다음 표는 그가 각각의 일에 얼마의 시간을 투자하는지 보여 줍니다.

마이크 잭슨의 시간 배분표

변경 불가

활동	시간
이메일	7.5
점심/휴식/기타	4
계획/조직	1.5
파트너 미팅/행정 업무	4
자금 회의	1

변경 가능

활동	시간
자금 개선 작업	3
자금 확보 절차	12
자산 실사	3
투자금 점검	3
잠재적 투자자와 미팅/전화	1
투자사와의 업무	2
네트워킹/전문성 개발	3

마이크가 이 스프레드시트를 사용하는 이유는 자신의 일과가 어떻게 진행되는지를 더 '의식적'으로 파악하기 위해서입니다. "아침에 출

근해 종일 이메일에 답장만 하면 가장 편하겠죠. 하지만 그건 시간을 가장 전략적으로 사용하는 방법은 못 됩니다." 그는 이제 당당하게 "이메일에 시간을 많이 쓰지 않습니다"라고 말할 수 있을 정도가 됐죠. 이 책의 인터뷰 때문에 그와 연락하기 시작한 이후에도 제가 스케줄을 잡는 이메일을 보내면 답장이 드문드문 올 뿐이었습니다. 결국 그가 사무실로 출근하는 시간에 그냥 직접 전화를 거는 게 낫다는 걸 알게 됐죠. 물론 마이크의 입장에서는 그 편이 합리적입니다. 저 같은 작가나 조언을 구하는 경영대학원 학생들로부터 온 중요하지 않은 이메일을 분류하는 등 자질구레한 일들에 매일 여러 시간을 쏟다 보면, 그의 궁극적 평가 기준인 '자금을 모으고 좋은 회사를 찾는 능력'에 방해가 될 테니까요. 이 때문에 누군가를 화나게 만들 수도 있겠지만 중요한 일이라면 결국은 스케줄에 맞춰 마이크에게 전달될 겁니다. 출근길의 그에게 전화를 건 저처럼 말이죠.

마이크의 스프레드시트를 보면 자신의 실력을 쌓는 것과 직접 관련이 없는 일에 들이는 시간을 제한한다는 점을 알 수 있습니다(18시간). 대신 대부분의 시간을 중요한 일들인 자금 확보, 투자 결정, 펀드 보유 기업 지원 등에 집중하죠(27시간). 만약 주의 깊게 체크하지 않았다면 이 비율은 많이 달라졌을지 모릅니다.

직장에서 '의식적 훈련'을 훌륭하게 활용하는 사례라고 할 만합니다. "저는 '긴급한 일'보다는 '중요한 일'에 시간을 쓰고 싶어요"라고 마이크는 설명했죠. 매주 말이면 그는 스프레드시트를 출력해 목표를 잘 지켰는지 살펴본 다음, 그 결과를 바탕으로 다음 주 일정을 짭니다. 그가 3년 만에 3번이나 승진한 사실이 의식적 훈련의 효과를 입증해 주지요.

장인의 5가지 습관

알렉스 버거와 마이크 잭슨의 이야기는 의식적 훈련이 지식 노동에 미치는 효과를 보여 주는 좋은 예입니다. 하지만 그래도 여전히 실제로 이 전략을 자신의 일에 어떻게 적용할지 파악하는 건 어려운 일이죠. 그래서 저는 의식적 훈련에 대한 연구 결과와 알렉스와 마이크 같은 장인들의 이야기를 종합해 성공적으로 이 전략을 적용하는 데 필요한 과정을 정리했습니다. 마법의 공식이라고 할 수는 없지만, 의식적 훈련은 고도로 기술적인 과정이기 때문에 이렇게 구체화된 단계가 시작하는 데는 도움이 될 겁니다.

1단계: 자신이 속한 시장을 파악하라

우선 몇 가지 새로운 용어를 소개하겠습니다. 어떤 분야에서 커리어 자산을 획득한다는 것은 특정한 시장에서 자산을 얻는다고 생각하면 되는데, 이 시장에는 2가지 종류가 있죠. 하나는 승자 독식 시장, 다른 하나는 경매 시장입니다. 승자 독식 시장은 단 한 종류의 커리어 자산만이 이용 가능하고, 그 자산을 차지하기 위해 많은 사람들이 경쟁하는 구조입니다. TV 방송작가 업계는 승자 독식 시장에 속하죠. 모든 것이 좋은 대본을 쓰는 능력에 달려 있기 때문입니다. 즉 이 시장의 유일한 커리어 자산은 대본 작성 능력인 거죠.

반대로 경매 시장은 좀 더 자유로운 구조입니다. 여기엔 여러 다른 종류의 커리어 자산이 존재하고, 각자가 고유한 조합을 구성할 수 있죠. 친환경 기술 분야는 경매 시장입니다. 예를 들어 마이크 잭슨의 자산은 재생 에너지 시장에 대한 전문성과 기업가로서의 재능이지만 그 분야에서 일할 수 있게 해 주는 다양한 다른 관련 기술들도 포함돼 있는 겁니다.

그러므로 의식적 훈련 전략을 세울 때 첫 번째 과제는 자신이 어떤 유형의 커리어 자산 시장에서 경쟁하고 있는지 파악하는 일입니다. 답이 명확해 보이는 질문이지만 놀랍게도 잘못된 답을 내놓기 쉽죠. 사실 알렉스도 처음에 이런 잘못을 저질렀습니다. LA에 도착했을 때 엔터테인먼트 업계를 경매 시장이라 여긴 거죠. 내셔널 램푼에 웹 에디터 자리를 얻은 그는 젊은 유머 작가로서 커리어를 쌓기 시작했고 저예산 프로그램을 위한 파일럿도 제작했습니다. 이런 행보는 다양한 자산의 조합이 중요한 경매 시장에서는 적절하지만 엔터테인먼트 업계는 경매 시장이 아니라 승자 독식 시장이죠.

알렉스가 나중에 깨달았듯이 TV 방송작가의 커리어에서 중요한 건 오직 하나, 대본 쓰는 능력뿐입니다. 자신의 잘못을 깨닫기까지 1년이 걸렸지만 그 후에는 곧장 내셔널 램푼을 떠나 방송국 임원의 어시스턴트가 되었고 자신의 분야에서 무엇이 가치 있는 단 하나의 자산인지 더 잘 이해하게 됐죠. 바로 이 시점부터 그의 커리어는 날개를 달기 시작한 겁니다.

승자 독식 시장을 경매 시장으로 착각하는 건 흔한 일이죠. 저와 가까운 영역인 블로그에서도 이런 모습을 자주 봅니다. 다음은 블로그 독자를 늘리는 법에 대해 조언을 구하는 사람들이 제게 보내는 전형적인 이메일입니다.

첫 달에는 제 포스팅이 3000건 정도 조회를 기록했어요. 하지만 이탈률이 너무 높아요. 특히 디그Digg나 레딧Reddit 같은 소셜 웹 사이트에서는 90퍼센트에 가깝더라고요. 이탈률을 낮추려면 어떻게 해야 한다고 생각하세요?

이 신참 블로거는 블로그 업계를 경매 시장쯤으로 여기고 있었던 겁니다. 이 관점에서는 블로그에 관련된 자산이 블로그 포맷, 포스팅 빈도, 검색 엔진 최적화, 소셜 네트워크상에서 발견되기 쉽도록 만들기(특히 이 블로거는 모든 포스트가 가능하면 많은 소셜 네트워크 사이트에 노출되도록 만드는 데 엄청난 시간을 투자했습니다) 등 여러 종류가 있는 듯 보이죠. 이 블로거는 통계를 통해 얻은 지식을 바탕으로 이러한 자산들을 잘 조합하면 돈을 벌 수 있을 거라 여겼을 겁니다. 하지만 문제는 이 블로거의 사이트가 존재하는 조언 분야의 블로깅은 경매 시장이 아닌 승자 독식 시장이라는 겁니다. 이 시장에서 유일하게 중요한 자산은 '포스팅이 독자를 끌어당기느냐'의 여부입니다.

이 분야의 일부 톱 블로그는 투박한 디자인으로 악명이 높지만 그럼에도 똑같은 목표를 달성하고 있습니다. 바로 구독자들을 감명시키는 것 말이죠. 자신의 블로그가 어떤 시장에 위치하는지 정확히 이해한다면 이탈률에는 신경 끄고 대신 사람들이 진정으로 원하는 내용을 다루는 데 집중하게 될 겁니다. 성공하고 싶다면 에너지를 쏟아야 할 대상은 바로 그곳이죠.

마이크 잭슨은 이와는 달리 자신이 경매 시장에 속했다는 점을 정확히 인지했습니다. 무엇을 하고 싶은지 확실하지 않았지만 적어도 환경과 관련된 일이라는 걸 알았고, 그 광대한 주제와 연관된 자산을 얻기 위한 계획을 세웠던 겁니다.

2단계: 자신의 자산 유형을 파악하라

일단 시장에 대해 알았다면 다음으로는 어떤 자산을 추구해야 할지 파악해야 합니다. 승자 독식 시장에 속한다면 간단한 일이죠. 그야말로 단 하나의 자산만이 중요하니까요. 하지만 경매 시장에서는 유동적입니다. 이 경우에 유용한 경험 법칙은 '열린 문' 찾기, 즉 이미 자신에게 획득할 기회가 주어진 자산을 쌓는 것이죠.

예를 들어 마이크 잭슨은 학위를 마친 다음 스탠퍼드 교수의 환경 정책 연구에 참여했습니다. 이 결정으로 인해 마이크는 국제 에너지 시장에 대한 이해라는 중요한 커리어 자산을 얻을 수 있었죠. 하지만 동시에 마이크가 이미 그 분야에서 학위를 딴 스탠퍼드 학생이었기에 그 기회가 주어졌다는 점을 명심해야 합니다. 덕분에 그는 비교적 쉽게 이 새로운 역할에 뛰어들 수 있었죠. 반대로 스탠퍼드 학생이 아닌 사람이 이런 중요한 프로젝트에 참여했다면 그런 중책을 맡을 가능성이 훨씬 적었을 겁니다.

이런 열린 문의 이점은 커리어 자산을 획득할 때 제로에서 시작하는 것보다 훨씬 빨리 앞서 나갈 수 있다는 겁니다. 화물 열차에 비유해 생각하면 됩니다. 열차를 출발시킬 때는 엄청난 노력이 필요하지만 일단 출발하고 나면 경로를 바꾸는 정도는 쉽죠. 반대로 말하면 아무것도 없는 상태에서 출발하기란 어렵습니다. 예컨대 만약 마이크가 스탠퍼드를 떠나 민간 환경 단체에서 일하기로 했다면 특별한 도움 없이 밑바닥에서 시작해야 했을 겁니다. 그러는 대신 스탠퍼드 출신이라는 이점을 활용해 스탠퍼드 교수와 일하는 자리를 얻었기에 그는 훨씬 빨리 가치 있는 자산을 획득할 수 있었죠.

3단계: 자신의 목표를 정의하라

이렇게 어떤 능력을 쌓아야 할지 정확히 파악했다면 이를 토대로 의식적 훈련에 대한 연구 결과를 활용할 수 있습니다. 첫 번째는 우선 분명한 목표가 필요하다는 겁니다. 무엇을 얻기 위해 노력해야 할지 모른다면 효과적인 행동을 취하기 어렵죠. 의식적 훈련에 관한 책《재능은 어떻게 단련되는가?Talent Is Overrated》[7]를 쓴《포천Fortune》의 편집장 제프 콜빈Geoff Colvin은 한 기사에서 "의식적 훈련에는 좋은 목표가 필요하다"라고 썼습니다.[8]

예를 들어 조던 타이스 같은 뮤지션에게 '좋은 실력'의 정의를 물어본다면 명확한 답을 들을 수 있을 겁니다. 마스터해야 할 새롭고 더 복잡한 기술이 항상 존재하니까요. 알렉스 버거에게도 '좋은 목표'의 정의는 확실합니다. 자신의 원고가 진지하게 받아들여지는 것이죠. 구체적인 예를 들자면 그가 아직 어시스턴트였을 때 작업하던 프로젝트 중 하나는 작가 에이전시에 제출했던 샘플 대본을 발전시킨 것이었습니다.

커리어 자산 획득의 초기 단계에 있던 알렉스에게 '좋은 목표'라는 건 에이전트를 구할 수 있을 만큼 훌륭한 대본을 갖추는 것을 의미했죠. 그 목표가 가진 의미에는 한 치의 모호함도 없었던 겁니다.

4단계: 한계에 도전하고 넘어서라

위에서 언급한 기사에서 제프 콜빈은 의식적 훈련에 관해 다음과 같이 경고했습니다.

> 잘할 줄 아는 일을 하는 건 즐겁지만, 의식적 훈련에 요구되는 건 오히려 그 반대다. 의식적 훈련에는 무엇보다 집중하는 노력이 필요하다. 그렇기에 '의식적'이라고 표현하는 것이며, 아무 생각 없이 피아노 음계 연습을 하거나 테니스공을 넘기는 것과는 명백히 구분된다.

그냥 회사에 출근해 시키는 일만 한다면 안데르스 에릭슨이 이 장의 앞부분에서 설명한 대로 정체기 이전의 '적당한 수준'까지는 도달할 수 있겠죠. 의식적 훈련을 통해 이 정체기를 넘어 경쟁자가 거의 없는 영역으로 올라설 수 있습니다. 하지만 이런 성과를 이룬 사람들이 극히 적은 이유는 바로 콜빈이 경고한 대로 의식적 훈련은 대개 '즐거움'과는 거리가 멀기 때문이죠.

의식적 훈련을 묘사할 때 저는 "한계를 넘어선다"는 표현을 즐겨 씁니다. 제 개인적 경험에서 나온 표현이기도 하죠. 새로운 수학적 기술을 배우는 과정은 의식적 훈련의 전형이라고 할 수 있는데, 이럴 때 제 머릿속에서는 육체적 과로와 비슷한 불편함이 느껴지거든요. 마치 제 뉴런들이 새롭게 재배열되는 듯한 기분이 들곤 합니다. 어느 수학자나 인정하듯이 이런 한계를 넘어서는 느낌은 이미 익숙한 기술을 적용할 때의 즐거움과는 전혀 다르죠. 하지만 이 한계 극복 과정이 실력을 키우기 위한 전제 조건이라는 점 또한 모든 수학자들은 인정합니다.

이것은 자신의 '좋은 목표'를 달성하고자 할 때 반드시 경험하는 현상입니다. 만약 어떤 불편함도 느끼지 못한다면 아마 '적당한 수준'에 갇혀 있을 가능성이 높습니다. 하지만 편안함을 넘어서는 건 의식적 훈련의 일면에 불과하죠. 다른 하나는 진실한 피드백을 수용해야 한다는 겁니다. 설령 그 피드백이 기존의 '좋은 목표'에 대한 기준을 무너뜨린다고 해도 말입니다. 이를 두고 콜빈은 자신의 기사에서 "모의 면접을 잘 치렀다고 여길지라도, 중요한 건 당신의 의견이 아니다"라고 설명했습니다. 자신의 성과를 두고 이만하면 충분히 좋다고 생각하고 지나치기 쉽지만 계속 발전하기 위해서는 정직하고 때로는 신랄한 피드백에 집중해야 합니다.

예를 들어 알렉스 버거는 지속적으로 피드백을 받기 위해 상당한 노력을 기울였습니다. 방송작가로서 커리어 자산을 진지하게 추구하기 시작한 첫해에 그가 작업했던 2개의 파일럿 대본을 떠올려 봅시다. 두 경우 모두 함께 일한 전문가들이 그의 대본에서 무엇이 좋고 나쁜지 망설이지 않고 알려 줬죠. 이제는 당시에 피드백을 받았던 그 원고들이 "창피하다"라고 본인이 인정하지만, 그 지속적이고 가혹한 피드백 덕에 실력이 빠르게 향상될 수 있었던 겁니다.

5단계: 인내심을 가져라

2007년 찰리 로즈와의 인터뷰에서 스티브 마틴은 밴조를 배웠을 때 임했던 전략을 밝혔습니다. "그냥 꾸준히 하다 보면, 한 40년쯤 연주하다 보면, 무엇에든 40년을 매달리면 잘하게 되지 않을까 생각했죠."

이 말이 제게는 놀라운 인내심의 표현으로 느껴지더군요. 밴조를 배우는 건 어려운 일이기에 마틴은 결실을 얻기까지 40년은 걸릴 거라고 생각한 거죠. 몇 달을 힘들게 연습해도 평범한 실력에 그치는 수준에 좌절하게 될 앞날을 내다본 겁니다. 자신의 자서전에서 엔터테인먼트 업계에서 성공한 이유로 '근면함'의 중요성을 언급하면서 그는 이런 생각을 더 자세히 설명합니다. 흥미로운 건 마틴이 '근면함'을 핵심 목표에 집중하는 것이라기보다 방해되는 다른 목표들을 무시하는 것에 더 가깝다고 새롭게 정의했다는 겁니다. 의식적 훈련을 자신의 직업에 적용하는 마지막 단계는 바로 이런 근면성을 갖는 거죠.

여기에 적용되는 논리는 다음과 같습니다. 자산 획득에는 시간이 걸리죠. 알렉스는 첫 방송 대본이 나오기까지 2년간의 의식적 훈련이 필요했습니다. 마이크 잭슨은 대학 졸업 후 자산을 활용해 꿈꾸던 직업을 얻기까지 5년이란 세월이 걸렸죠.

그래서 마틴이 말한 근면함이 그토록 중요한 겁니다. 다른 빛나는 새 목표를 거부할 수 있는 인내심이 없다면 필요한 자산을 획득하기 전에 여러분의 노력은 탈선하고 말 테니까요. 저는 마틴이 40년간 매일매일 밴조 앞에 돌아와 앉는 모습을 상상하면 가슴이 뭉클해지곤 합니다. 커리어 자산이 실제로 어떻게 얻어지는지 잘 보여 주는 장면이죠. 날이면 날마다, 달이면 달마다 자신의 한계에 도전하며 노력하다가 어느 순간 마침내 이렇게 깨닫는 겁니다.

"와, 나 이제 꽤 잘하게 됐는걸. 그리고 사람들이 주목하기 시작했어."

.
.

첫 번째 일의 원칙에서는 어떻게 사람들이 자신의 일을 사랑하게 되는 지에 대한 통념을 다뤘습니다. '자신의 일을 사랑하기 위한 핵심은 기존의 열정에 맞는 직업을 찾는 것'이란 열정론은 잘못됐다는 점을 밝혔죠. 대부분의 사람들이 아직 찾지 못한 열정을 가지고 있다는 증거는 없으며, 자신에게 꼭 맞는 마법 같은 직업이 숨어 있다는 믿음 탓에 현실의 직업이 그 기대를 충족시키지 못하면 오히려 불행과 혼란에 빠지기 쉽다고 얘기했습니다.

두 번째 일의 원칙에서는 우선 이렇게 물었죠. "만약 '열정을 따르라'는 조언이 잘못된 거라면 대신에 어떻게 해야 할까?" 그래서 훌륭한 직업을 규정하는 특징으로 '희소성'과 '가치'를 제시했습니다. 이런 특징들을 가지려면 여러분 또한 희소하고 가치 있는 실력을 쌓아야 한다고 했죠. 이 희소하고 가치 있는 실력을 '커리어 자산'이라 부르고, 사랑하는 일을 갖기 위해서는 이런 자산을 많이 가져야 한다고 지적했습니다.

이와 같은 논의를 바탕에 두고 다음에는 커리어 자산의 획득 과정을 들여다봤죠. 여기서 여러분이 세상에 제공하는 가치에 끊임없이 집중하는 '장인 마인드셋'의 중요성을 강조했습니다. 세상이 여러분에게 제공하는 가치에만 집중하는, 훨씬 흔한 열정 마인드셋과는 완전히 반대되는 입장이죠.

하지만 장인 마인드셋을 갖췄다 해도 "누구도 무시하지 못할 실력"

을 쌓기란 쉬운 일이 아닙니다. 그래서 저는 '의식적 훈련'이라는 개념을 소개했죠. 그간 많은 연구가 이뤄진 이 의식적 훈련이란, 자신의 안전지대를 넘어 실력을 의식적으로 키우고 실적에 대해 무자비한 피드백을 받는 자세를 뜻합니다.

뮤지션, 운동선수, 체스 선수 등은 모두 이 의식적 훈련을 잘 알고 있지만 지식 노동자는 그렇지 않습니다. 때문에 오히려 지식 노동자에게는 희소식일 수 있죠. 만약 이 전략을 자신의 직업에 적용할 수 있다면 커리어 자산 획득에서 동료들을 앞지를 수 있으니까요.

3부

일의 원칙, 세 번째

지위보다
자율성을 추구하라

8장

⊗

'꿈의 직업'을 만드는 묘약

•

•

무슨 일을 어떻게 할지 스스로 결정할 수 있는 자율성은

자신이 사랑하는 일을 할 때 얻을 수 있는 가장 강력한 특징이다.

시골 농장의 미스터리한 인기

아이비리그 졸업장을 손에 쥔 2000년, 라이언 보일랜드Ryan Voiland는 대도시의 은행이나 경영 컨설턴트 회사에 취직한 친구들과는 달리 의외의 선택을 했습니다. 농장을 사들인 거죠. 애머스트에서 남쪽으로 조금 떨어진 매사추세츠주 중앙에 위치한 인구 6000명의 작은 마을 그랜비에 있는 농장이었습니다. 코네티컷강에서 너무 동쪽으로 떨어져 있어서 강 유역의 비옥한 토양과는 거리가 좀 있었지만 그래도 라이언은 각종 과일과 채소를 심었습니다. 그리고 레드 파이어 팜Red Fire Farm이라는 이름을 붙였죠.

2011년 5월 제가 라이언과 그의 아내 세라를 만나기 위해 레드 파이어를 방문했을 때 그들은 약 28만 제곱미터 규모의 토지에 유기농 작물을 재배하고 있었습니다. 농장 수입의 대부분은 공동체 지원 농업Community Supported Agriculture, CSA 프로그램에서 얻고 있었죠. 이 프로그램은 가입자가 작물 성장기 초반에 미리 돈을 내면 나중에 매주 미국 전역에 있는 배급소에서 수확물을 가져가게 하는 방식입니다. 2011년 당시 이 프로그램의 가입자는 1300명을 넘어서서 더 이상 가입을 받지 않았죠. 수요가 공급을 넘어선 겁니다.

한마디로 레드 파이어 팜은 성공을 거뒀지만 그 때문에 제가 그랜비를 찾아간 건 아니었죠. 라이언 부부와 하루를 보내기로 한 이유는 더 개인적이었습니다. 그들의 라이프 스타일이 매력적인 비결을 찾고 싶었죠.

레드 파이어 팜의 방문객은 저뿐만이 아니었습니다. 팬들이 많았죠. 라이언과 세라가 여름철 딸기 수확 기념 만찬이나 가을 호박 축제 등 특별 행사를 열 때마다 상품들이 금방 매진될 정도였으니까요. 마지막으로 농장에 방문했을 때는 한 중년 여성이 자기 친구에게 이렇게 말하는 걸 들을 수 있었죠. "나는 그냥 라이언과 세라가 너무 좋아." 실제로 만나 본 적도 없는데 라이언 부부의 아이디어와 그들의 라이프 스타일에 반해 그랜비라는 마을을 찾아온 겁니다.

물론 이런 인기는 레드 파이어 팜에만 특별히 적용되는 건 아닙니다. 무한 경쟁 사회를 벗어나 자신의 농장을 열고 전원에서 조화로운 삶을 사는 꿈은 칸막이 사무실 생활을 하는 이들에겐 오래된 판타지라고 할 수 있죠. 예를 들어 근래《뉴욕타임스》는 버몬트주로 귀농한 전직 은행가의 이야기(대개 흙이 잔뜩 묻은 모자를 손에 쥐고 집으로 터덜터덜 돌아가는 모습으로 끝나는)를 중점적으로 다루기도 했습니다. 컴퓨터 화면 따위 없이 등에 햇살을 받으며 야외에서 일하는 모습은 분명 매력적입니다. 하지만 과연 왜일까요?

이 질문이 저를 레드 파이어로 이끌었죠. 사실 시골로 이사할 생각은 없었지만, 만약 이런 라이프 스타일에 끌리게 하는 비결을 찾아낼 수 있다면 도시 생활에도 적용할 수 있지 않을까 하는 기대를 품었던 겁니다. 다시 말해 그 비결을 찾는 일은 사람들이 어떻게 자신의 일을 사랑하게 되는지 이해하려는 탐구의 핵심과 맞닿아 있었죠. 그래서 라이언 부부에게 그들을 따라다니며 하루를 보낼 수 있는지 물었고, 승낙을 받자마자 노트북을 챙기고 작업용 장화를 꺼내 먼지를 털고는 보스턴 서쪽으로 차를 몰았습니다. 이렇게 '레드 파이어 팜의 비밀 캐내기'란 임무를 수행하게 된 겁니다.

농장의 비밀을 파헤쳐라

방문한 지 얼마 되지 않아 저는 라이언 부부의 점심 식사에 동참했습니다. 시골집 부엌은 작았지만 잘 정돈돼 있었고 요리책과 손글씨가 적힌 허브병이 가득했죠. 식사로는 9가지 곡물로 만든 빵에 두꺼운 체다 치즈를 얹은 샌드위치가 나왔습니다. 식사를 하면서 라이언에게 어떻게 전업 농부가 되겠다고 결심했는지 물었죠. 현재 그의 삶이 매력적인 이유를 이해하기 위해서는 우선 그가 지금까지 온 과정을 알아야 했으니까요.

　앞서 첫 번째와 두 번째 일의 원칙에서 보았듯, 지금까지 저는 사람들이 어떻게 자신의 일을 사랑하게 되는지에 대해 통념과는 반대되는 이론을 펼쳐 왔죠. 첫 번째 원칙에서는 "열정을 따르라"가 잘못된 조언이라고 했습니다. 대다수의 사람들에게는 아직 발견되지 않은 열정 같은 건 없기 때문이지요. 두 번째 원칙에서는 뛰어난 커리어를 가진 사람들이 희소하고 가치 있는 '커리어 자산'을 갖췄기에 성공했고, 그 자산에 투자한 덕에 훌륭한 직업의 특징들을 얻게 됐다고 주장했습니다. 이런 관점에서 보면 어떤 일을 찾느냐보다 어떻게 일하느냐가 더 중요하다고 이해할 수 있습니다. 그리고 점심을 먹으며 라이언에게 들은 이야기를 통해 저는 그의 삶이 곧 제 이론을 뒷받침하는 훌륭한 사례임을 깨달을 수 있었죠.

　우선 라이언은 열정을 좇아 농부가 된 것이 아니었습니다. 자신의 일을 사랑하게 된 많은 사람들처럼 그 역시 우연히 현재의 직업을 갖게 됐고, 전문성이 높아지면서 그 일에 대한 열정을 찾게 된 경우였습니다. 그랜비는 라이언의 고향이었지만 집안이 농사를 짓지는 않았죠. "어렸을 때도 농사라는 직업에 대해선 잘 몰랐어요." 중학생이 된 라이언은 여느 아이들처럼 용돈 벌이에 관심을 가졌습니다. 그래서 신문 배달부터 재활용 캔 모으기까지 다양한 일을 했죠. 하지만 본격적인 사업은 야생 블루베리를 상자에 담아 팔기 시작하면서부터였습니다. "길가에 파라솔을 세우고 첫 농작물 판매를 시작했죠." 그리고 이내 돈벌이에 좋은 방법이라는 걸 알게 된 겁니다.

　라이언은 다음으로 집 뒷마당의 텃밭에서 수확한 농작물 중 여분을 팔았습니다. 수익이 늘어나면서 그는 부모님에게 자신이 직접 텃밭 농사를 짓겠다고 얘기했죠. "아버지가 그 말을 듣고 더없이 기뻐하셨죠." 이때부터 라이언은 커리어 자산 획득에 진지하게 임하기 시작합니다. "농사에 관한 책이라면 뭐든 손에 잡히는 대로 읽었어요." 곧 그의 텃밭은 뒷마당 전체를 덮을 정도로 커졌고 수확량을 늘리기 위해 트럭으로 비료를 실어 와야 할 정도가 됐습니다.

고등학생이 된 라이언은 이웃 농부로부터 약 4만 제곱미터의 땅을 빌리고 여름철 수확을 위해 아르바이트생을 고용했죠. 매사추세츠주 농업진흥청으로부터 융자를 내어 중고 트랙터도 구입했고, 노점 가판대 수준을 넘어 농산물 직판장과 도매상을 상대로도 장사하기 시작했습니다. 고등학교를 졸업한 후 코넬대학교 농대에 진학해 과일과 채소 원예학을 공부했고, 그 와중에도 주말이면 집으로 돌아와 농사를 지었습니다.

라이언의 이야기에서 특히 감명 깊었던 부분은 그가 어느 날 갑자기 농사에 열정을 갖고 시골로 내려가 농장을 시작한 게 아니라는 점입니다. 2001년 자신의 첫 농지를 구입해 마침내 전업 농부가 됐을 때의 그는 이미 10년 가까운 세월에 걸쳐 커리어 자산을 힘들게 구축해 놓은 상태였던 거죠. 어느 날 갑자기 직장을 그만두고 다음 날 아침 수탉 울음소리에 잠을 깨는 환상적인 스토리보다는 덜 매력적일 수 있지만, 라이언의 사례는 제가 앞서 2가지 원칙을 연구하면서 발견한 바와 딱 맞아떨어집니다. 좋은 직업을 기대하려면 우선 좋은 실력을 갖춰야 한다는 거죠.

점심 식사를 하면서 레드 파이어 팜의 역사는 알게 됐지만 여전히 이 농장이 매력적인 비결을 분명히 알 수는 없었습니다. 하지만 식사를 마치고 나와 농장 구경을 하면서 깨달을 수 있었죠. 농작물에 관해 설명하는 라이언에게서 처음에 보였던 경계심이 점차 옅어지는 걸 느낄 수 있었습니다. 그는 수줍음을 타는 편이어서 사람들 앞에서 애기할 때는 서둘러 말을 끝내려고 했죠. 하지만 농장 경영법을 설명할 때는, 예컨대 메리맥 사양토砂壤土와 팩스턴 미사양토微砂壤土의 차이점이나 새로운 당근밭 제초법에 대해 얘기하기 시작하면서 그의 수줍음은 온데간데없이 사라지고, 자신의 일에 대해 열정적이고 전문성을 갖춘 장인의 모습이 드러났습니다.

농장의 공동체 지원 농업 프로그램과 홍보를 위해 자신이 얼마나 노력했는지 설명하는 아내 세라에게서도 비슷한 열정을 발견할 수 있었죠. 세라가 라이언과 함께 그랜비에서 일하기 시작한 2007년 그녀는 이미 유기농법과 공동체 지원 농업 프로그램의 지지자였습니다. 배서 칼리지Vassar College에서 환경 정책을 전공한 세라는 학교에서 운영하는 공동체 지원 농업 프로그램인 퍼킵시 팜 프로젝트Poughkeepsie Farm Project에 우연히 참여했다가 감명을 받고, 졸업 후 코네티컷주 스태퍼드스프링스 근교에서 자신의 소규모 공동체 지원 농업 프로그램을 시작했습니다. 레드 파이어 팜은 그녀의 아이디어를 좀 더 대규모로 펼칠 수 있는 기회가 된 거죠. 그녀로서는 아주 즐거운 도전이었을 겁니다.

결국 제가 깨닫게 된 건, 레드 파이어 팜의 라이프 스타일이 그토록 매력적인 이유가 '자율성' 덕분이라는 점이었습니다. 라이언과 세라 부부는 무슨 일을 어떻게 할지에 대한 자율성을 얻는 데 그때까지 쌓아온 커리어 자산을 투자한 셈입니다. 그 일은 결코 쉽지 않았죠. 레드 파이어 방문에서 저는 농사란 게 정말 복잡하고 스트레스 받는 일이란 점을 배웠습니다. 하지만 그들은 자신들의 삶을 직접 경영했고 그 결과가 좋았던 거죠.

레드 파이어의 매력 비결은 햇볕 아래서 일하기 때문이 아니었습니다. 오히려 농부들에게 날씨는 즐기는 대상이 아니라 맞서 싸워야 할 상대였죠. 컴퓨터 화면에서 벗어나는 것도 아니었습니다. 라이언은 겨울 내내 엑셀 스프레드시트로 농사 계획을 세우고 세라는 농장 운영을 관리하느라 하루 중 상당 시간을 컴퓨터 앞에서 보내야 하니까요. 대신 그랜비가 팬들을 끌어들이는 건 자율성 덕택이었습니다. 라이언과 세라는 자신들이 생각하는 방식대로 의미 있는 삶을 살고 있었죠.

앞으로 다루겠지만 자율성은 단지 라이언과 세라에게만 매력의 원천으로 작용하는 게 아닙니다. 커리어 자산을 통해 얻을 수 있는 가장 보편적이고 중요한 특징 중 하나지요. 자신이 사랑하는 직업을 찾는 과정에서 너무도 강력하고 필수적인 요소이기에 '꿈의 직업을 만드는 묘약'이나 마찬가지입니다.

자율성이 부여하는 혜택들

라이언 부부는 자신들의 삶과 일에서 상당한 자율성을 행사했고 이는 레드 파이어 팜의 라이프 스타일을 매력적으로 만드는 요소였죠. 하지만 이 자율성의 매력은 비단 농부에게만 국한된 건 아닙니다. 수십 년간의 연구를 통해 더 행복하고 더 성공적이고 더 의미 있는 인생을 살고자 하는 사람들이 추구하는 가장 중요한 특징이라는 점이 밝혀졌죠. 예를 들어 대니얼 핑크의 2009년 베스트셀러 《드라이브》는 자율성이 삶의 질을 높이는 데 어떻게 기여하는지 다양한 방식으로 밝혔습니다.[1] 대니얼 핑크가 요약한 바에 따르면 자율성이 높아질수록 학업 성적, 스포츠 성적, 생산성, 행복감이 높아진다고 합니다.

핑크가 언급한 한 연구에서 코넬대학교 연구진은 300개 이상의 중소기업을 추적 조사했는데, 그중 절반은 직원들에게 자율성을 부여했고 절반은 그렇지 않았죠. 그런데 자율성을 부여한 기업이 그렇지 않은 기업보다 4배나 더 성장했습니다. 제가 발견한 또 다른 연구에서는 성적이 좋지 않은 학군의 중학교 교사들에게 자율성을 부여한 결과 교사들의 승진율이 높아졌을 뿐 아니라 학생들의 성적도 함께 올랐습니다.[2]

만약 직장에서 자율성의 힘을 관찰하려면 '결과 중심 업무 환경 Results-Only Work Environment' 또는 약자로 ROWE라는 새로운 혁신적 철학을 도입한 회사들을 살펴보면 됩니다. 이런 ROWE 기업에서 중요한 건 오직 결과뿐이죠. 언제 출근하고 퇴근할지, 언제 휴가를 가고 얼마나 자주 이메일을 체크할지는 모두 중요치 않습니다. 회사는 중요한 성과를 내기 위해 무엇이 가장 효과적인지 결정할 권한을 직원에게 부여합니다. ROWE 지지자들은 "결과가 없으면 일자리도 없다. 아주 간단하다"라고 즐겨 얘기하지요.

온라인에서 ROWE 관련 비즈니스 사례를 찾아보면 자율성을 활용하는 직원들을 쉽게 찾아볼 수 있습니다.[3] 미국 최대의 전자 제품 소매업체 베스트 바이Best Buy 본사에서 ROWE를 채택한 팀들은 직원들의 퇴사율이 90퍼센트나 감소했습니다. 베스트 바이의 한 직원은 "저는 ROWE 환경이 좋아요. 운명을 스스로 결정하는 느낌이랄까요"라고 말했죠.

의류 회사 갭Gap 본사의 ROWE 프로그램에 참여한 직원들은 행복도와 성과가 개선되었습니다. 한 관리자는 "이렇게 행복해하는 직원들을 본 적이 없어요"라고 했지요. 비영리 단체 최초로 ROWE를 도입한 캘리포니아 레들랜즈의 한 비영리 단체에서는 직원 중 80퍼센트가 직장에 대한 충성도가 더 높아졌다고 보고했고, 90퍼센트 이상이 이 프로그램 덕분에 삶의 질이 나아졌다고 생각한다는 결과가 나왔습니다. 직장에서 이 정도라면 사실상 완벽한 동의가 이뤄진 것이나 다름없죠. 제가 지금까지 이야기한 건 수많은 사례 중 일부일 뿐입니다.

관련 연구를 더 찾아볼수록 점점 더 분명해지는 사실은, 사람들에게 일의 대상과 방식에 대해 더 많은 자율성을 부여하면 행복도, 참여도, 성취감이 높아진다는 것입니다. 그러므로 꿈의 직업을 구성하는 정신적 요소에서 자율성이 핵심적 위치를 차지하는 게 당연하지요. 앞으로 3부에서는 다양한 분야에서 자율성을 발판으로 자신의 일을 사랑하게 된 사람들을 만나 볼 겁니다. 이들 중에는 날씨가 좋을 때는 일을 쉬는 프리랜서 소프트웨어 개발자, 레지던트 과정 중 2년간 휴가를 받아 창업한 의학도, 방해받지 않고 세계 여행을 다니기 위해 수백만 달러를 포기한 유명 기업가 등이 있죠. 이들의 멋진 삶이 자율성 덕택임을 앞으로 배우게 될 겁니다.

요약하자면, 자산의 일을 사랑하는 것이 목표일 경우 첫 단계는 커리어 자산을 얻는 것이고, 그다음 단계는 훌륭한 일의 특징에 그 자산을 투자하는 것입니다. 이 투자에서 여러분이 선택할 수 있는 가장 중요한 목표 중 하나가 바로 자율성이죠. 하지만 자율성을 획득하기란 어려운 일일 수 있습니다. 그래서 저는 3부의 나머지 부분에서 이 목표에 대해 다루고자 합니다. 이어질 장들에서 이 까탈스러운 특징에 대해 더 알아보도록 하지요.

9장

커리어 자산 없이 자율성을 탐하지 마라

.

.

자율성에는 함정들이 도사리고 있다. 첫 번째 함정은, 커리어 자산이

충분히 갖춰지지 않은 상태에서 자율성만을 추구하는 건 위험하다는 것이다.

제인의 위험천만한 비전

제인은 자율성의 중요성을 잘 알고 있습니다. 수학 능력 평가에서 상
위 1퍼센트에 속하는 뛰어난 학생이었고 일류 대학에 입학했지만, 대
학 졸업 후 보수가 좋고 안정된 직장에 다니는 평범한 삶을 살고 싶진
않았죠. 그녀는 좀 더 색다른 삶을 꿈꿨습니다. 아마추어 운동선수로서
자전거 전국 일주 자선 대회와 철인 3종 경기에 참가했던 것처럼 그녀
는 더 모험에 가득 찬 미래를 바랐죠. 그녀가 제게 보내온 인생 계획서
에는 "호주(외발자전거?) … 남극(개썰매?)"처럼 모터 동력을 이용하지 않
고 세계 일주를 하겠다는 목표가 담겨 있었습니다. 리스트 중에는 "아

무 도구나 장비 없이 야생에서 한 달 살아 보기" "불 뿜는 방법 배우기"
처럼 더 별난 목표들도 있었고요.

이런 모험에 드는 자금 마련을 위해서는 "리스트에 있는 과제들을
실행할 돈을 정기적으로 벌게 해 줄, 유지 보수할 필요가 별로 없는 웹
사이트 만들기"라는 모호한 대책이 적혀 있었죠. 한 달에 3000달러의
수익을 내는 것이 목표였는데 그녀가 기본 비용을 계산한 결과 나온 금
액이었습니다. 궁극적으로 그녀는 이 경험들을 발판 삼아 "건강, 인간
의 잠재력, 웰빙에 대한 나의 비전을 실현할 비영리 단체"를 설립할 계
획이었죠.

언뜻 레드 파이어 팜의 라이언과 세라 부부가 떠오를지도 모르겠습
니다. 제인 역시 삶의 자율성이 많은 수입이나 명성보다 더 가치 있다
는 점을 알고 있었으니까요. 라이언이 학위를 따고도 농장을 시작했듯
이, 제인도 이런 깨달음을 통해 안전한 커리어를 내던지고 더 매력적인
삶을 추구할 용기를 갖게 됐죠. 하지만 라이언 부부와는 달리 제인의
계획은 불안정했습니다. 저와 만나고 얼마 지나지 않아 그녀는 더 많
은 자율성을 누리기 위해 대학 중퇴라는 극단적 결정을 했다고 말하더
군요. 하지만 오래지 않아 그녀는 알 수 있었습니다. 특정한 라이프 스
타일을 추구한다고 해서 반드시 자신을 지지할 사람들을 찾을 수 있는
건 아니라는 사실을 말이죠.

"당장의 문제는 경제적 자립이에요. 대학을 그만두고 여러 사업을 시
작했고 프리랜서로도 일하고 블로그도 운영했지만, 그럴듯한 결과를
얻지 못하니 계속할 의욕이 꺾여 버렸어요." 그녀가 수입원이 되길 희
망했던 블로그에는 지난 9개월 동안 단 3건의 포스팅만이 올라왔을 뿐

이었습니다.

제인은 이렇게 현실의 가혹한 진실을 깨달았죠. 사람들이 자신에게 돈을 내도록 설득하는 게 얼마나 어려운지 말입니다. 결국 그녀는 인정했죠. "제 비전을 계속 추구하는 게 옳다고 생각하지만 먹고살려면 돈도 필요해요." 대학 졸업장 없이는 돈 버는 게 더욱 어려웠습니다. 개썰매를 타고 남극을 횡단하겠다는 계획은 이력서에 적을 만한 내용이 아닌 거죠.

자율성보다 커리어 자산 획득이 먼저다

자율성은 매혹적입니다. 레드 파이어 팜에서 발견했듯 칸막이 사무실에서 일하는 사람들에게 자율성이란 꿈의 직업을 규정하는 특징이기도 하죠. 이 매력 때문에 제인은 편안한 삶을 버리고 모험을 추구하게 됐습니다. 하지만 그럼으로써 그녀 또한 많은 이들이 자율성을 추구할 때 흔히 그러듯이 함정에 빠지고 만 거죠.

> **◎ 자율성의 첫 번째 함정**
> 커리어 자산 없는 자율성은 오래가지 못한다.

두 번째 원칙을 다룰 때 저는 커리어 자산이란 사랑하는 일을 하기 위한 토대라고 설명했습니다. 그래서 희소하고 가치 있는 실력을 갖춰 이 자산을 획득한 다음, 그것을 좋은 직업을 규정하는 특징에 투자하라고 조언했죠. 그리고 바로 앞 장에서 자율성이야말로 여러분이 투자할 수 있는 가장 가치 있는 특징이라고 밝혔습니다. 제인은 이 가운데 "자율성이 중요하다"는 건 받아들였지만, 안타깝게도 "이 중요한 특징을 얻으려면 가치 있는 뭔가를 갖춰야 한다"는 전제는 간과하고 만 겁니다. 그러니까 그녀는 자율성의 대가로 내놓을 자산을 갖추지 못한 채 자율성만을 얻으려 했기에 결국 진정한 자율성을 획득하지 못한 것이죠. 이와 달리 레드 파이어 팜의 라이언은 전업 농부의 길로 들어서기 전에 10년이란 시간을 들여 커리어 자산을 구축했기에 이 함정을 피할 수 있었습니다.

두 번째 원칙에서 다룬 리사 포이어의 사례에서도 이 함정의 존재를 떠올릴 수 있죠. 포이어는 단 한 달짜리 자격증 과정을 밟은 것이 전부였음에도 마케팅 경력을 포기하고 요가 사업에 뛰어들었습니다. 제인과 마찬가지로 포이어도 커리어 자산이 부족한 상태에서 더 많은 자율성만을 추구한 겁니다. 또한 제인처럼 곧 어려움에 직면했지요. 1년도 채 안 되어 식료품 할인권을 받으러 줄을 서야 하는 처지가 됐으니까요.

자율성에 대한 사례를 연구하면 할수록 비슷한 실수를 저지른 사람들을 더 많이 만나 볼 수 있었습니다. 제인의 경우는 근래 증가하는 '라이프 스타일 디자인 커뮤니티'의 한 사례에 불과하지요. 이 커뮤니티 운동은 다른 사람들이 정한 규칙에 맞춰 살 필요가 없다고 주장합니다. 그래서 추종자들에게 자신만의 인생을 디자인하라고, 더 즐겁고 흥미로운 길을 추구하라고 독려하죠. 이런 주장을 하는 이들 중에는 본인의 행적을 블로그에 올리는 경우가 많기에 그 생각을 실행에 옮긴 사례를 쉽게 찾을 수 있습니다.

　물론 높은 수준에서는 이와 같은 인생철학이 문제가 되지는 않습니다. '라이프 스타일 디자인'이라는 용어를 만든 작가 팀 페리스^{Tim} ^{Ferriss} 본인이 바로 이런 삶의 태도가 좋은 결과로 이어진 대표적인 사례죠(페리스는 자신의 모험적인 인생을 뒷받침할 커리어 자산을 충분히 갖추고 있지요). 하지만 그보다 덜 알려진 이른바 라이프 스타일 디자이너들의 블로그를 잠시만 들여다보면 이들의 삶에 적신호가 켜져 있는 것을 쉽게 발견할 수 있습니다. 제인과 마찬가지로 이들 대다수는 자신이 내세우는 독특한 라이프 스타일을 뒷받침할 안정적인 수단을 먼저 갖춰야 한다는 점을 간과했던 거죠. 자율성을 추구할 용기를 갖는 것만이 중요하다고 여기고 그 외의 모든 것은 쉽게 해결될 부차적인 문제에 불과하다고 단정 지어 버린 겁니다.

　제가 찾은 수많은 사례 중에서 한 블로거는 25세에 직장을 그만둔 사람이었습니다. 그는 이렇게 설명했죠. "평범한 삶을 사는 게 지긋지긋했어요. 틀에 박힌 직장 생활을 하면서 진정한 열정을 추구할 시간도 돈도 부족한 채 사는 거 말예요. 그래서 저 같은 일반인도 맨손으로 사업을 일구고 꿈을 이룰 수 있다는 걸 세상에 보여 주기 위해 모험에 나섰어요." 그가 말한 '사업'은 결국 라이프 스타일 디자이너로 사는 모습을 담은 블로그였습니다. 이른바 라이프 스타일 디자이너를 자처하는 사람들이 많이 선택하는 사업이죠. 즉 그가 생산할 수 있는 유일한 제품은 평범한 삶을 살지 않겠다는 자신의 열정뿐이었던 셈입니다. 굳이 경제학자가 아니라도 거기에 큰 가치를 매길 수 없다는 걸 알 수 있죠. 또는 우리가 배운 용어를 활용하자면, 열정 그 자체는 희소성이나 가치가 없기에 커리어 자산의 측면에서 높은 값을 쳐줄 수 없는 겁니다. 이 라이프 스타일 디자이너는 비록 가치 있는 특징에 투자하려 했지만 지불할 수단을 갖추지 못했다고 할 수 있죠.

당연히 그의 블로그는 곧 황량해졌습니다. 정작 자기 블로그로는 돈을 전혀 벌지 못하면서 그는 '자신만의 삶을 살기 위해 블로그로 수익을 내는 방법'에 대해 한 주에도 여러 번 포스팅을 올렸죠. 하지만 그렇게 3개월이 지나자 글에서 일종의 절망감이 스며 나오기 시작했습니다. 그가 올린 한 포스트에는 명백한 분노가 고스란히 드러나 있습니다. "독자들은 그냥 왔다 가 버린다. 애써서 양질의 포스팅을 쓰고 멋진 사람들을 찾으려 노력했지만 대부분은 그냥 왔다 갈 뿐이다. 마치 구멍이 숭숭 뚫린 독을 채우는 것처럼 화가 난다." 그러고는 더 안정적으로 구독자를 모으기 위한 10단계 계획을 구체적으로 적었죠. 이 계획에는 "2단계: 에너지를 끌어들여라"와 "4단계: 독자들에게 아낌없는 감사를 표하라" 등이 포함돼 있었지만 정작 가장 중요한 것이 빠져 있었습니다. 독자들이 기꺼이 돈을 지불할 콘텐츠가 없었죠. 그리고 몇 주 후 이 블로그에는 더 이상 새로운 포스팅이 올라오지 않더군요. 제가 다시 찾았을 때는 이미 4개월째 새로운 포스트가 게시되지 않는 상태였습니다.

이 이야기 역시 자율성의 첫 번째 함정을 극명히 보여 줍니다. 커리어 자산이 충분하지 않은 상태로 자율성을 추구한다면, 결국 제인이나 리사 또는 절망에 빠진 이 라이프 스타일 디자이너처럼 자율성은 한껏 누릴 수 있을망정 끼니조차 제대로 해결하지 못하는 상황에 빠지기 쉽다는 거죠. 하지만 이 첫 번째 함정은 왜 자율성이 까다로운 특징인지를 설명하는 이야기의 겨우 반쪽에 지나지 않습니다. 다음 장에서는 진정한 자율성을 얻을 만큼 충분한 커리어 자산을 갖춘 후에도 왜 문제가 완전히 해결되지 않는지에 대해 다룰 겁니다. 이때부터 사람들은 여러분의 가치를 인정하기 시작하지만, 동시에 여러분으로부터 자율성을 뺐고 원래의 길로 돌려놓으려 드는 시점이기도 하기 때문이죠.

10장

⊗

자율성을 갖는 순간 갈등이 시작된다

•

•

일에서 자율성을 보장받을 수 있을 만큼 커리어 자산을 쌓은 시점에

자율성의 두 번째 함정이 시작된다. 직장에서 가치 있는 사람으로 인정받게 되면

고용주는 더 많은 자율성을 원하는 당신을 방해할 것이다.

룰루는 왜 승진을 거절했을까

소프트웨어 개발자인 룰루 영Lulu Young은 자신의 일을 사랑합니다. 보스턴 근교 로슬린데일의 고급 복층 아파트에 사는 그녀를 만난 건 2011년의 어느 비 오는 봄날이었죠. 자율성과 일에 관한 제 연구를 위해 만난 이들 중 한 사람인 그녀는 약간의 설득 끝에 자기 개인사를 들려주었습니다. 예를 들어 고등학생 때 화학 시험에서 만점을 받았고, 첫 직장에 취직한 건 웰즐리힐스의 한 이탈리안 레스토랑에서 그 회사 대표를 우연히 만난 덕분이라는 등의 얘기 말입니다. 인터뷰를 진행하

고 얼마 후 저는 노트에 이렇게 기록해 두었습니다. "자신의 커리어에 대해 많은 생각을 하는 사람이다."

분명 그런 신중한 태도가 그녀를 성공으로 이끌었을 텐데, 룰루는 제가 인터뷰한 사람들 중에서 자신감과 만족감이 더 높았고 그 만족감의 중심에는 자율성이 있었습니다. 커리어 내내 룰루는 직장에서 더 많은 자유를 얻기 위한 싸움을 마다하지 않았죠. 그래서 때로는 고용주나 친구들에게 충격과 실망을 안기기도 했습니다. "사람들은 제가 다른 사람들처럼 행동하지 않는다고 하더군요. 그럼 저는 이렇게 말하죠. 난 그들과 다르다고."

그녀가 이런 싸움에서 이긴 건 앞에서 다룬 자율성의 첫 번째 함정을 잘 경계한 덕분이었습니다. 즉 더 큰 자율성을 얻으려 하기 전에 항상 자신에게 든든한 커리어 자산이 갖춰져 있는지 주의를 기울였던 거죠. 이것이 제가 룰루의 이야기를 전하고자 하는 이유입니다. 자율성을 올바르게 사용한 좋은 예니까요.

웰즐리칼리지Wellesley College에서 수학을 전공한 그녀의 첫 직업은 소프트웨어 개발 업무 중에서도 맨 밑바닥이라고 할 수 있는 소프트웨어 검사원, 좋게 말해 품질 보증QA 업무였습니다. "그러니까 당신이 하던 일이 텍스트를 굵은 글씨체로 바꾸고 그게 제대로 적용되는지 확인하는 그런 거였나요?" 제가 이렇게 묻자 룰루는 "에이, 그렇게 중요한 일을 설마 저한테 줬으려고요!"라며 농담으로 응수했죠.

딱히 멋진 직업이라고는 할 수 없었죠. 아니 사실 멀쩡한 직업이라고 하기도 어려웠습니다. 이때 룰루는 자율성의 첫 번째 함정에 빠지기 쉬운 상태였죠. 지루한 일에 갇힌 스스로의 모습을 발견했을 때 자신만의 길로 떠나고 싶은 유혹이 가장 커지니까요. 하지만 그녀는 그러는 대신 더 발전하기 위해 필요한 커리어 자산을 모으는 길을 선택했습니다.

그래서 룰루는 회사 소프트웨어의 운영 체제인 유닉스UNIX를 공부한 끝에 소프트웨어 검사를 자동화할 수 있는 명령어를 손수 만들었고, 덕분에 회사의 시간과 비용을 절감할 수 있었습니다. 이런 시도가 주목을 받아서 몇 년 지나지 않아 품질 보증 선임 엔지니어로 승진했고요.

이렇게 충분한 커리어 자산을 쌓은 그녀는 무엇을 얻을 수 있을지 도전해 보기로 했습니다. 그녀를 괴롭히며 사사건건 간섭하는 상사들로부터 좀 더 자유로워지기 위해 주 30시간 근무를 요청했죠. 남는 시간에 터프츠대학교Tufts University에서 철학 학위를 딸 계획이었습니다. "근무 시간을 더 줄여 달라고 하고 싶었지만, 수당을 제대로 받을 수 있는 최소 근무 시간이 30시간이었어요." 만약 입사 1년 차에 이런 요구를 했다면 상사들은 "아예 주당 0시간은 어때?"라고 비웃어 버렸을 겁니다. 하지만 이제 선임 엔지니어로서 소프트웨어 검사 자동화를 주도하는 그녀에게 선뜻 안 된다고 할 수는 없는 노릇이었죠.

학위를 딴 후 룰루는 회사를 그만두었죠. 그러곤 그간 쌓은 품질 보증 자동화 기술을 발판 삼아 막 대기업에 인수된 인근의 스타트업 기업으로 자리를 옮겼습니다. "컴퓨터 모니터가 세 대나 있는 널찍한 사무실을 받았어요. 매주 사무실 매니저가 들러서 간식 주문을 받았는데 원하는 걸 얘기하면 곧 책상 위로 배달됐죠. 재밌는 날들이었어요."

몇 년 뒤 스타트업의 모기업이 보스턴 지역 사무실을 폐쇄하기로 결정했고, 당시 집을 갓 장만한 룰루는 이제 뭔가 다른 일을 할 때라고 여겼습니다. 그렇게 다시 구직 시장에 나선 그녀에게 쏟아진 몇 건의 제안 중에는 대기업의 품질 보증 관리자 자리도 있었죠. 룰루로서는 더 높은 급여와 권한, 명예가 보장된 상당히 좋은 기회였습니다. 이제 임원급으로 올라설 일만 남은 거죠.

하지만 룰루는 대기업의 제안을 거절하고 대신 직원이 7명인 한 스타트업에 합류했습니다. 대학 동창의 남자 친구가 창업한 그 회사는 검증된 기술을 가진 인재를 영입할 기회를 놓치지 않았던 거죠. "무슨 일을 하는 곳인지는 정확히 몰랐죠. 사실 기존의 구성원들도 아직 잘 모르는 것 같았고요." 하지만 바로 이 점이 룰루는 마음에 들었습니다. 아직 세부 계획이 서 있지 않은 상태에서 뭔가 신선하고 재미있는 일에 매달릴 수 있고, 무슨 일을 어떻게 할지 자신이 결정할 수 있으니까요.

2001년 다른 기업에 이 스타트업이 인수되었을 때 룰루는 소프트웨어 개발 부서의 책임자였습니다. 새로운 고용주가 직원들의 복장과 근무 시간을 규제했지만 룰루는 자신의 커리어 자산 덕분에 3개월간 휴가를 받아 낼 수 있었죠. 휴가를 떠나면서 그녀는 새 상사들에게 "휴가 동안에는 연락 못 받아요"라고 선언했습니다. 결과적으로는 자신의 직원들에게 그녀 없이도 일할 수 있는 훈련을 시킨 셈이 됐죠. 휴가에서 돌아온 그녀는 곧 회사를 떠났고 더 많은 자율성을 위해 프리랜서 소프트웨어 개발자의 길을 택했습니다. 이미 고객을 찾는 건 문제가 아닐 정도로 실력이 갖춰진 상태였기 때문이죠. 게다가 고용 관계가 아닌 외주 계약자로 일하는 편이 훨씬 더 유연하게 일을 할 수 있었습니다. 내키는 대로 3~4주씩 여행을 떠날 수도 있었고요. "금요일에 날씨가 좋다 싶으면 그날 쉬고 비행기 조종을 하러 갔어요."(이즈음 그녀는 비행 면허를 취득했습니다.) 언제 일을 시작하고 마무리할지 모두 그녀 마음이었죠. "조카들을 데리고 자주 놀러가곤 했어요. 이 도시에서 저보다 더 많이 어린이 박물관과 동물원에 가 본 사람은 없을걸요? 그냥 외주 계약 관계로 일한 덕분에 시간을 마음대로 쓸 수 있었죠."

룰루와 제가 인터뷰한 건 주중의 이른 오후였지만 시간은 전혀 문제가 아니었습니다. 제가 도착하자 그녀는 이렇게 말하더군요. "잠깐만요, 방해받지 않게 스카이프 전화 좀 꺼 놓을게요." 원하는 대로 오후에 인터뷰를 할 수 있는 이런 결정은, 만약 그녀가 전형적인 커리어를 따라서 포르쉐를 몰고 주식을 보유한, 하지만 위궤양으로 고생하는 임원으로 승진했다면 함부로 내릴 수 없었을 겁니다. 또한 포르쉐와 주식을 가졌지만 위궤양으로 고생 중인 세상 그 어떤 임원도 룰루만큼 자기 인생을 즐기는 사람은 아마 없겠지요.

자율성이 저항에 부딪히게 되는 이유

앞에서 살펴본 것처럼 룰루의 이야기는 자율성이 잘 발휘된 사례입니다. 레드 파이어 팜의 라이언 부부처럼 그녀는 무슨 일을 어떻게 할 것인지에 대한 자율성을 확보해 훌륭한 커리어를 쌓았지요. 뿐만 아니라 라이언 부부와 마찬가지로 그녀도 자율성을 확보하는 데 요구되는 커리어 자산을 확실하게 구축함으로써 지난 장에서 다룬 제인과 같은 실패를 겪지 않을 수 있었습니다.

하지만 룰루의 이야기에는 보이지 않는 위험이 있었습니다. 비록 그녀의 커리어는 만족스러울 만큼 자기주도적으로 형성됐지만 자유를 얻는 과정에서 갈등 또한 발생했지요. 자율성을 더 얻기 위해 커리어 자산에 투자할 때마다 매번 저항에 부딪혔던 겁니다. 예를 들어 첫 직장에서 주당 30시간 근무를 요청했을 때 비록 고용주는 대놓고 반대하지는 못했지만(그녀가 너무 많은 돈을 벌어 주었기에) 마뜩치 않아 했습니다. 그 요구를 관철시키기 위해 룰루는 상당한 용기를 내야 했지요. 대기업의 제의를 마다하고 미래가 불투명한 직원 7명의 스타트업을 택했을 때도 주변 사람들은 그 선택을 순순히 이해해 주지 않았고요.

"당시 막 집을 샀다면서요." 저는 궁금했습니다. "그 대단한 자리를 거절하고 잘 알지도 못하는 중소기업에 가다니, 정말 쉽지 않은 결정이었을 텐데요."

"사람들은 저보고 미쳤다고 했죠." 그녀도 제 말에 동의하더군요. 이후 그 스타트업 기업이 인수되어 그곳을 떠났을 때도 비슷한 일이 벌어졌습니다. 세세한 사항까지 밝히기는 꺼려했지만, 정황을 보아 하니 룰루가 회사에서 차지하는 가치가 너무나 높아 새로운 고용주가 그녀를 붙잡아 두려고 갖은 방법을 쓴 모양이더군요. 그리고 마지막으로 프리랜서로 전향했을 때도 어려움이 있었죠. 처음으로 거래한 고객사에서 그녀를 정직원으로 고용하려 했지만 룰루는 거절했습니다. "그들은 외주 계약자를 원하지 않았어요. 하지만 이런 종류의 일을 할 만한 다른 사람을 구하지 못해 제 조건에 동의하지 않을 수 없었던 거죠."

자신의 커리어에서 자율성을 성공적으로 확보한 사람들을 만나 보면 고용주, 친구, 가족으로부터 상당한 저항에 시달렸다는 얘기를 들을 수 있었습니다. 이런 경우의 또 다른 사례로 루이스라는 레지던트 과정의 의사가 있습니다. 그는 전망이 밝은 복합 성형 수술 프로그램을 이 수 중이었죠. 레지던트 3년 차에 접어들면서 루이스는 병원의 관료 체제에 신물이 나기 시작했습니다. 저와 만나 커피를 마시며 의사라는 직업에서 느끼는 절망감을 생생하게 설명하더군요.

"한 응급실 환자는 칼에 심장을 찔려 흉부가 벌어진 채로 도착했어요. 수술실로 가는 이송 침대에서 제 손으로 심장을 눌러 압박했죠. 수술실에 도착하니 심장에 구멍이 난 상태라 당연히 수혈이 필요한 상태더군요. 그래서 '피는 어디 있죠?' 하고 수술실 담당자에게 물었는데 '못 드려요. 수술실에 입장하면서 등록 규정을 안 지켰잖아요'라는 거예요. 들어올 때 저는 말 그대로 환자의 심장을 손으로 쥐고 있었는데 말이죠. 아니 정말 장난하는 건가 싶었어요."

결국 그 환자는 사망했습니다. 수혈을 받았더라도 결과는 같았을지 모르지만, 여기서 중요한 건 이렇게 자율성이 붕괴된 경험으로 인해 루이스가 충격을 받았다는 사실이죠. 자율성을 갈망한 그는 뜻밖의 결정을 내립니다. 레지던트 과정을 2년간 중단하고 온라인 의료 교육 회사를 설립한 거죠.

루이스에게 왜 그 회사를 차렸냐고 물으니 그는 상당히 중대한 비전을 그려 보였습니다. "의료계에서 많은 사람들을 괴롭히는 문제는 아이디어는 많지만 실현시킬 방법을 모른다는 거예요." 이 비전을 위해 그는 의사가 되는 동시에 자신이 설립한 회사가 직접 매일 감독하지 않아도 운영될 수 있길 바랐습니다. 의료 교육에 대한 아이디어가 떠오르면 회사의 팀에 전달해 실현 방안을 고안하도록 하는 거죠.

구체적인 예를 들어 달라는 제 요청에 루이스는 이렇게 답했습니다. "의대생들이 새로운 개념을 배울 수 있게 해 주는 게임에 대한 아이디어를 제가 떠올렸다고 해 보죠. 그럼 회사의 담당 팀에 이 아이디어를 어떻게 실행할 건지 연구해 보라고 하는 겁니다." 이렇게 '실제로 도움이 되는 것'을 창조하는 일에 그는 대단한 만족감을 느꼈고 회사를 설립함으로써 그런 기회를 누릴 수 있게 된 거죠.

하지만 룰루처럼 루이스 역시 회사 창업에 필요한 자금을 모으기에 충분한 의료 경험을 갖추게 되자 고용주가 놓치고 싶지 않을 정도로 가치 있는 인재가 된 셈이었습니다. 그가 속했던 복합 성형 수술 프로그램에서 레지던트 과정 중 휴가를 요청한 사람은 10년 만에 루이스가 처음이었죠. "사람들에 제게 '대체 무슨 생각으로 이러는 거야!?'라고 묻더군요." 결코 쉽지 않은 과정이었습니다. 하지만 제가 루이스를 만났을 때는 이미 2년의 장기 휴가가 거의 끝나갈 무렵이었죠. 그사이에 회사는 그의 아이디어를 잘 실현시켜 튼튼한 기업으로 성장해 있었습니다. 의대생의 의사 자격시험 준비를 돕는 유명한 대표 상품도 내놓은 상태였고 그가 다시 레지던트 과정으로 돌아가도 회사를 운영할 직원들역시 충분했죠. 새로운 일에 뛰어든 루이스의 결정은 이처럼 분명 만족스러운 결과를 낳았지만 그 과정이 결코 순탄하지만은 않았던 겁니다.

바로 이것이 자율성의 아이러니입니다. 만약 여러분이 직장 생활을 어떻게 하든 누구도 신경 쓰지 않는다면, 그건 여러분에게 아직 흥미로운 일을 할 만한 커리어 자산이 충분치 않다는 얘기가 됩니다. 하지만 충분한 커리어 자산을 갖추게 되는 순간, 룰루와 루이스의 사례에서 알 수 있듯이 고용주가 여러분의 시도를 꺾어 누르려 할 만큼 회사에서 중요한 가치를 갖는 사람이 되는 거죠. 이것을 저는 자율성의 두 번째 함정이라고 생각하게 됐습니다.

조금만 생각해 보면 당연한 이야기입니다. 직장에서 더 큰 자율성을 얻는 건 당사자에게는 이익이 되는 일이지만 고용주 입장에서는 직접적인 이익이 되지 않죠. 예를 들어 주당 30시간으로 근무 시간을 줄이는 건 룰루에게는 숨 막히는 사무실로부터 자유를 제공해 줬습니다. 하지만 그녀의 고용주에게는 단순히 생산성의 하락을 의미했겠죠. 다시 말해 대부분의 직장에서는 고용주가 직원들에게 더 많은 자율성을 허락하지 않으려 할 거란 얘깁니다. 갖가지 인센티브를 제공해서라도 여러분의 커리어 자산을 다시 회사에 투자하도록 설득하려 할 것이고, 그러면 자율성 대신 더 많은 돈과 더 높은 지위를 얻을 수 있기 때문에 거부하기 어려운 제안이 되겠지요.

용기만 있으면 충분할까?

두 번째 일의 원칙에서 저는 '용기 문화'에 비판적인 입장을 냈습니다. '용기 문화'란 뻔히 예상되는 경로를 내던질 용기만 있다면 꿈의 직업을 얻을 수 있다고 생각하는 작가와 온라인 활동가가 점점 늘어나는 세

태를 꼬집는 용어였죠. 리사 포이어가 직장을 그만두고 결국 실패한 요가 사업을 시작한 것도 이 용기 문화 탓이라고 저는 주장했습니다. 또한 용기 문화는 이른바 성공에 실패한 라이프 스타일 디자이너들을 양산하는 데도 큰 역할을 담당했고요.

하지만 자율성의 두 번째 함정을 염두에 두고 생각하면 이런 비판의 강도를 좀 낮춰야 할 필요를 느낍니다. 용기는 자신이 사랑하는 일을 창조하는 것과 무관하지 않죠. 룰루와 루이스의 경우 자율성의 함정이 야기하는 저항을 무시하기 위해서는 상당한 용기가 필요했으니까요. 여기서 핵심은 커리어 선택에서 용기를 낼 타이밍이 언제인지 아는 겁니다. 그때를 정확히 짚으면 환상적인 직업 생활이 기다리지만, 잘못해서 성급하게 자율성을 얻겠노라 나섰다가 첫 번째 함정에 걸리면 재앙이 도사리고 있죠. 따라서 용기 문화의 문제는 '용기는 좋은 것'이라는 메시지 자체에 있는 것이 아니라, 그 대담함을 올바르게 표출하려면 엄청난 어려움이 뒤따른다는 점을 너무나 과소평가하기 때문에 발생한다는 겁니다.

자신의 커리어에서 더 많은 자율성을 얻을 수 있는 아이디어가 떠올랐다고 가정해 보지요. 앞서 제가 주장한 대로 자율성은 '꿈의 직업을 만드는 묘약'이라고 할 만큼 강력한 힘을 발휘하기에 그 아이디어는 충분히 집중할 만한 가치가 있습니다. 하지만 또한 그 아이디어를 실천하려 할 때 시작될 주변 사람들의 반대도 예상해 볼 수 있습니다. 과연 어떻게 하는 게 옳은 일일까요? 자율성의 함정 2가지를 고려하면 더욱 답하기 힘들어집니다.

우선 더 큰 자율성을 뒷받침할 만한 커리어 자산이 부족할 수 있습니다. 즉 자율성의 첫 번째 함정에 빠지기 쉽다는 얘깁니다. 이 경우엔 주변 사람들의 반대에 귀 기울이고 자신의 계획을 보류해야 합니다. 하지만 동시에 이미 커리어 자산은 충분하지만 자신의 가치가 너무 높은 나머지 사람들이 반대할 가능성도 있지요. 즉 자율성의 두 번째 함정에 갇히게 되는 겁니다. 이 경우엔 그 반대를 무시하고 자신의 계획을 밀어붙여야 합니다. 물론 이것 역시 자신의 자율에 달린 문제라고 할 수 있습니다. 두 경우가 비슷해 보이지만 각 경우마다 올바른 대처법은 다르니까요.

여기까지 탐구를 진행하면서 저는 자율성의 발휘로 인해 좋은 결과와 나쁜 결과를 낸 다양한 사례들을 접했고, 이 자율성의 수수께끼가 정말 심각한 문제라는 걸 충분히 깨닫게 됐습니다. 아마 이건 사랑하는 일을 찾기 위한 탐험에서 우리가 마주치게 되는 가장 까다로운 장애물일지 모릅니다. 용기 문화가 내세우는 희망 찬 슬로건들은 이 복잡 미묘한 영역을 헤쳐 나가는 데 분명 별 도움이 되지 못합니다. 자율성의 함정을 확실히 벗어나기 위해 우리에게는 좀 더 섬세한 체험담이 필요한 거죠. 다음 장에서 저는 인습을 타파하는 어느 기업가의 습관에서 그 해결책을 발견했습니다. 그는 스스로 만든 규칙으로 자신의 삶을 그야말로 예술의 경지로 끌어올린 인물이지요.

11장

자율성의 딜레마에 빠지지 않으려면

•
•

자신이 하려는 일에 사람들이 기꺼이 돈을 낼 것이라는 확신을 가졌을 경우에만

더 큰 자율성을 추구해야 한다. 이것이 '재정적 생존 가능성의 법칙'이다.

스스로 인생의 지도를 그려 가는 남자

창의성과 리더십에 관한 2010년 TED 강연에서 데릭 시버스^{Derek Sivers}
는 거의 시작하자마자 어느 야외 콘서트장을 찍은 비디오 영상을 보여
줍니다. 셔츠를 벗어젖힌 한 젊은 남성이 홀로 춤을 추고 있죠. 주변의
다른 사람들은 이상하다는 듯 그를 쳐다보고 있고요.

"리더에게는 홀로 일어나 춤추면서 비웃음을 참아낼 배짱이 필요하
죠." 데릭이 이렇게 설명하자마자 곧 다른 젊은 남자가 합류해 같이 춤
추기 시작합니다.

"이제 중요한 역할을 담당하는 첫 번째 추종자가 등장했습니다. 첫

번째 추종자는 외로운 미치광이를 리더로 변모시켜 주죠." 영상이 계속되면서 몇몇 사람들이 더 그들에게 합류하고 다시 더 많은 사람들이 모여듭니다. 2분쯤 지나자 아예 사람들이 무리를 이뤄 다 같이 춤을 추고 있죠.

"여러분, 이렇게 하나의 '움직임'이 만들어지는 겁니다."[1]

데릭은 강연을 마무리하는 자신에게 기립 박수를 보내는 청중들을 향해 인사를 한 다음 직접 간단한 춤을 선보이죠.

데릭 시버스를 체제 순응자라고 여기는 사람은 아무도 없을 겁니다. 자신의 커리어 내내 '첫 번째 춤꾼'으로서 살아왔으니까요. 위험을 감수하면서 일을 벌였고, 일의 대상과 방식에 대한 자신의 자율성을 극대화시켰죠. 때문에 홀로 춤추는 '외로운 미치광이'라는 눈총을 받곤 했습니다. 하지만 데릭에게는 항상 자신이 내린 결정의 정당성을 입증해 주는 두 번째 춤꾼들이 따라붙었고, 결국은 한 무리의 사람들이 모여 그의 시도를 성공하게끔 만들어 줬던 겁니다.

그의 첫 번째 위험한 시도는 1992년 워너브라더스를 그만두고 전업 뮤지션이 되기로 한 결정이었습니다. 일본인 뮤지션이자 프로듀서인 사카모토 류이치坂本龍一와 투어를 다니며 기타를 쳤고 공연은 성황을 이뤘죠. 1997년에는 독립 뮤지션들이 온라인에서 CD를 팔 수 있도록 돕는 시디 베이비CD Baby라는 회사를 차림으로써 다시 획기적인 시도에 나섰습니다. 아이튠스iTunes 이전 시대의 독립 뮤지션들에게 환영을 받으며 성장한 이 회사를 그는 2008년 디스크 메이커스Disc Makers에 2200만 달러를 받고 매각했습니다.

상식적으로 생각하면 데릭의 다음 행보는 샌프란시스코 외곽에 대저택을 구입하고 기술력은 갖췄지만 자금이 부족한 스타트업 벤처 기업에 자금을 지원하는 엔젤 투자자로 변신하는 것이어야 마땅했을 겁니다. 하지만 그는 '상식적 생각' 따위에는 관심도 없었죠. 그 대신 음악 교육을 지원하는 공익 신탁 기관에 매각 금액 전부를 기탁하고 법에서 정한 최소한의 이자만 받았습니다. 또 재산을 몽땅 처분한 다음 세계 각지의 살기 좋은 곳을 찾아 여행에 나섰죠. 저와 인터뷰를 할 때 그는 싱가포르에 머무르는 중이었습니다. "이 나라는 마치 중력이 좀 덜한 듯해서 좋아요. 굳이 나를 붙잡아 두려고 하지 않고 여기서부터 어디든 탐험을 떠나라는 베이스캠프 같다고나 할까요." 외국에 사는 이유를 묻자 "살면서 지켜 온 원칙 한 가지는 '뭔가 두렵게 느껴지는 일이 있다면 바로 그 일을 하라'였어요."라고 답하더군요. "미국 곳곳에서 살아 본 제게 가장 두려운 일이 바로 외국에서 사는 것이었죠."

그간 책을 읽고 중국어를 배우며 세계 여행을 마친 데릭은 최근 머크워크MuckWork라는 새로운 기업을 시작했습니다. 뮤지션들이 창작에 열중할 수 있도록 자질구레한 일을 맡아 처리하는 서비스를 제공하지요.

제가 데릭에게 흥미를 가진 이유는 그가 자율성을 사랑하는 사람이기 때문입니다. 그는 커리어 내내 대담한 시도를 해 왔고 저항에 부딪히면서도 일의 대상과 방법을 자유롭게 선택했지요. 또 자율성을 단지 사랑하기만 한 것이 아니라 정말 성공적으로 쟁취해 냈습니다. 그래서 싱가포르에 머물던 그와 전화 연락을 취한 것이죠. 그의 비결을 알아내고 싶었거든요.

좀 더 구체적으로 말하자면, 대체 어떤 기준으로 추구할 일과 포기할 일을 결정하는지 물었습니다. 앞서 설명한 자율성의 함정들을 어떻게 넘어섰는지가 궁금했던 거죠. 다행히 그에게는 간단하지만 놀랍도록 효과적인 대답이 준비돼 있었습니다.

사람들이 돈을 낼 일을 하라

데릭은 제 질문의 의도를 바로 알아챘습니다. "그러니까 이런 거군요. 20년 동안 성공 가도를 달려 온 변호사가 어느 날 갑자기 '난 마사지가 좋아. 마사지사가 되어 볼까?'라고 했을 때 그를 가로막는 정신적 알고리즘이 뭔지 묻는 거죠?"

"맞습니다." 제 대답에 데릭은 잠시 생각하더니 입을 열었습니다.

"제게는 다른 어떤 인생의 원칙보다 우선하는 돈에 대한 원칙이 하나 있어요. 바로 '사람들이 기꺼이 돈을 낼 일을 하라'는 거죠."

그는 이 원칙이 단지 돈만을 위해 돈을 좇는 것과는 다르다고 분명히 말했습니다. 데릭이 회사를 판 돈 2200만 달러를 기부하고 재산도 처분한 사람이라는 사실을 기억합시다. 그는 이렇게 설명했지요. "돈은 가치를 평가하는 중립적 지표입니다. 돈을 벌겠다는 목표를 세우는 건 가치 있는 사람이 되겠다고 목표를 세우는 것과 같죠."

데릭은 취미는 이 원칙의 예외란 점도 강조했습니다. "제가 스쿠버다이빙을 배우고 싶은 이유는 그게 재미있다고 생각하기 때문이에요. 그런다고 사람들이 돈을 주진 않겠지만 상관없어요. 어쨌든 전 할 테니까요." 하지만 핵심적인 커리어에 영향을 미치는 결정에서는 돈이 가치를 판단하는 효과적인 척도가 됩니다. "어떤 아이디어를 실현하기 위한 돈을 모으기 어렵다면, 또는 그 아이디어와는 아무 관련 없는 일을 해서 거기에 돈을 대려 한다면, 그때는 그 아이디어를 다시 생각해 봐야 하는 거죠."

창조적인 일을 추구해 온 데릭의 커리어를 보면 돈 같은 세속적이고 갑갑한 문제와는 담을 쌓고 지내 온 것처럼 느끼기 쉽습니다. 하지만 그가 말한 원칙의 관점에서 다시 데릭이 걸어 온 길을 살펴보면 뜬금없이 느껴지는 그의 주장이 이해가 되더군요.

예를 들어 1992년 전업 뮤지션이 되기로 한 그의 첫 번째 시도를 살펴보지요. 데릭은 저녁과 주말 시간을 활용해 음악을 시작했다고 설명했습니다. "제 음악으로 충분히 돈을 벌 수 있게 된 뒤에야 기존의 직업을 그만두었어요."

시디 베이비를 창업한 두 번째 시도에서도 그는 수익성 있는 고객층을 확보하기 전까지는 그 일에만 전념하지 않았습니다. "사람들은 제게 어떻게 사업 자금을 마련했느냐고 묻지요. 그러면 저는 우선 CD 한 장을 팔아서 두 번째 CD를 팔 자금을 벌었다고 설명합니다." 그렇게 그는 사업을 성장시켜 나갔습니다.

지나고 나서 보면 자율성을 얻기 위한 데릭의 시도는 대담하고 도전적인 도박처럼 느껴지지만, 사람들이 돈을 낼 일만 한다는 그의 정신적 알고리즘을 고려하면 위험한 결정이었다고는 할 수 없는 겁니다. 너무나 중대한 생각이라 저는 따로 용어를 만들어 붙였습니다. 바로 '재정적 생존 가능성Financial Viability의 법칙'이죠.

> **◎ 재정적 생존 가능성의 법칙**
>
> 자신의 일에 더 많은 자율성을 확보해 줄 매력적인 아이디어를 실행할지 여부를 결정할 때는, 사람들이 과연 거기에 기꺼이 돈을 낼 것인지 입증해 보라. 입증할 수 있으면 실행하고, 그렇지 않다면 포기해야 한다.

자신의 커리어에서 더 큰 자율성을 확보하는 데 성공한 사람들의 사례를 살펴보니 이 법칙이 잘 적용된다는 걸 알 수 있었습니다. '사람들이 기꺼이 돈을 낸다'는 말의 정의는 다양하지요. 고객들이 제품이나 서비스를 구입하기 위해 돈을 낸다는 문자 그대로의 의미도 있지만 대출 승인을 받거나 외부 투자를 유치하는 것도 포함됩니다. 또는 더 일반적으로 고용주를 설득해 자신을 고용하도록 만들거나 계속해서 급여를 지불하도록 하는 경우도 있지요. 이렇게 '사람들이 기꺼이 돈을 낸다'는 말의 정의를 유연하게 적용한다면 이 법칙은 어디서나 찾아볼 수 있습니다.

예를 들어 레드 파이어 팜의 라이언을 생각해 봅시다. 도시의 혼돈에 질린 많은 고학력자들이 농장을 사서 맨손으로 생계를 꾸려 보겠다고 나서지요. 하지만 대부분 실패하고 맙니다. 라이언이 그들과 달랐던 건 농사일에 나서기 전에 거기에 드는 돈을 어떻게 조달할 것인지 먼저 파악했다는 점이었죠. 부유한 전직 은행가가 아니었던 그는 매사추세츠주 농업진흥청에서 대출을 받아 농경지를 사야 했는데 그 과정이 결코 쉽지 않았습니다. 자세한 사업 계획서를 제출해 농장에서 실제 수익을 낼 수 있다는 점을 증명해야 했지요. 하지만 라이언은 이미 그 방면에서 10년간 경험을 쌓은 터라 관문을 너끈히 통과할 수 있었습니다.

룰루 또한 이 원칙을 뒷받침하는 좋은 예입니다. 여기서 '사람들이 기꺼이 돈을 낸다'는 그녀의 급여와 관련돼 있습니다. 더 많은 자율성을 얻기 위해 이직을 하는 문제에서 그녀의 판단 기준은, 그랬을 때도 누군가가 과연 자신을 고용하거나 계속 급여를 줄지 여부였지요. 예를 들어 그녀가 주당 30시간 근무를 위해 나섰던 첫 번째 시도를 떠올려 봅시다. 룰루가 자신에게 이러한 변화를 감당할 충분한 커리어 자산이 갖춰져 있다고 판단한 근거는 그녀의 고용주가 주당 30시간 근무를 허락했다는 사실이었죠. 이후 다른 직장에서 3개월간 휴가를 요구하거나 프리랜서로 일하겠다고 나섰을 때도 고용주들이 그 제안을 받아들였기에 자율성을 향한 그녀의 시도는 타당성을 획득한 겁니다. 만약 그녀의 커리어 자산이 부족했다면 그들은 손쉽게 그녀를 떠나보냈을 테니까요.

반대로 자신의 커리어에서 자율성을 얻는 데 실패한 사람들 이야기를 들어 보면 재정적 생존 가능성의 법칙을 무시한 경우가 많았다는 점을 알 수 있습니다. 9장에서 살펴본 제인은 온라인 비즈니스를 통해 모험으로 가득한 라이프 스타일을 꾸려 보겠다는 막연한 생각만으로 대학을 중퇴했죠. 만약 그녀가 데릭 시버스의 얘기를 들었다면 온라인을 통해 실제로 돈을 벌 수 있다는 확신을 가질 때까지 그런 시도를 미뤘을 겁니다. 이 경우에도 재정적 생존 가능성의 법칙은 충분한 역할을 할 수 있습니다. 간단한 계산만 해 봐도 돈이 저절로 벌리는 웹 사이트를 만든다는 건 현실보다는 환상에 가깝다는 걸 알 수 있으니 서둘러 학업을 포기하는 결정을 막을 수 있죠. 그렇다고 제인이 지루한 일만 하며 인생을 보내야 했다는 뜻은 아닙니다. 오히려 그와는 반대로 이 법칙은, 제인이 모험을 원하는 삶의 비전을 이루기 위해 다양한 분야를 탐색하고, 마침내 실질적인 결과를 얻을 수 있는 직업을 찾을 수 있게 끔 뒷받침해 주는 것이죠.

⊗ 세 번째 일의 원칙 핵심 노트

·
·

첫 번째와 두 번째 일의 원칙은 사람들이 어떻게 자신의 일을 사랑하게 되는지에 대한 제 새로운 주장의 토대를 놓는 작업이었습니다. 첫 번째 일의 원칙에서는 '자신의 진정한 천직이 뭔지 먼저 파악한 다음 거기에 맞는 직업을 찾아야 한다'는 열정론을 부정했죠. 그리고 두 번째 일의 원칙에서는 열정론 대신 '훌륭한 일을 규정하는 특징은 희소성과 가치이므로, 그런 일을 갖고자 한다면 거기에 상응하는 희소하고 가치 있는 능력을 먼저 갖춰야 한다'는 커리어 자산 이론을 내세웠습니다. 더불어 이러한 능력인 '커리어 자산'을 얻는 법에 대해 다뤘죠.

여기서 자연스럽게 떠오르는 질문은 "그럼 커리어 자산을 갖추고 나면 그것을 어떻게 투자해야 하는가?"입니다. 세 번째 일의 원칙에서는 무슨 일을 어떻게 할 것인지에 대한 자율성을 획득하는 것이 무엇보다 중요하다는 점을 논증함으로써 이 질문에 답하고자 했지요. 자신의 일을 사랑하는 사람들에게서 이런 경향이 두드러지기 때문에 저는 자율성을 가리켜 '꿈의 직업을 만드는 묘약'이라고 부르기까지 했습니다.

하지만 커리어 자산을 투자해 자율성을 얻는다는 건 생각보다 까다로운 일입니다. 자율성을 추구하는 사람들이 공통적으로 빠지기 쉬운 2가지 함정이 있죠. 자율성의 첫 번째 함정에서는 충분한 커리어 자산이 뒷받침되지 않은 상태에서 더 많은 자율성을 얻으려는 시도는 위험하다는 점을 지적했습니다. 충분한 커리어 자산을 갖췄다고 해도 자율성의 두 번째 함정이 도사리고 있죠. 여러분이 가진 그 자산을 탐내는 고용주는 여러분을 통상적인 진로에서 벗어나지 않게 하려 들 겁니다. 더 많은 자율성을 주는 건 여러분에게는 좋을지 몰라도 고용주 입장에서는 그렇지 않다는 점을 알고 있기 때문입니다.

이 2가지 자율성의 함정들 탓에 여러분은 곤란한 상황에 빠지게 됩니다. 그럼 자신의 커리어에서 더 큰 자율성을 얻을 수 있는 아이디어를 갖췄지만 반대에 직면했을 경우, 과연 그 반대에 순응해야 할지(그 반대가 첫 번째 함정을 피하게 하려는 충고인지) 아니면 무시하고 밀어붙여야 할지(그 반대가 그저 두 번째 함정에 불과한지) 어떻게 판단할 수 있을까요?

이 수수께끼를 풀기 위해 저는 데릭 시버스를 만났습니다. 데릭은 일생 동안 자율성을 추구한 끝에 성공을 거둔 기업가죠. 그에게 조언을 구한 결과 "사람들이 기꺼이 돈을 낼 일을 하라"는 간단한 원칙을 들을 수 있었습니다. 단순히 돈을 버는 데 매달리라는 얘기가 아닙니다. 데릭은 자신의 첫 회사를 판 수천만 달러를 자선 단체에 기부했을 정도로 돈 자체에 큰 의의를 두는 사람이 아니니까요.

다만 '가치를 평가하는 중립적 지표'인 돈을 자신이 과연 그 일에서 성공할 만한 충분한 커리어 자산을 가졌는지 판단하는 기준으로 삼으라는 뜻이죠. 저는 이를 '재정적 생존 가능성의 법칙'이라고 정의하고, 이 법칙이 자율성 획득을 위한 탐색 과정에서 결정적인 역할을 한다고 결론지었습니다. 기업가로서 모험에 나설 것인지 아니면 잘 조직된 회사에서 새로운 역할을 맡을 것인지 고민할 때도 적용할 수 있는 법칙이죠. 사람들이 여러분에게 기꺼이 돈을 내지 않는다면, 그 아이디어는 여러분이 추구할 대상이 아니라는 겁니다.

4부

일의 원칙, 네 번째

작은 생각에 집중하고,
큰 실천으로 나아가라

12장

일에 사명감이 필요한 이유

:

:

자신의 일에 대한 일관된 사명감을 갖는 것이 큰 만족감의 원천이 된다.

하버드대 생물학 교수의 행복 비결

매사추세츠주 케임브리지 옥스퍼드 52번가에 위치한 하버드대학교의 최신식 건물, 노스웨스트 사이언스 빌딩은 관광객들로 북적이는 중앙 공원으로부터 도보로 10분이면 닿을 수 있는 곳입니다. 벽돌과 유리로 된 이 복합 건물에는 하버드대 연구 동력의 새로운 심장부를 형성하는 실험실들이 모여 있죠. 안으로 들어가면 마치 할리우드 영화에 전형적으로 등장하는 연구소를 보는 듯합니다. 범죄 드라마 스타일로 매끈하고 반들거리는 유광 콘크리트 바닥이 깔려 있고 흐릿한 조명이 비추고 있거든요.

건물 중앙 복도를 따라 들어가면 실험실에서 대학원생들이 액체를 옮길 때 쓰는 기구인 피펫을 다루는 모습이 유리창을 통해 보입니다. 복도 반대쪽에는 유리 칸막이로 나뉜 교수실들이 자리하고 있죠. 6월의 어느 화창한 오후에 저는 이 교수실 중 한 곳에서 파디스 사베티Pardis Sabeti를 만났습니다. 35세의 진화생물학 교수인 그녀는 사랑하는 직업을 찾기 위한 탐구 과정에서 좀처럼 접하기 힘든 강력한 전략을 보유하고 있는 인물입니다.

파디스와 시간을 좀 보내면 그녀가 자신의 삶을 즐긴다는 사실을 금방 알 수 있죠. 고급 학술 분야가 대개 그렇듯 생물학은 힘든 학문입니다. 때문에 젊은 교수들을 일중독에 빠진 마조히즘적인 고집쟁이 노인네로 변모시킨다는 악평을 받곤 하죠. 휴식은 실패의 전조요, 동료의 성취는 비극이라고 여기는 사람이 되고 만다는 겁니다. 하지만 이런 절망적인 존재가 될 운명을 파디스는 잘 이겨내 왔습니다.

예를 들어 제가 방문한 지 5분이 채 안 됐을 때 그녀의 연구실에 소속된 10명의 학생 중 한 젊은 대학원생이 교수실로 찾아와 "저희 배구 연습하러 갑니다" 하더군요. 이 연구진이 진지하게 배구 연습을 하고 있다는 게 느껴졌습니다. 파디스 역시 저와 인터뷰가 끝나는 대로 합류하겠다고 약속했고요.

파디스의 취미는 배구만이 아니었습니다. 교수실 한구석에 놓인 기타는 장식용에 그치지 않았죠. 그녀는 보스턴 음악계에서는 제법 알려진 사우전드 데이스Thousand Days라는 밴드에서 활동 중인데, 이 밴드는 2008년 PBS에서 방영하는 대중 과학 시리즈 〈노바Nova〉의 특집 프로그램 '록 하는 연구원들Researchers Who Rock'에 등장하기도 했습니다.

이렇게 파디스가 다양할 활동을 할 수 있는 에너지는 자기 일에 대한 열의의 산물입니다. 그녀의 연구 대부분은 아프리카 지역에서 이뤄지는데 세네갈과 시에라리온, 나이지리아에서 진행 중이죠. 파디스에게 일은 단지 논문을 축적하고 연구 자금을 받아내는 것 이상의 의미를 지닙니다. 대화하는 도중 그녀는 자신의 노트북 컴퓨터를 꺼내 "제 친구들 좀 보세요" 하며 유튜브 영상을 틀었습니다. 영상 속에서 파디스는 기타를 들고 4명의 아프리카 여성들과 함께 노래를 부르고 있었죠. 나이지리아 야외에서 촬영한 이 영상의 배경에는 야자수가 보였습니다. 거기 등장하는 여성들은 사베티 연구진이 후원하는 병원에서 일하는 사람들이었죠. "이 친구들은 매일 절망적으로 죽어 가는 사람들을 상대한답니다." 영상이 재생되는 동안 파디스가 혼잣말처럼 중얼거렸죠. 영상 속에선 모두가 노래 부르는 내내 미소 짓고 있었습니다. "여기가는 게 좋아요. 나이지리아는 아프리카에 있는 제 고향과도 같죠."

파디스는 분명 그토록 많은 젊은 과학자들을 괴롭혀 온 냉소주의를 극복하고 의미 있는 삶을 살고 있습니다. 인터뷰에서 이렇게 말한 적도 있죠. "항상 쉬운 건 아니었지만 제가 하는 일을 정말 사랑해요."[1] 하지만 대체 어떻게 그럴 수 있었을까요? 저는 파디스를 인터뷰하면서 그녀의 행복은 분명하고 강력한 사명감을 바탕으로 커리어를 쌓았다는 사실에서 비롯된다는 점을 알 수 있었습니다. 그 사명감이 그녀의 일에 의미를 부여해 줬을 뿐 아니라 연구실 너머의 세상을 포용하는 데 필요한 에너지까지 제공해 주고 있었던 겁니다. 성취를 강조하는 것은 하버드의 전형적 스타일이긴 하지만, 파디스의 사명감은 그중에서도 분명해 보였죠. 간단히 말하면 그녀의 목표는 '가장 오래되고 치명적인 질병을 세상에서 몰아내는 것'이었습니다.

무엇이 그녀를 움직이게 하는가

대학원생 시절 파디스 사베티는 당시 막 떠오르는 분야였던 전산유전학computational genetics을 연구하게 됐죠. 컴퓨터를 이용해 DNA 염기서열을 분석하는 학문이었습니다. 그리고 유전자 정보 데이터베이스를 분석해 진행 중인 인류 진화의 단서를 추적하는 알고리즘을 개발해 냈죠. 일반 대중에게는 인간의 진화가 아직 진행 중이란 점이 놀랍게 여겨질 수 있지만 진화생물학자들에게는 당연한 사실입니다. 인간이 진화하고 있음을 알려 주는 근래의 대표적 사례로 유당 내성lactose tolerance을 들 수 있죠. 성인기에 접어들어서도 젖을 소화할 수 있는 이 능력은 인류가 젖을 생산하는 가축들을 기르기 전에는 널리 퍼지지 않았던 특성입니다.

파디스의 알고리즘은 통계적 기술을 활용해 '선택적 압력selective pressure'에 의해 발생하는 유전자 변이의 패턴을 추적합니다. 선택적 압력이란 유기체가 환경에 적응하기 위해 행동이나 모습을 바꾸는 현상을 말하는데, 예를 들어 인간 진화 과정에서 근래에야 나타났지만 한번 등장한 이후로는 빠르게 확산되는 돌연변이를 들 수 있죠. 파디스의 알고리즘은 무차별적 탐색을 통해 자연 선택natural selection의 결과물로 보이는 후보 유전자들을 찾아 주지만, 자연 선택이 해당 유전자를 유익한 것으로 간주하는 이유는 연구자가 파악해야 할 몫인 겁니다.

파디스는 이 알고리즘을 통해 질병에 저항력이 있는 최근에 진화된 유전자를 찾고 있습니다. 그런 유전자를 찾아내어 원리를 이해할 수 있다면 생체의학 연구자들이 치료에 응용할 수 있을 거란 생각이죠. 질병 저항력을 갖춘 유전자는 자연 선택이 이루어지는 대표적인 사례이기 때문에 파디스의 알고리즘이 발견하는 후보군 중에 속해 있을 가능성이 높습니다. 만약 어떤 치명적인 바이러스가 오랫동안 한 집단의 사람들을 계속 죽음에 이르게 할 경우 생물학자들은 이 집단이 선택적 압력의 영향 아래 있다고 말합니다. 이 집단 중 운 좋은 일부가 해당 질병에 저항력을 갖도록 진화한다면 선택적 압력은 그 새로운 유전자를 빠르게 확산하도록 만들지요. 새로운 유전자를 가진 사람이 그렇지 않은 사람에 비해 살아남을 가능성이 높기 때문입니다. 바로 이렇게 새로운 유전자가 급속하게 확산되는 현상을 파디스의 알고리즘은 포착하려는 것입니다.

파디스의 첫 업적은 바이러스성 급성 출혈열인 라사열에 저항력이 있는 유전자의 발견이었죠. 매년 수만 명을 죽음에 이르게 하는 라사열은 아프리카 대륙에서 가장 오래되고 치명적인 질병 중 하나입니다. "사람들을 그냥 죽게 하는 게 아니라 극심한 고통 속에서 죽이는 병이에요"라고 파디스가 강조하더군요. 이후 그녀는 말라리아와 흑사병의 일종인 선페스트도 자신이 해결한 '고대의 재앙' 목록에 포함시켰습니다.

파디스는 신기술을 이용해 오래된 질병을 퇴치하겠다는 확실한 사명감으로 커리어를 이끌어 왔습니다. 그녀의 연구가 가진 중요성은 빌앤드 멜린다 게이츠 재단Bill and Melinda Gates Foundation과 미국국립보건원National Institutes of Health, NIH 양측으로부터 100만 달러 수준의 연구 지원금을 받았다는 사실만 봐도 알 수 있지요. 그녀가 어떻게 지금의 연구에 집중하게 됐는지에 대해서는 나중에 더 살펴보겠지만, 여기서 핵심은 파디스의 사명감이 그녀에게 목적의식과 에너지를 불어넣었다는 것입니다. 덕분에 그녀는 냉소적인 학자가 되는 대신 자신의 일에 열과 성을 다해 헌신할 수 있었지요. 즉 그녀의 사명감이 자신의 일을 사랑하는 토대가 되어 주었다는 점 때문에 우리는 이 커리어 전략을 더 깊게 살펴볼 필요가 있는 겁니다.

사명감이 가진 힘

사명감을 갖는다는 건 자신의 커리어에서 일관된 목표를 가지고 거기에 집중한다는 뜻입니다. 이는 특정한 직업에 국한된다기보다는 다양한 직종으로 확산될 수 있죠. "왜 나는 이 일을 하는가?"라는 질문에 대한 답을 제공해 주는 것이니까요. 사명감은 에너지를 하나의 유용한 목표에 집중하게 해 주고 세상에 대한 영향력을 극대화시켜 주기에 강력합니다. 이건 자신의 일을 사랑하는 데 결정적 요소이기도 하죠. 자신의 커리어가 정말 중요하다고 믿는 사람들은 자신이 하는 일에 더 만족을 느낄 것이고 힘든 일의 중압감을 이겨낼 수 있습니다. 몇 백만 달러를 회사에 벌어 주기 위해 밤새 일하는 건 자신을 소진시키지만, 오래된 질병의 치료법을 찾기 위해 밤을 새우는 건 오히려 더 큰 에너지를 불러일으킬 수 있는 겁니다. 심지어 연구실의 배구 팀이나 록 밴드에 참여할 수 있는 열의까지 추가로 제공해 줄 수 있죠.

제가 파디스 사베티를 주목한 건 그녀가 사명감으로 자신의 커리어를 이끌면서 그 대가로 행복을 맛보고 있기 때문입니다. 그녀와의 만남 이후 저는 사명감으로 자신이 사랑하는 일을 만들어 낸 다른 사람들을 찾아 다녔습니다. 그 과정에서 디스커버리 채널의 TV 시리즈를 통해 자신의 연구를 대중화하겠다는 사명감을 가진 젊은 고고학자, 지루한 자신의 직업 생활에서 즐거움을 되찾기 위해 체계적으로 마케팅을 공부하는 컴퓨터 프로그래머를 만나게 됐죠. 세 경우 모두에서 저는 이들이 정확히 어떻게 자신들의 사명감을 찾아내고 성공적으로 사용했는지 그 비결을 알아내고자 했습니다. 다시 말해 저는 "어떻게 사명감을 자신의 일에서 실현시킬 수 있는가?"라는 중요한 질문에 대한 답을 원했던 겁니다.

그렇게 찾아낸 답은 쉽지 않았습니다. 이 복잡성을 이해하기 위해서는 이 책의 전체 맥락을 되돌아볼 필요가 있습니다. 앞에서 저는 사람들에게는 아직 발견되지 않은 열정이 내재돼 있는 게 아니기 때문에 "열정을 따르라"가 잘못된 조언이라고 주장했죠. 만약 자신이 하는 일을 사랑하는 것이 궁극적인 목표라면 우선 희소하고 가치 있는 능력을 길러 '커리어 자산'을 확보해야 하며, 그런 다음 훌륭한 직업의 특징들에 이 커리어 자산을 투자해야 한다고 말했습니다. 또 앞으로 설명하겠지만 사명감 역시 그런 특징들 중 하나이기에 우선 커리어 자산부터 구축해야 합니다. 전문성 없이 사명감만 좇으면 머지않아 그 사명감은 사그라들어 결국 없어져 버릴 테니까요.

하지만 사명감을 실현하는 데는 커리어 자산만으로 부족합니다. 자신의 직업에 전문성을 가진 사람들은 많지만 그 커리어를 올바른 방향으로 끌고 가는 사람은 드물지요. 따라서 저는 사명감을 단지 생각에 그치지 않고 실현하는 데 중요한 역할을 하는 고도의 전략을 탐색하려

합니다. 이어지는 장에서는 각기 다른 사명감 중에서 무엇이 추구할 가치가 있는지 체계적으로 실험해 보는 일의 가치에 대해 다룰 겁니다. 또한 자신이 집중할 일을 찾는 과정에서 마케터의 마음가짐이 필요한 이유도 이야기할 겁니다. 사명감은 자신의 일에서 강력한 힘을 발휘하지만 동시에 변덕스러운 성질도 지녔습니다. 그렇기 때문에 사명감을 실현하기 위해서는 주의해서 다룰 필요가 있습니다.

이처럼 다루기 까다롭기 때문에 그토록 많은 사람들이 자신의 커리어에 체계적으로 집중하지 못하는 것이겠지요. 누구나 자신의 일에 집중하길 원하지만 사명감은 쉽게 갖기 힘든 특징인 겁니다. 하지만 지금까지 탐구를 진행해 오면서 저는 '힘들다'는 것에는 꽤 익숙해졌고 여기까지 읽어 온 여러분도 마찬가지일 거라 기대합니다. 힘든 고난은 몽상가나 겁쟁이에게는 두려움의 대상이겠지만, 우리처럼 최상의 경로를 주의 깊게 탐색하고 신중하게 실천하고자 하는 사람에게는 더 큰 기회를 약속하니까요.

13장

⊗

사명감과 커리어 자산의 관계

·

·

적절한 커리어 자산을 갖추기 전에 선택한 사명감은 유지되기 어렵다.

사명감은 왜 오래가지 못할까

제게 연락해 왔을 때 세라는 막다른 길에 몰려 있었습니다. 그녀는 최근 박사 과정에서 인지과학을 공부하기 위해 신문 편집자를 그만두었죠. 원래 대학을 졸업하면서 바로 대학원에 진학하려고도 생각했지만 그때는 아직 실력이 부족하다는 생각에 포기했던 터였습니다. 하지만 나이가 들면서 좀 더 자신감이 생겼고, 그 후 대학원에 등록해 어렸을 때 두려워하던 인공 지능 과목에서 A 학점을 받았죠. 그러고는 마침내 정규 박사 과정을 밟기로 결심하게 된 겁니다.

바로 이때부터 문제가 시작됐습니다. 학업을 재개한 지 얼마 되지 않아 세라는 자기 일에 대한 정연한 사명감이 자신에게 부족하다고 느꼈죠. "관심사가 너무 다양해서 이론적 연구를 해야 할지, 더 실용적인 분야나 응용 학문에 도전해야 할지 결정할 수 없어요. 더 두려운 건 다른 연구자들은 다들 천재처럼 느껴진다는 거예요. 선생님이 제 입장이라면 어떻게 하시겠어요?"

세라의 이야기는 3부에서 소개했던 제인을 떠올리게 했습니다. 건강과 인간의 잠재력, 웰빙에 대한 자신의 비전을 실현할 비영리 단체를 세우겠다며 대학을 중퇴했던 제인 말입니다. 하지만 그녀의 이런 사명감은 가혹한 재정적 현실에 부딪히고 말았죠. 모호한 비전을 뒷받침해줄 자금을 모으는 데 실패했던 겁니다. 저와 만났던 당시 제인은 일반 직장의 일자리를 구하고 있었지만 대학 졸업장도 없는 상태로는 쉽지 않았죠.

세라와 제인 모두 사명감의 위력은 잘 알았지만 정작 자신의 일에서 그 특징을 구현하는 데는 어려움을 겪었습니다. 세라는 파디스 사베티처럼 인생을 바꿀 만한 연구에 몰입하길 간절히 바랐지만 결국 실패해 박사 과정을 포기할 생각까지 하기에 이른 거죠. 한편 제인은 웰빙에 대한 자신의 비전을 발전시킬 비영리 단체라는 모호한 아이디어만 가진 채 일단 시작하면 세부적인 문제들은 저절로 해결되리라는 희망을 품었습니다. 제인의 상황은 세라보다 나을 게 없었죠. 세부적인 문제들이 저절로 해결되는 일은 일어나지 않았고 제인은 대학 학위도 없이 무일푼의 상황에 내몰렸습니다.

이들의 사례를 여기서 언급하는 건 '사명감은 까다로운 것이다'라는 요점을 또렷이 보여 주기 때문입니다. 세라와 제인이 알게 됐듯이 사명감을 중심으로 자신의 일을 조직하려는 의지가 강하다 해도 그건 쉽게 달성하기 어렵다는 겁니다. 하버드를 방문한 이후 저는 제 자신의 커리어에서 사명감을 구현하려면 이 까다로움을 더 잘 이해할 필요가 있다는 사실을 뼈저리게 느꼈습니다. 파디스가 세라나 제인과 무엇이 다른지 분명히 파악해야만 했던 거죠. 그리고 예기치 않게도 그 답을 어떤 이해하기 힘든 현상을 설명하려던 중 찾게 됐습니다.

탁월한 아이디어는 어디서 비롯되는가

이 장을 쓰는 와중에 저는 캘리포니아 새너제이에서 열린 컴퓨터과학 컨퍼런스에 참석했습니다. 그리고 흥미로운 일을 접하게 됐죠. 4곳의 각기 다른 대학에서 참석한 4명의 교수가 각자 자신들의 최근 연구 결과를 발표하는 세션에서 벌어진 일입니다. 놀랍게도 이 4명의 교수가 한 프레젠테이션이 모두 '네트워크상의 정보 전파'라는 똑같은 주제와 '무작위 선형 네트워크 코딩randomized linear network coding'이라는 똑같은 기술을 다룬 겁니다. 마치 이 단체의 구성원 전부가 어느 날 아침 자리에서 일어나 동일한 난제를 해결해 봐야겠다고 우연히 동시에 마음먹기라도 한 것 같았습니다.

하지만 저와는 달리 과학 저술가 스티븐 존슨Steven Johnson은 이런 공동의 발견을 그리 놀랍지 않게 받아들였을 겁니다. 2010년 내놓은《탁월한 아이디어는 어디서 오는가Where Good Ideas Come From》라는 책에서 존슨은 이러한 '동시 발견'이 과학사에서 흔히 벌어지는 일이라고 설명했으니까요.[1] 1611년 태양 흑점이 발견된 사례를 생각해 봅시다. 존슨이 정리한 것처럼 4개국의 각기 다른 4명의 과학자가 같은 해에 이 현상을 발견해 냈습니다. 최초의 전기 배터리는 18세기 중반에 두 차례 발명됐죠. 산소의 경우 1772년과 1774년에 각각 분리에 성공했습니다. 존슨이 인용한 컬럼비아대학교 연구진의 한 연구에 따르면, 각기 다른 다수의 연구진이 거의 동시에 중요한 과학적 발견을 한 사례가 대략 150건에 이른다고 합니다.

이런 동시 발견의 예들은 흥미롭긴 하지만 커리어에서의 사명감에 대한 우리의 관심과는 별 상관이 없어 보일지도 모릅니다. 하지만 이 현상을 분석하면서 저는 파디스가 세라와 제인과 무엇이 달랐는지 파악하는 데 도움이 되는 첫 단서를 얻을 수 있었습니다.

존슨은 위대한 아이디어란 거의 항상 '인접 가능성adjacent possible'의 영역 내에서 발견된다고 설명했습니다. 이 인접 가능성이란 용어는 복잡계complex system 생물학자 스튜어트 카우프만Stuart Kauffman에게서 차용한 것으로, 카우프만은 이 개념을 통해 더 단순한 구조로부터 복잡한 화학적 구조가 저절로 형성되는 현상을 설명했죠. 카우프만에 따르면 액체 상태의 화학 성분들이 출렁거리며 서로 섞이게 하면 다양한 새로운 화학 물질이 형성됩니다. 하지만 모든 새로운 화학 물질들이 형성될 확률이 동일하게 균등한 건 아닙니다. 이렇게 형성되는 새로운 화학 물질은 기존 액체에 이미 존재했던 화학 구조들이 결합되어 만들어지는 것이죠. 즉 이 신규 화학 물질들은 현재의 구조에 의해 한정되는 인접 가능 영역 내에서 발생한다는 뜻입니다.

존슨은 복합 화학 물질을 설명하던 이 용어를 문화적·과학적 혁신의 영역으로 끌고 왔습니다. "우리는 물려받았거나 우연히 접한 아이디어를 혼합해 어떤 새로운 형태로 만들어 낸다"라고 그는 설명했죠. 어떤 분야에서든 다음의 위대한 아이디어는 현재의 최첨단 수준 바로 위 단계, 그러니까 기존 아이디어들의 새로운 조합이 가능한 인접 영역에서 발견된다는 겁니다. 따라서 중대 발견이 종종 동시에 발생하는 건, 누군가 이 인접 가능 영역을 탐색하는 순간, 현재의 최첨단을 걷는 이들이 똑같은 혁신을 목도하는 순간이 되어야 비로소 그런 발견이 가능해지기 때문인 것이죠.

존슨이 동시 발견의 예로 든 공기의 구성 요소인 산소의 분리는 2가지 일이 먼저 일어나야 가능했습니다. 우선 과학자들이 공기란 무無가 아니라 어떤 요소를 포함하는 물질이라고 여겨야 했습니다. 또한 이 실험에 필요한 핵심 도구인 정밀한 저울이 사용 가능해야 했죠. 이 두 문제가 해결된 후에야 산소의 분리가 새롭게 규정된 인접 가능 영역에서 핵심 연구 목표가 될 수 있었습니다. 같은 분야를 연구하던 사람이라면 누구나 알아챌 수 있는 가시적 목표가 된 거죠. 그래서 이 분야의 연구자였던 칼 빌헬름 셸레Carl Wilhelm Scheele와 조지프 프리스틀리Joseph Priestley라는 두 과학자가 비록 독립적으로 실험을 진행했지만 거의 동일한 시기에 산소 분리에 나섰던 겁니다.

제가 참석한 컨퍼런스에서 4명의 과학자가 동시에 같은 주제에 같은 기술을 사용해 접근하려 한 일도 인접 가능성 이론으로 설명할 수 있습니다. 이 무작위 선형 네트워크 코딩이라는 기술은 최근 2년 사이에 우리 컴퓨터과학자들의 관심 대상이 되었죠. 연관된 주제를 연구하던 학자들이 이 기술을 적용해 어려운 과제들을 해결했기 때문입니다. 결국 컨퍼런스에서 이 기술에 대해 발표한 과학자들은 모두 거의 동시에 이 기술의 잠재력을 눈여겨보게 됐다고 할 수 있죠. 존슨 식으로 설명하자면 이 기술은 제가 속한 연구 세계의 최첨단을 재정의했고, 동시에 그 인접 가능 영역을 재정의한 겁니다. 그래서 수 세기 전 벌어진 산소의 발견과 마찬가지로 오늘날 새로운 환경 속에서 정보 전파라는 주제가 갑자기 핵심 과제처럼 등장하게 된 거죠.

우리는 흔히 혁신이란 '유레카'의 순간처럼 다가와서 세상을 보는 관점을 단숨에 변화시키고 현재의 이해 수준을 멀리 뛰어넘어 버리는 것처럼 여깁니다. 하지만 혁신은 실제로는 체계적으로 일어납니다. 우리가 최선을 다해 최첨단의 범위를 확장시키면 인접 가능 영역에서 새로운 문제들이 제기되고, 그렇게 다시금 확장된 최첨단에서 또 새로운 문제들이 제기되는 식으로 일이 진행되지요. 이를 두고 존슨은 "어떤 기술적·과학적 진보도 인접 가능 영역 외에서 발생되는 일은 매우 드물다"라고 설명합니다.

이미 얘기한 대로 인접 가능성과 그것이 혁신에서 하는 역할을 이해하는 것은 훌륭한 직업적 사명감의 정체를 밝히는 과정의 첫 번째 단서를 제공해 줍니다. 이제부터는 두 번째 단서를 찾을 차례입니다. 과학적 혁신과 일이라는 두 세계를 연결해 주는 단서지요.

사명감에 왜 커리어 자산이 필요한가

우리는 방금 과학적 혁신을 이루려면 해당 분야의 최첨단에 도달하는 것이 먼저라는 점을 배웠습니다. 그래야 혁신적 아이디어가 발견되는 인접 가능 영역을 비로소 접할 수 있게 되니까요. 파디스 사베티와 혁신에 관한 존슨의 이론을 접한 저는 이런 결론을 내렸습니다. '해당 분야의 인접 가능 영역에서 발견되기를 기다리고 있다는 점에서 훌륭한 직업적 사명감이란 과학적 혁신과 유사하다.' 따라서 자신의 일에서 사명감을 찾고자 한다면 먼저 그 일의 최첨단에 도달해야 하는 겁니다.

이런 통찰은 세라가 왜 어려움을 겪는지 설명해 줍니다. 그녀는 최첨단에 도달하기 전에 자신의 사명감부터 찾으려고 했던 거죠. 마땅한 연구 주제를 찾지 못해 공황 상태에 빠졌던 건 대학원 공부를 시작하고 2년밖에 지나지 않았을 때였습니다. 새롭게 공부를 시작한 대학원생이었던 그녀의 위치는 인접 가능성이 열릴 수 있는 최첨단과는 거리가 멀었기에 자신의 일에서 매력적인 새로운 길을 찾을 확률이 거의 없었던 겁니다. 존슨의 이론에 따르자면 세라는 우선 유망한 분야를 탐색하여 입지를 다지고(몇 년이 걸릴 수도 있지만), 그런 다음에야 사명감을 찾아 나섰어야 했던 것이죠.

이렇게 인접 가능 영역과 멀리 떨어져 있던 건 제인 역시 같았습니다. 그녀는 사람들의 삶을 바꿀 만한 비영리 단체를 설립하고자 했죠. 그런데 비영리 단체가 성공하려면 그 효율성을 입증할 만한 강력한 증거와 특별한 철학이 필요합니다만 제인에게는 그것들이 없었습니다. 비영리 분야라는 영역에서 인접 가능성을 접하려면 사람들의 삶을 개선하려는 노력을 최첨단까지 밀어붙였어야 하는데, 그러자면 세라와 마찬가지로 제인에게도 인내와 수년의 시간이 필요했을 겁니다. 최첨단 수준까지 도달하기 전에 자신의 사명감부터 정의하고자 했기에 제인의 시도는 사람들의 관심을 끌 수 없는 게 뻔했죠.

이런 관찰이 전하는 메시지는 명백합니다. 만약 인생을 변화시킬 수 있는 사명감을 약간의 성찰과 긍정적 태도만으로 찾을 수 있다면 세상을 바꾸는 정도는 흔하게 일어날 수 있는 일이겠죠. 하지만 당연히 그런 일은 흔히 일어나지 않습니다. 아주 드문 일이죠. 혁신을 이루기 위해서는 최첨단에 도달해야 하는데, 그러기 위해서는 우리가 대개 피하고자 하는 고된 노력이 수반되기 때문입니다.

눈치 빠른 독자라면 '최첨단에 이른다'는 표현에서 커리어 자산을 떠올릴 수 있을 겁니다. 커리어 자산은 희소하고 가치 있는 능력을 지칭하는 용어였죠. 저는 그것이 자신이 사랑하는 일을 만들기 위한 핵심적 협상 카드라고 주장했습니다. 자신의 일을 사랑하는 사람들은 대부분 커리어 자산을 먼저 쌓은 뒤 그것을 활용해 훌륭한 일의 특징들을 얻는 데 투자한다고 말입니다. 한 분야의 최첨단에 도달한다는 건 희소하고 가치 있는 기술을 단련함으로써 커리어 자산을 쌓는 과정이라고도 해석할 수 있습니다. 마찬가지로 최첨단에 이른 후 훌륭한 사명감을 갖는다는 건 좋은 직업을 규정하는 특징들을 얻기 위해 자신의 커리어 자산을 투자하는 과정으로 볼 수 있죠. 이렇듯 사명감에도 커리어 자산 이론이 정확히 적용되는 겁니다. 자신의 일에서 사명감을 찾고자 한다면 우선 커리어 자산을 갖춰야 하는 거죠. 이 과정을 간과한다면 결국 세라와 제인처럼 열의는 넘치나 별다른 소득을 거두지 못하게 될 수밖에 없습니다.

다시 파디스에게로 돌아가 그녀가 어떻게 자신의 사명감을 찾게 됐는지 살펴보도록 하지요. 그리 놀랍지 않게도 그 이야기에서 커리어 자산 이론이 훌륭히 적용되는 광경을 볼 수 있습니다.

그녀는 어떻게 최첨단에 도달했을까

"저는 행복해지려면 열정이 꼭 필요하다고 생각해요." 파디스 사베티가 제게 이렇게 말했을 때 처음에는 그녀가 열정론을 지지하는 것처럼 들렸습니다. 하지만 여기에 덧붙이는 말이 있었죠. "그런데 우리는 그 열정이 뭔지 잘 몰라요. 사람들에게 물어보면 자신이 어떤 일에 열정을 가졌는지 얘기하겠지만 아마 잘못 생각하는 경우가 태반일 거예요." 다시 말해 그녀는 일에 대한 열정을 갖는 게 필요하다고 믿지만, 또한 어떤 일을 해야 그런 열정이 생기는지 미리 알아내려는 건 바보짓이라고 생각하는 겁니다.

파디스의 이야기를 더 들어보면 그녀가 왜 이런 생각을 갖게 됐는지 좀 더 분명히 알 수 있습니다. "고등학교 때 저는 수학에 미쳐 있었어요." 그러던 중 생물 선생님을 좋아하게 됐고, 이 때문에 그녀는 생물학이 자기에게 더 잘 맞을지 모르겠다는 생각을 갖게 됐죠. MIT에 입학한 그녀는 수학과 생물학 중 하나를 선택해야 했습니다. "MIT 생물학과 수업이 워낙 뛰어났기 때문에 생물학을 전공하기로 결정했죠." 생물학을 전공하면서 새로운 목표가 생겼습니다. 의사가 되기로 결심한 거죠. "평소에 제 자신이 타인에 대한 애정이 깊다고 느껴 왔어요. 그래서 의학을 공부하기로 마음먹은 거예요."

파디스는 MIT에서 장학금을 받을 정도로 좋은 성적을 거뒀고, 이후 옥스퍼드대학교에서 박사 과정을 밟았습니다. 생물인류학^{biological} anthropology을 연구했는데, 이는 유전학을 일컫는 옥스퍼드 특유의 고풍스러운 작명이었죠. 그리고 그녀는 아프리카와 전염병을 흥미로운 연구 주제로 여기게 됐습니다. 수학, 의학에 이어서 그녀의 관심을 끈 세 번째 분야였죠. 이렇게 때에 따라 각기 다른 일들에 매달리게 된 경험이 있었기에 파디스는 미리부터 자신의 천직을 결정하는 전략을 취하지 않았던 겁니다.

아프리카에 새롭게 관심을 갖게 된 그녀는 유전자 분석을 통해 아프리카계 미국인들이 혈통을 찾도록 돕는 연구 단체에 합류했습니다. 그리고 1년쯤 지나서 친구의 추천으로 말라리아의 유전학을 다루는 다른 연구실로 옮겼죠. 옥스퍼드를 졸업한 파디스는 의학 박사 학위를 취득하기 위해 하버드 의대로 돌아갑니다. 유전학 박사 과정을 마무리하는 중이었지만 자신이 의사가 되리란 예감을 포기하지 못한 거였죠. 결과적으로 그녀는 의대생 신분으로 여가 시간을 활용해 박사 논문을 끝냈습니다. "지금 쓰시는 책이 즐거운 삶에 관한 내용이라면 하버드에서 제가 어떤 시간을 보냈는지는 묻지 않는 게 좋아요." 파디스는 이렇게 경고했습니다. "정말 힘들었거든요."

박사 논문을 마친 그녀는 박사후 과정 연구원이 되었고 계속해서 하버드와 MIT를 지하철로 오가며 의학 박사 과정도 계속했죠. 저명한 유전학자인 에릭 랜더Eric Lander가 이끄는 브로드 연구소Broad Institute에서 일하던 중, 통계 분석을 이용해 최근 인간 진화의 증거를 찾아내겠다는 그녀의 아이디어가 결과를 내기 시작했습니다. 마침내 2002년 《네이처Nature》에 〈단상형 구조로부터 추적한 인간 유전자의 최근 양성 선택 Detecting recent positive selection in the human genome from haplotype structure〉[2]이라는 제목의 논문을 게재하게 됩니다.

구글 학술 검색에 따르면 이 논문은 발표 후 720회 이상 인용됐습니다. "그때부터 사람들이 저를 다르게 대하기 시작하더군요. 대학에서 교수직 제안도 받았어요." 그즈음 의학 박사 과정도 마쳤지만 이제 그 녀의 사명감은 분명해졌습니다. 이제 와서 의사가 될 순 없었지요. 전산유전학을 이용해 오래된 질병을 퇴치하는 연구에 커리어를 집중하기로 마음먹었습니다. 파디스는 하버드대학교의 교수직 제안을 받아들였고 드디어 자신의 커리어에서 처음으로 단일한 사명감에 집중하게 된 거죠.

이런 이야기를 들으면서 저는 현재 그녀의 커리어를 대변하는 사명감을 찾기까지 얼마나 오랜 시간이 필요했는지에 놀랐습니다. 세간의 주목을 받으며 박사 연구를 하는 동안에도 의대를 다니고 심지어 학위까지 마쳤다는 건 대단한 일이죠. 처음부터 자신의 운명을 확신하는 사람은 아마 이렇게 하지 못했을 겁니다. 하지만 파디스는 이런 확신을 《네이처》에 논문이 실릴 때까지 갖지 않았죠. 그런 다음에야 비로소 자신이 연구해 온 전산유전학의 유용성과 참신함이 입증됐다고 여긴 겁니다.

학부 시절의 생물학 수업부터 시작해 박사 과정과 브로드 연구소의 박사후 과정까지 이어진 오랜 기간에 걸친 훈련은 그녀가 자신의 커리어 자산을 쌓아올린 시간이었다고 할 수 있습니다. 그리고 하버드대 교수가 되는 순간 커리어 자산을 투자해 마침내 자신의 사명감이 이끄는 직업을 갖게 된 것이죠.

저는 네 번째 일의 원칙을 "작은 생각에 집중하고, 큰 실천으로 나아가라"로 정했습니다. 이 표현은 커리어 자산이 사명감에 어떤 영향을 미치는지에 대한 이해로부터 나온 것이죠. 한 분야의 최첨단에 이르기 전까지는 오랫동안 좁은 주제들에 집중하는 '작은 생각'의 과정이 필요합니다. 하지만 일단 그 최첨단에 도달하여 인접 가능 영역에서 자신의 사명감을 발견한 뒤에는 열의에 차서 그 사명감을 추구하는 '큰 실천'에 매달려야 하는 겁니다.

파디스 사베티는 수년간 인내심을 갖고 아프리카 질병의 유전학이라는 좁은 주제에 집중했지만, 전산유전학으로 오래된 질병을 퇴치하겠다는 사명감을 이루기에 충분한 자산을 획득한 후에는 과감히 실천에 전력했습니다. 세라와 제인은 순서가 달랐죠. 세상을 바꿀 만한 사명감을 찾는 '큰 생각'에서 출발했지만, 커리어 자산이 부족했던 그들은 효과가 없는 '작은 실천'만을 할 수 있었을 뿐이었습니다.

이제 우리는 이렇게 결론지을 수 있습니다. 사명감을 올바르게 쓰려면 거창한 본능은 억제하고, 파디스처럼 '작은 생각에 집중하고, 큰 실천으로 나아가라'의 순서를 지키는 인내심을 장착해야 한다고.

14장

작은 도전에 승부를 걸어라

·

·

위대한 사명감이 훌륭한 성공으로 이어지기 위해서는 작고 달성 가능한 프로젝트,

즉 작은 도전을 활용해야 한다. 뛰어난 아이디어 주변에 있는 구체적 가능성을 탐색하라.

생각으로부터 실천에 이르는 길

파디스와의 만남은 제게 좋은 사명감을 찾는 일에 커리어 자산이 꼭
필요하다는 확신을 심어 줬지요. 하지만 이런 발견에도 여전히 만족하
지 못하게끔 끼어드는 생각이 있었어요. '대체 왜 나는 내 일에서 사명
감을 갖지 못할까?'

　당시 저는 MIT에서 컴퓨터과학 박사 학위를 받았고 제 이름으로 된
논문도 20편 넘게 냈죠. 리우데자네이루, 볼로냐, 취리히까지 전 세계
에서 강연도 했고요. 즉 제 능력에 맞는 여러 잠재적 사명감을 확인하
기에 충분한 커리어 자산을 쌓은 상태였습니다. 심지어 갖가지 아이디

어들을 기록하기 위해 항상 아이디어 노트를 들고 다녔어요. 예를 들어 2011년 3월 13일에는 "막 떠오르고 있는 새로운 분산 알고리즘에 집중해 위상 배치 변화가 제한되지 않는 커뮤니케이션 그래프의 알고리즘을 연구해 보자"라고 기록해 뒀습니다. "1980년대 초반의 초기 카오스 이론 연구자들의 공헌과 같은 성과를 이 분야에서도 낼 수 있다"라고도 적었지요.

하지만 그래도 불편한 생각은 가시지 않았습니다. 노트에는 잠재적인 사명감들이 가득했지만 그중 어떤 하나에 헌신해야겠다는 생각은 들지 않았거든요. 이렇게 행동하기를 주저하는 사람은 저뿐만이 아니죠. 자신의 일에서 다양한 사명감을 확인할 수 있을 만큼 충분한 커리어 자산을 쌓은 사람들은 많지만, 그런 사명감에 맞춰 실제로 자신의 커리어를 구축하는 데 성공한 사람은 매우 드뭅니다. 따라서 단지 최첨단에 이르는 것 외에 다른 커리어 전략이 필요하죠. 즉 사명감을 확인하는 데 필요한 커리어 자산을 갖췄더라도 그 사명감을 실현하는 법을 알아내야 한다는 겁니다. 생각을 실천으로 옮기는 일에서 믿을 만한 전략이 없다면 저를 비롯한 많은 사람들이 그렇듯 실천 자체를 피하게 될 테니까요.

이번 14장과 15장에서는 그 실천에 성공한 사람들을 면밀히 살펴볼 겁니다. 훌륭한 아이디어를 훌륭한 결과로 만들어 내는 구체적인 전략을 찾는 게 목표지요. 단지 아이디어 수준에 그친 제 노트 속 사명감들을 주목받을 수 있는 커리어로 변모시켜 줄 그런 전략 말입니다. 우선 텍사스주 남동부의 작은 마을 출신인 어느 젊고 야심 찬 고고학자 이야기부터 시작하겠습니다. 그는 보수적이기로 유명한 분야에서 담대한 사명감을 펼칠 수 있는 체계적인 전략을 발견해 낸 인물이지요.

보물을 찾아다니는 사람들

커크 프렌치Kirk French를 처음 알게 된 건 디스커버리 채널을 시청하던 도중이었습니다. 광고 중 〈아메리칸 트레저American Treasures〉란 최신 프로그램 안내가 나왔죠. 청바지와 허름한 작업복 셔츠 차림의 젊은 고고학자 2명이 낡은 포드 자동차를 몰고 미국의 시골을 돌아다니면서 집안 가보의 역사적 중요성을 판별해 주는 프로그램이었습니다. 커크 프렌치와 제이슨 드 레온Jason De León이란 이 고고학자들은 시끄럽고 에너지가 넘쳤으며 자신들의 일에 완전히 빠져 있는 듯 보였죠. 기존의 골동품 감정 프로그램과 비슷하지만 술과 욕이 더 추가됐다고 할까요. 흥미가 생긴 저는 첫 방송에 녹화 예약을 걸어 두었습니다.

첫 회 초반, 커크와 제이슨은 텍사스 동부의 비포장 도로변에 위치한 다 무너져 가는 주택을 찾아갑니다. 1967년 영화 〈우리에게 내일은 없다Bonnie and Clyde〉의 주인공 클라이드 배로Clyde Barrow의 것이라고 주장하는 옷들의 진위를 판별하기 위해서죠. 하지만 단 30초 만에 이 고고학자들은 가짜라고 결론 내립니다. 당시의 옷이라면 절대 '메이드 인 차이나'가 달려 있을 리 없기 때문이죠. 하지만 이 때문에 그들의 열정이 꺾이지는 않습니다.

"가족 대대로 밀주를 만들어 왔다면서요." 프렌치의 말에 옷 주인인 레슬리가 "그렇죠"라고 대답하죠. "어디 맛 좀 봅시다." 그러자 어디

선가 주전자를 들고 나타난 레슬리는 유리병에 술을 따르면서 경고합니다. "몇 도짜리인지 묻지 말아요. 알고는 못 마실 테니." 커크와 제이슨은 통나무 그루터기에 걸터앉아 위스키를 마시며 공허한 텍사스 동부 한복판에서 이야기를 나눕니다. 정말 멋진 시간을 보내는 듯이.

전 완전히 빠져들었죠. 〈아메리칸 트레저〉가 매력적인 이유는 경쟁 프로그램을 보면 알 수 있습니다. 당시 케이블 TV 채널에서는 골동품을 거래하는 내용의 프로그램들이 넘쳐났죠. 히스토리 채널의 〈전당포 스타들Pawn Stars〉에서는 라스베이거스 전당포 직원이 나와 돈이 궁한 사람들로부터 귀중품을 헐값에 사들였습니다. 또 디스커버리 채널의 〈경매왕Auction Kings〉이란 프로그램에 등장하는 애틀랜타의 한 경매 회사 웹사이트에서는 소더비도 부러워할 정도의 거래가 이뤄졌고요. 이들 외에 디스커버리 채널 〈미국의 수집가들American Pickers〉도 콘셉트는 비슷했지만 골동품 수집가들이 가게에 머물지 않고 승합차로 여행한다는 차별성을 뒀습니다. 뿐만 아니라 디스커버리 채널의 〈옥션 헌터Auction Hunters〉와 히스토리 채널의 〈창고 전쟁Storage Wars〉은 버려진 창고를 경매로 사들이는 내용이었는데 애매한 소재 탓에 한 시리즈를 다 봐도 이해하기 어려울 정도였습니다.

전 이 프로그램들에는 전혀 흥미를 느끼지 못했지만 〈아메리칸 트레저〉에는 뭔가 저를 사로잡는 구석이 있었지요. 프로그램 제목만 봐도 (커크는 나중에 이 제목이 싫어 바꾸려고 했다고 제게 얘기했습니다만) 이 출연자들에게는 단순히 TV에 출연하려는 바람 이상의 목적이 있다는 사실이 느껴질 정도였습니다. 우선 그들은 연예인이 아닌 전문 고고학자였죠. 디스커버리 채널은 이들이 첫 시즌을 촬영할 수 있게 하기 위해 대학에 한 학기 강의료를 지불해야 했습니다. 게다가 이 장르의 대세였던 현금 거래도 없었지요. 돈으로 골동품의 가치를 매긴다는 건 고고학의 사명감에 배치되기에 커크와 제이슨이 반대한 겁니다. 이들은 대신 '현대 고고학의 현실을 대중에게 알린다'는 이념으로 프로그램에 임했습니다. 이것이 그들의 사명감이었고, 첫 방송에서 텍사스의 밀주를 홀짝이며 그들의 얼굴에 번졌던 미소가 말해 주듯 그 사명감을 추구하는 게 너무나 재미있었던 겁니다.

파디스 사베티를 만나고 얼마 지나지 않아 '왜 나에겐 사명감이 없을까'를 고민하기 시작한 그때 즈음에 저는 커크와 제이슨을 접했습니다. 그리고 그들이 생각과 실천 사이의 거대한 간극을 뛰어넘게 해 줄 방법을 연구하는 데 완벽한 대상임을 깨닫게 됐지요. 대중에게 고고학을 알리겠다는 사명감을 갖고 그 과정을 즐긴다는 건 말은 쉽지만 실제 거기에 자신의 커리어를 바친다는 건, 특히나 이제 막 대학원을 졸업하고 학계에 이름을 알려야 할 시점이라면 정말 두려운 결정이 아닐 수 없었을 겁니다. 저는 커크에게 전화를 걸어 대체 어떻게 자신감을 갖고 도전에 나설 수 있었는지 그 전략을 알아내고자 했습니다.

고고학자가 TV 출연을 결심하게 된 까닭은?

커크 프렌치를 아는 사람이라면 아무도 그에게 지루하다는 평을 하진 않을 겁니다. "2004년 대통령 선거에 부시가 당선된 이후로는 세상을 잃은 기분이었죠. 모든 걸 팔아 치우고 숲속으로 들어갔어요." 당시 커크가 대학원생으로 재학 중이던 펜실베이니아주립대학교 캠퍼스에서 차로 20분 거리에 있는 그 숲속엔 6만 5000제곱미터 규모의 오래된 농경지가 있었습니다.

은둔자처럼 살면서 커크는 자신의 오두막 근처 사과나무 과수원에 목재로 무대를 짓고 직접 '커크 축제'라고 이름 지은 음악회를 열었죠. 같은 대학원을 다니던 제이슨 드 레온의 밴드, 윌콕스 호텔^{Wilcox Hotel}이 바로 그 음악회에 참가했습니다. 제이슨은 커크의 사업가적 기질을 알아보고 윌콕스 호텔의 매니저를 맡아 달라고 부탁했고 커크는 흥미롭게 받아들였죠. 그들은 결국 대학원을 잠시 휴학하고 미니버스를 구입해 미국 이곳저곳을 여행하며 공연했고 두 장의 CD에 자신들의 투어를 녹음했습니다. 제가 이 이야기를 하는 이유는 커크가 흥미로운 일이라면 대담한 시도를 두려워하지 않는 사람이라는 점을 강조하기 위해서죠.

이 시기 마야 문명의 수자원 관리를 전공하던 대학원생 커크는 마야를 다루는 〈잃어버린 세계^{Lost Worlds}〉라는 히스토리 채널의 다큐멘터리에 출연해 인터뷰했습니다. 늘 자신의 에너지를 쏟을 창의적인 일을 찾던 그에게 이 경험은 '고고학을 대중에게 알리겠다'는 잠재적인 사명감을 확고히 하는 계기가 됐죠. 박사 학위를 받고 박사후 과정을 밟으면서 그는 자신의 사명감을 향한 본격적인 첫 번째 발걸음을 내딛습니다. 그 중심에는 작고한 펜실베이니아주립대 고고학자인 윌리엄 샌더스^{William Sanders}가 1961년 찍은 명작 다큐멘터리 〈땅과 물: 멕시코 테오티우아칸 밸리의 생태 연구^{Land and Water: An Ecological Study of the Teotihuacan Valley of Mexico}〉가 있었죠. 이 다큐멘터리는 멕시코시티의 발달이 테오티우아칸 밸리의 생태와 생활 방식에 어떤 영향을 끼쳤는지 기록한 것으로 커크처럼 역사생태학을 공부하는 사람들에게는 기념비적인 작품입니다.

2009년 가을 커크는 이 다큐멘터리의 16밀리미터 필름 촬영 원본을 입수했습니다. 삭제된 미방영분은 물론이고 샌더스의 노트까지 포함돼 있었죠. 커크는 이와 관련해 2가지 프로젝트를 시작했는데, 첫 번째는 필름 원본을 디지털화해 DVD로 출시하는 것으로 2010년 봄에 마무리할 수 있었습니다. 그리고 두 번째 프로젝트는 좀 더 야심 찼습니다. 1960년대부터 현재까지 테오티우아칸에서 벌어진 변화를 기록하는 새 버전의 다큐멘터리를 찍겠다는 것이었죠. 펜실베이니아주립대 인류학과와 마야 탐사 센터Maya Exploration Center로부터 자금을 지원받고 팀을 구성해 2010년 겨울 멕시코시티로 가서 샘플 영상을 찍기 시작했습니다. 투자자들에게 이 프로젝트의 중요성을 알릴 수 있는 영상을 만들려는 목적이었죠.

하지만 정말로 커크의 사명감을 일깨운 사건은 2009년 12월에 일어났습니다. 커크의 옆 연구실을 쓰던 조지 밀너George Milner 교수가 불러서 가 보니 한 무리의 고고학자들이 밀너의 전화기를 둘러싸고 서 있었죠. "이걸 들어 보게." 밀너 교수가 자신의 음성 사서함에 녹음된 피츠버그 북부에 사는 한 남성의 메시지를 들려주었습니다. 그 사람은 처음엔 분명하고 조리 있는 어조로 얘기했지만 전화한 이유를 말하는 대목에서는 목소리가 달라졌죠. "우리 집 뒷마당에서 템플 기사단의 보물을 발견한 것 같아요!"

모여 있던 학자들은 한바탕 웃음을 터트렸죠. 하지만 커크는 달랐습니다. "이 사람에게 전화해 봐야 할 것 같은데요." 그러자 경험 많은 동료들이 말리고 나섰죠. "그러면 절대 당신을 가만 놔두질 않을 거야. 매주 전화해서 질문을 해댈걸." 커크가 설명하길 고고학계에선 이런 전화를 수없이 받곤 한답니다. "공룡 화석 따위를 찾았다는 전화들 말이죠." 연구와 강의에 바쁜 학자들은 그런 전화에 일일이 대응할 시간이 없었죠. 그러나 커크는 여기서 자신의 사명감을 뒷받침할 기회를 포착했습니다. "이렇게 대중에게 다가서는 것이야말로 우리 고고학자들이 해야 할 일이라는 생각이 들었어요."

그는 이제 학과로 걸려 오는 전화에 대응하는 역할을 맡기로 했습니다. 그 사람들을 만나서 얘기를 듣고 고고학의 원칙을 적용해 예컨대 중세 기사단이 실제 피츠버그 언덕을 행군했을 가능성이 얼마나 되는지 설명해 줄 계획이었죠. 단순히 만나기만 하는 것이 아니라 영상으로 촬영해 가장 흥미로운 사례를 한 편의 다큐멘터리로 제작하려 했습니다. 이 프로젝트에 'TV로 만나는 고고학자The Armchair Archaeologist'라는 이름까지 붙였고, 테오티우아칸 밸리 촬영 프로젝트와 함께 5~10년 정도에 걸쳐 진행할 생각이었죠. "적어도 고고학 입문 수업에서 학생들에게 보여 줄 용도로 써먹을 수 있을 것 같았어요."

템플 기사단의 보물 전화를 받은 지 얼마 되지 않은 어느 일요일 아침, 커크는 카메라맨과 녹음기사와 함께 피츠버그로 향했습니다. "정말 담백한 사람이었죠. 말도 안 되는 아이디어 같았지만 참 재밌게 얘기할 줄 알더군요. 우리는 종일 어울려서 맥주를 마시며 수다를 떨었죠." 결국 그 '보물'이란 건 채굴장에서 발견된 오래된 사슴 뼈와 철로용 대못으로 밝혀졌지만 커크에게는 활기를 북돋아 주는 경험이었습니다. 또한 나중에는 생각지도 못한 결과로 이어질 중대한 경험이기도 했고요.

그즈음 디스커버리 채널은 고고학과 관련된 리얼리티 쇼를 기획 중이었습니다. TV 업계에서 흔히 그러하듯 디스커버리는 자체적으로 아이디어를 개발하는 대신 독립 제작사들에 자기네 관심사를 알리고 구체적인 기획안을 가져오게 만들었죠. 커크가 피츠버그 영상을 찍은 지 3개월이 지났을 때 제작사 중 한 곳에서 펜실베이니아주립대 고고학과 학과장을 접촉해 왔고 학과장은 이 내용을 고고학과 전체에 공지했습니다. "당시 저는 강의를 맡은 지 겨우 석 달밖에 안 됐지만 미디어에 대한 관심이 높아서 '나라고 안 될 게 뭐야?'란 생각이 들었어요." 커크는 제작사에 괜찮은 아이디어가 있다며 연락을 취했고 그들에게 'TV로 만나는 고고학자' 영상을 보내 줬습니다.

이 영상과 커크를 마음에 들어 한 제작사는 그의 템플 기사단 유적지 방문기를 재촬영해서 디스커버리 채널과 히스토리 채널에 영상을 보냈지요. 히스토리 채널에서는 파일럿 촬영비를 대겠다고 했을 뿐이지만, 디스커버리 측은 아예 "파일럿은 집어치우고 당장 8회 방송분으로 제작합시다"라고 나섰습니다. 공동 진행자를 추천해 달라는 요청을 받은 커크에게 떠오르는 인물이 한 사람 있었죠. 그의 좋은 친구인 제이슨 드 레온 역시 막 대학원을 졸업하고 미시건대학교 조교수로 임용됐을 때였습니다. 디스커버리 채널은 그들이 가을 학기 강의를 면제받을 수 있도록 대학에 비용을 지불했고, 둘은 함께 〈아메리칸 트레저〉의 첫 시즌을 찍을 수 있었던 겁니다.[1]

작은 도전으로 큰 결과를 만들어 내는 비결

커크는 고고학을 대중화하겠다는 사명감을 즐거운 삶 속에서 이루길 원했고 〈아메리칸 트레저〉 진행자로 일하면서 그 사명감을 실현할 수 있었죠. 여기서 드는 의문은 과연 그가 어떻게 자신의 생각을 구체적인 행동으로 연결시킬 수 있었는가 하는 겁니다.

제가 발견한 점은 〈아메리칸 트레저〉에 이르기까지 커크의 행보가 점진적이었다는 사실입니다. 그는 무턱대고 TV 프로그램의 진행자가 되어 꿈을 실현시키겠다고 나선 게 아니었죠. 원래 가졌던 '고고학의 대중화'라는 사명감으로부터 작고 조심스러운 발걸음을 이어 간 겁니다. 예를 들어 우연히 〈땅과 물〉의 필름 원본을 손에 넣었을 때 그는 이 다큐멘터리를 디지털화해 DVD로 제작하기로 결심했죠. 이렇게 작은 단계에서 출발해 새 버전의 다큐멘터리 제작을 위한 탐사 영상 촬영 자금을 후원받는 좀 더 큰 단계로 이어 갔습니다. 그리고 조지 밀너 교수가 그에게 운명적인 자동 응답기 음성을 들려주었을 때 커크는 'TV로 만나는 고고학자' 프로젝트를 출범시킴으로써 한 걸음을 더 내딛었죠. 고고학 입문 수업용 외에 어떤 쓸모가 있을지 구체적인 계획도 없는 상태였지만 말입니다. 하지만 이 마지막 작은 한 걸음이 그가 TV 프로그램을 진행하게 되는 결정적 계기가 된 겁니다.

이렇게 커크의 이야기를 해석하느라 진땀을 빼던 저는 괜찮은 반응을 얻고 있던 비즈니스 책 한 권을 우연히 접했습니다. 《리틀 벳Little Bets》이란 제목의 이 책은 전직 벤처 투자자인 피터 심스Peter Sims가 썼습니다.[2] 심스는 스티브 잡스부터 코미디 배우이자 작가인 크리스 록Chris

Rock과 캐나다 건축가 프랭크 게리Frank Gehry에 이르기까지 성공한 혁신가들 그리고 아마존과 픽사 같은 다양한 혁신 기업들을 연구한 끝에 공통적인 전략 하나를 발견했죠. "처음부터 거대한 아이디어나 계획을 가지고 전체 프로젝트를 시작해야 한다고 믿은 게 아니라, 방향만 옳다면 체계적으로 여러 차례의 작은 도전들을 시도했다. 그 과정에서 작은 실패들과 또 작지만 중요한 성공들을 겪으면서 결정적인 정보를 배웠다." 심스는 또한 이런 신속하고 빈번한 피드백을 통해 그들이 "생각지 못한 해결책을 찾고 놀라운 결과에 도달할 수 있었다"라고 주장했습니다.

자신의 주장을 구체화시키는 사례로 심스는 크리스 록이 HBO 특집 중 하나로 격찬받는 코미디 쇼를 준비하는 과정을 들었습니다. 록은 어떤 소재가 대중들에게 먹히는지 알아내기 위해 뉴저지 지역의 작은 코미디 클럽들을 예고 없이 40~50차례나 방문하곤 한다는 거죠. 심스의 책에 따르면 록은 메모지를 들고 무대에 올라 농담들을 던질 때마다 관객들의 반응을 적어 둔다고 합니다. 대부분의 경우엔 전혀 호응을 얻지 못하죠. 그럴 때마다 민망한 표정을 짓는 록을 보며 관객들이 웃음을 터뜨리고 록은 허공을 쳐다보며 "이거 보강 좀 해야겠는걸"이라고 중얼거리는 모습이 자주 연출되는 겁니다. 하지만 이런 작은 실패들과 또 다른 작은 성공들이 한데 어우러져 록이 훌륭한 조합을 할 수 있게끔 돕는 핵심적인 정보를 제공해 주는 것이죠.

이 '작은 도전'의 방식이 바로 커크가 고고학의 대중화라는 자신의 사명감을 펼쳤을 때 적용한 전략이었다는 것을 저는 깨닫게 됐습니다. 그는 DVD를 출시하고, 다큐멘터리를 찍고, 학생들에게 시리즈 영상으로 보여 주려 했죠. 이런 시도들이 결국 좋은 성과로 이어졌지만 커크가 그 결과를 미리 알았던 건 아닙니다. 작은 도전에서 중요한 점은 '규모가 작다'는 거죠. 하나를 시도해 보는 데 기껏해야 몇 달이면 충분합니다. 성공할 수도 실패할 수도 있지만 어떤 경우든 다음 단계에 중요한 피드백을 얻을 수 있죠. 이런 방법은 대담한 계획 하나를 선택해 큰 도전에 나서 성공을 거두려는 방식과는 정반대입니다. 만약 커크가 〈땅과 물〉 다큐멘터리를 유명하게 만들려고 몇 년의 세월을 투자하기로 결심했다면 아마 자신의 사명감을 지금처럼 성공적으로 실현하지 못했을 겁니다.

파디스의 사례에서도 이런 작은 도전 전략을 엿볼 수 있습니다. 기억하듯이 그녀는 대학원생 초기에 아프리카 전염병 연구라는 사명감을 좇기로 마음먹었죠. 하지만 이 단계에서는 어떻게 그것을 성공시킬 수 있을지 잘 알지 못했기에 그녀는 작은 실험들을 해 봤습니다. 아프리카계 미국인의 유전 혈통을 다루는 연구실에서 일을 시작했죠. 하지만 이 연구가 자신의 사명감에 딱 들어맞지 않았기에 파디스는 말라리아 연구로 방향을 틀었습니다. 그러나 거기서도 자신의 사명감을 성공시킬 명확한 방법을 찾을 순 없었죠. 다시 하버드로 돌아온 그녀는 브로드 연구소에서 박사후 과정 연구원으로 일하게 됐고, 마침내 거기서 컴퓨터를 이용해 인간 유전자에서 자연 선택의 흔적들을 찾아내는 연구가 탄력을 얻게 됩니다. 긴 세월 여러 차례의 도전 끝에 드디어 그녀는 자신의 커리어를 바칠 곳을 찾았죠. 즉 파디스의 사명감을 구체적인 성공으로 바꿔 준 건 대담함이 아니라 조심스러운 탐색이었던 겁니다.

커리어 자산과 작은 도전 전략

지금까지 사명감에 대해 우리가 알게 된 것을 정리해 봅시다. 앞 장에서 저는 파디스 사베티의 사례를 통해 자신의 커리어에 맞는 현실적 사명감을 찾기 위해서는 커리어 자산이 필요하다는 점을 강조했습니다. 하지만 단지 사명감으로 삼을 만한 좋은 아이디어가 있다고 해서 그런 사명감을 갖게 되는 건 아닙니다. 그래서 우리는 이번 장에서 커크 프렌치의 사례를 통해 현실적인 사명감을 찾아 그 사명감을 성공적으로 실현시키는 방법까지 연구해 봤습니다.

그리고 그 과정에서 '작은 도전'의 중요성을 발견할 수 있었죠. 성공 확률을 높이려면 작고 구체적인 실험을 통해 구체적인 피드백을 얻어야 합니다. 크리스 록에게 그 작은 도전이란 관객들에게 농담을 던지고 그들의 반응을 살피는 과정이었고, 커크에게는 다큐멘터리 샘플 영상을 제작해 후원금을 받을 수 있는지 확인하는 일이었죠. 이런 도전들은 자신의 사명감에 이르는 구체적인 방법을 조심스럽게 탐색하고 그중에서 훌륭한 결과로 이끌 가능성이 가장 높은 길을 선택하게 도와줍니다.

커리어 자산이 훌륭한 사명감을 찾도록 해 준다면, 작은 도전 전략은 그 사명감을 성공시킬 방법을 제시해 준다고 할 수 있죠. 커리어 전략을 세울 때는 이 2가지 방식이 모두 필요한 겁니다. 그러나 다음 장에서 알게 되겠지만 아직 우리의 사명감 이야기는 완성되지 않았습니다. 이 주제를 계속 연구한 끝에 저는 자신이 사랑하는 일과 사명감을 일치시키기 위한 세 번째이자 마지막 전략에 다다르게 됐으니까요.

15장

자신을 마케팅하라: 리마커블의 법칙

·

·

훌륭한 사명감이 훌륭한 성공으로 이어지려면 '리마커블의 법칙'에 맞는 프로젝트를

찾아야 한다. 즉 사람들이 말을 퍼뜨릴 수 있는 아이디어와 그 아이디어에 대해

사람들이 쉽게 말하고 다닐 수 있는 환경이 필요하다.

전 세계 프로그래머들의 영웅이 되다

자일스 보켓^{Giles Bowkett}은 자신의 일을 사랑합니다. 실제로 제가 자일스와 처음 만나게 된 건 그가 보낸 '내 멋진 인생'이라는 제목의 이메일을 통해서였거든요.

하지만 자일스가 항상 자신의 일을 사랑해 왔던 건 아닙니다. 실직한 파산자였던 때도 있었고 미칠 듯 지루한 일 때문에 고통스러웠던 때도 있었죠. 전환점은 2008년 루비^{Ruby}라는 프로그래밍 언어를 다루는 컴퓨터 프로그래머들 사이에서 그가 일약 스타가 되었을 때 찾아왔습

니다. "전 세계의 모든 루비 프로그래머들이 저를 아는 것 같았어요." 당시의 유명세를 회상하며 자일스가 말했습니다. "아르헨티나나 노르웨이에서 온 사람들을 만났는데 단지 저를 알아보는 정도가 아니었죠. '당신들이 저를 알 줄 몰랐어요'라고 하니 오히려 그들이 놀라더라고요."

과연 자일스가 어떻게 스타가 되었는지 상세한 과정을 앞으로 살펴보겠지만, 우선 강조하고 싶은 건 이렇게 명성을 얻음으로써 그가 자신의 커리어를 통제할 수 있게 되었고 그 명성을 바탕으로 자신이 사랑하는 일을 일궈 냈다는 점입니다. "샌프란시스코와 실리콘 밸리의 여러 회사들로부터 큰 관심을 받았죠." 자일스는 2008년 당시를 회상하며 말했습니다. 결국 최고의 루비 프로그래밍 회사인 ENTP에서 일하게 됐는데 급여를 2배로 올려 주었을 뿐 아니라 흥미로운 프로젝트에도 참여시켜 주었습니다. 2009년 자신의 사업을 하고 싶어진 자일스는 ENTP를 떠나 블로그와 소형 웹 애플리케이션들을 만들었고 이를 통해 충분한 돈을 벌 수 있었죠. "다양한 일에 대한 제 생각을 알고 싶어 하는 사람들이 많았고, 대부분 그저 제게 질문을 하는 대가만으로 기꺼이 돈을 지불했죠."

혼자 사는 삶을 충분히 즐겼다고 느낀 그는("룸메이트나 여자 친구, 심지어 개조차 없으니 재택근무가 별 매력이 없더라고요.") 오랫동안 꿈꿔 온 영화 제작 일을 하기 위해 히트리코드^{hitRECord}에 입사했습니다. 배우 조지프 고든-레빗^{Joseph Gordon-Levitt}이 설립한 히트리코드는 협업 미디어 프로젝트를 위한 웹 기반 플랫폼을 제공하는 회사였죠. 급여는 대단치 않았지만("할리우드는 프로그래머의 수입에 대해선 뭘 모르니까요.") 무엇보다 재미있어 보였습니다. 재미야말로 자일스가 일에서 가장 중요하게 생각하는 기준이었죠. "정말 대단한 경험이었어요. 〈인셉션〉이나 〈배트맨〉에 등장하는 스타들과 어울려 그들의 집에서 맥주를 마시며 즐긴다는 건 말이죠." 저와 만나고 얼마 후 할리우드에 대한 욕망을 충분히 채운 자일스는 다시 한 번 새로운 일을 찾았습니다. 한 출판사로부터 책을 써 보자는 제의를 받고는 재미있을 것 같다며 수락한 거죠.

자일스가 재빨리 이 기회 저 기회를 옮겨 다니는 모습이 언뜻 혼란스러워 보이지만 그의 과하게 역동적인 성격에는 잘 어울립니다. 예를 들어 자일스가 선호하는 프레젠테이션 기법은 슬라이드를 빠르게 넘기며 점점 말하는 속도를 올리는 겁니다. 그가 어떤 용어를 말할 때 스크린에 정확히 그 단어가 비췄다가 사라지는데 마치 말로 카페인을 주입시키듯 정신이 번쩍 들게 하죠. 즉 그는 자신의 성격에 딱 맞는 커리어를 구축하는 데 자산을 투자했고 덕분에 현재의 직업을 사랑할 수 있게된 겁니다.

이렇게 자일스 이야기를 하는 건 그가 명성을 얻게 된 핵심에 사명감이 자리하고 있기 때문입니다. 좀 더 구체적으로 말하면 자일스는 예술계와 루비 프로그래밍을 결합하겠다는 사명감에 헌신했죠. 이 헌신의 결과가 잘 드러나는 것이 그가 출시한 오픈 소스 인공 지능 프로그램인 '아키옵터릭스Archaeopteryx'입니다. '시조새'라는 뜻의 이 프로그램은 스스로 댄스 음악을 작곡하고 연주하는 기능을 갖췄죠. 이 아키옵터릭스가 실행되는 걸 보고 있으면 으스스한 기분마저 느껴집니다. 매킨토시 컴퓨터에 명령어를 입력하면 공격적이고 복잡한 테크노 브레이크비트가 시작되죠. 인공 지능 엔진의 매트릭스 값이 하나만 바뀌어도 갑자기 비트가 완전히 달라집니다. 마치 음악적 창의성이 일련의 방정식과 간단한 코드 몇 줄에 압축되어 있는 듯하죠. 바로 이 업적이 자일스를 스타로 만든 겁니다.

하지만 제가 자일스에게 가장 궁금했던 점은 이것이었죠. 대체 그는 어떻게 예술과 루비 프로그래밍을 결합하겠다는 일반적 사명감을 아키옵터릭스라는 유명한 구체적 프로젝트로 구현해 냈을까? 14장에서 저는 일반적 사명감에서 구체적인 프로젝트를 끌어내기 위해서는 '작은 도전'을 활용해야 한다고 주장한 바 있습니다. 하지만 자일스는 이 목표에 또 다른 층위가 있음을 알려 주고 있죠. 그는 자신의 사명감에 맞는 좋은 프로젝트를 찾기 위해 마케터의 마음가짐을 적용했습니다. 즉 왜 어떤 아이디어는 성공하는데 어떤 아이디어는 실패로 끝나는지, 그 이유를 밝히는 책들을 체계적으로 공부한 겁니다. 그의 이러한 마케팅 중심 접근법은 자신이 사랑하는 일을 찾는 과정에서 사명감을 활용하고자 하는 사람이라면 누구나 유용하게 쓸 수 있는 방법입니다.

소프트웨어 세계에 등장한 보랏빛 소

자일스는 샌타페이칼리지Santa Fe College를 겨우 1년만 마치고 중퇴하면서 커리어를 시작했습니다. 영화 시나리오를 써 보려 했지만 신통치 않았고 작곡 실력은 조금 나았지만 돈을 벌기엔 부족했죠. 임시직으로도 일했습니다. 천성적으로 예술가 기질이 있던 자일스는 자신이 일하던 회사의 그래픽 디자이너들과 친하게 지내면서 그들로부터 앞으로 디자인 업계를 바꿀 새로운 컴퓨터 언어인 HTML을 배우게 됐지요.

1994년 자일스는 첫 웹 페이지를 만들었고, 1996년 샌프란시스코로 이주할 때는 초기 웹의 기반 프로그래밍 언어들인 자바^{Java}와 펄^{Perl}에 관한 책들을 들고 갔죠. 1994년에는 3만 달러를 벌었지만 1996년에는 10만 달러로 수입이 껑충 뛰었습니다. 닷컴 붐이 한창이던 그때 자일스는 적절한 시간에 적절한 기술을 갖추고 적절한 장소에 있었던 셈이죠.

샌프란시스코에서 처음엔 일이 술술 풀리는 듯싶었습니다. 즐겁게 웹 사이트 디자인을 하고 여가 시간엔 지역에서 디제잉에 몰두했죠. 하지만 커리어에 가속도가 붙으면서 한 투자 은행을 위한 프로그래밍 일을 맡게 됩니다. "너무 지루한 나머지 뭔가 대담한 걸 시도해 보기로 마음먹었죠. 정말 재미있는 스타트업 기업에 지원했어요." 그러나 그가 지원서를 제출한 스타트업은 다음 날 파산했습니다. 첫 번째 닷컴 붕괴가 시작된 거죠. "금세 친구들 중에서 어쨌든 직업이나마 있는 사람은 저뿐인 상황이 되어 버렸죠. 취업 알선 회사에 더 즐길 수 있는 일자리를 찾는다고 했더니 지금 직장에 다니는 것만으로도 감사해야 할 일이라는 답이 돌아오더라고요."

하지만 본성을 버릴 수 없었던 자일스는 그 조언을 무시하고 직장을 그만두고는 다시 샌타페이로 돌아왔습니다. 부모님 소유 땅에 빌린 캠핑카를 두고 지내면서 부모님이 태양광 주택을 짓는 걸 돕는 한편 2년제 공립 대학인 커뮤니티 칼리지$^{community\ college}$를 다녔습니다. 미술, 성악, 피아노 등을 배웠는데 스튜디오 녹음 엔지니어링 수업에서 알고리즘을 이용해 작곡하는 '우연성 음악$^{aleatoric\ music}$'(작품 작곡이나 연주에서 다양한 해석이나 기법 등이 적용 가능하도록 우연적 요소가 개입할 여지를 열어 두는 현대 음악·옮긴이)을 접한 것이 무엇보다 중요했죠. 이렇게 황무지에 살며 예술 수업을 듣던 자일스는 중대한 결정을 내리게 됩니다. 커리어를 대충 놔두면 투자 은행을 위해 컴퓨터 코딩이나 하면서 지루하게 지내야 하는 위험에 빠지기 쉽다는 점을 깨달은 거죠. 자신의 커리어를 안내할 사명감을 갖추지 못하면 계속해서 그런 함정에 빠지기 십상이었습니다. 그는 자신에게 어울리는 좋은 사명감이란 자기 인생의 예술적인 면과 기술적인 면을 결합한 무언가라고 결론 내립니다. 하지만 이런 아이디어를 어떻게 돈 되는 현실로 만들어 낼지 몰랐던 그는 답을 찾기 시작했습니다. 그리고 마침내 찾던 답을 생각지도 못한 두 권의 책에서 찾아냈지요.

"리마커블해지지 않으면 아예 사람들의 눈에 보이지 않게 된다." 2002년 베스트셀러《보랏빛 소가 온다Purple Cow》에서 세스 고딘Seth Godin은 이렇게 말했습니다.[1] 이후 비즈니스 잡지《패스트컴퍼니Fast Company》에 기고한 글에서 이 주제에 대해 더 자세히 설명했죠. "세상에 널린 지루한 것(갈색 소)들에는 사람들이 눈길을 주지 않는다. 이제 보랏빛 소의 세상이 온다. 리마커블 마케팅은 주목받을 가치가 있는 것들을 만들어 내는 기술이다."[2] 고딘의 책을 읽던 자일스는 눈앞이 환해지는 기분이 들었습니다. 지속 가능한 커리어를 구축할 사명감을 위해서는 보랏빛 소, 즉 사람들이 말을 퍼뜨리게 하는 리마커블한 프로젝트를 만들어 내야 한다는 깨달음을 얻었죠.

하지만 다시 두 번째 의문이 생겼습니다. '대체 컴퓨터 프로그래밍 업계 어디서 이런 리마커블한 프로젝트를 시작한다지?' 이에 대한 답은 2005년 출간된 독특한 제목의 커리어 지침서《인도로 가 버린 내 일

자리: 당신의 일자리를 지키는 52가지 방법My Job Went to India: 52 Ways to Save Your Job》에서 찾게 됐죠.[3] 이 책의 저자 채드 파울러Chad Fowler는 유명한 루비 프로그래머이자 소프트웨어 개발자를 위한 커리어 조언가입니다. 파울러가 내세운 52가지 전략 중에는 구직자들이 오픈 소스 소프트웨어 운동을 더 잘 활용해야 한다는 내용도 포함돼 있습니다. 무료로 이용 가능하고 수정 가능한 소프트웨어를 컴퓨터 프로그래머들이 자원해서 제작하는 운동이죠. 파울러는 이 커뮤니티가 널리 인정받고 눈에 잘 띈다고 주장했습니다. 그러니 소프트웨어 개발자로서 이름을 남기고 싶다면, 그래서 안정된 일자리를 얻고자 한다면 오픈 소스 프로젝트에 공헌하는 데 집중하라는 것이죠. 재능 있는 인재를 구하는 사람이라면 이 커뮤니티에 몰려들 테니까요.

"이제 저는 단지 2+2처럼 간단한 계산만 하면 됐어요.《보랏빛 소가 온다》와《인도로 가 버린 내 일자리》를 종합하면 프로그래머로서 자신을 마케팅하는 최고의 방법은 리마커블한 오픈 소스 소프트웨어를 만드는 것이었죠. 그래서 전 그렇게 했습니다."

고딘의 조언을 따라 자일스는 인공 지능 작곡 프로그램인 아키옵터릭스를 고안했습니다. "저처럼 복합적인 배경을 갖춘 사람은 없을 거예요. 댄스 음악을 좋아하는 루비 프로그래머는 많을 겁니다. 하지만 저처럼 엄청난 시간을 희생해 브레이크 비트와 신디사이저 패치 프로그램을 계속 수정하고, 돈 한 푼 벌지 못하는 앨범을 발매하고, 작곡 이론을 공부한 사람은 없을 거예요." 다시 말해 실제로 음악을 제작하는 루비 프로그램을 만들 수 있는 자일스의 능력은 희귀한 것이었습니다. 그러니 그런 음악을 정말 만들어 낸다면 당연히 보랏빛 소가 될 수 있는 거죠.

이제 자일스는 파울러의 조언에 따라 오픈 소스 커뮤니티야말로 이 보랏빛 소를 세상에 내놓을 최적의 장소라고 판단했습니다. 아키옵터릭스 코드를 오픈 소스로 공개하면서 입소문도 퍼뜨리려 했죠. "채드 파울러의 조언을 그대로 이행하기 위해 거의 모든 유저 그룹과 컨퍼런스에서 강연했죠. 2008년에만 적어도 열다섯 번은 했을 겁니다." 이렇게 고딘과 파울러를 접목한 전략은 효과를 거뒀습니다. "각지로부터 제안이 쏟아져 들어왔죠. 업계의 스타들과 일했고 아키옵터릭스에 대한 책을 쓰자는 요청을 받았어요. 이전보다 훨씬 더 많은 보수를 요구할 수 있게 됐죠." 자신의 사명감을 만들기 위한 전략은 그렇게 성공했습니다.

내용도 장소도 리마커블해야 한다

자일스의 이야기를 되짚어 보면 '주목할 만한'이란 뜻의 형용사 '리마커블remarkable'이 계속해서 등장합니다. 자일스는 사명감이 이끄는 좋은 프로젝트란 2가지 측면에서 리마커블해야 한다는 점을 발견했지요.

첫 번째, 사람들이 그것에 대해 말 그대로 주목할 수 있을 정도로 리마커블해야 합니다. 이 점을 더 잘 이해하려면 리마커블하지 않은 것들을 먼저 살펴보면 됩니다. 아키옵터릭스를 내놓기 전 자일스는 또 다른 오픈 소스 프로젝트를 작업했지요. 루비에서 흔히 쓰이는 명령어들을 모아 지속적 문서화가 가능한 하나의 패키지로 묶었습니다. 한 루비 프로그래머에게 이 프로젝트에 관해 물어 보면 꽤나 탄탄하고 훌륭하며 유용한 작업이라고 얘기할 겁니다. 하지만 이 프로그래머가 다른 친구들에게 "이거 꼭 봐야 해!"라고 추천할 정도로 대단한 성과라고는 하기 어렵죠. 세스 고딘의 용어를 빌리면 이 초기 프로젝트는 '갈색 소'였던 셈입니다. 이와는 달리 컴퓨터가 직접 복잡한 음악을 작곡하게 가르치는 프로그램은 '보랏빛 소'라고 할 수 있죠. 사람들이 주목하고 말을 퍼뜨리게 만드니까요.

리마커블에 대한 이 첫 번째 정의는 어떤 분야에든 적용할 수 있다는 장점이 있습니다. 출판을 예로 들어 볼까요. 제가 만약 갓 졸업한 대학생들을 위한 구직 조언서를 쓴다면 꽤나 유용한 책이라는 평은 들을 수 있을지 몰라도, 아마 당장 핸드폰을 집어 들고 추천 트윗을 날리지는 않을 겁니다. 반면에 '열정을 따르라는 건 나쁜 조언이다'라는 내용의 책을 낸다면 (바라건대) 사람들의 입에 오르내리기 좋겠죠. 즉 지금 여러분이 읽고 있는 이 책은 처음부터 '리마커블'해 보일 것이란 희망을 안고 기획되었다는 뜻입니다.

또한 리마커블에는 두 번째 측면도 있습니다. 자일스는 단지 사람들에게 주목받을 만한 프로젝트를 찾은 게 아니라, 그런 주목을 받을 수 있는 장소에서 자신의 프로젝트에 대한 입소문을 퍼뜨리려 했죠. 그에게 이 장소는 오픈 소스 소프트웨어 커뮤니티였습니다. 채드 파울러가 말했듯 이 커뮤니티에는 흥미로운 프로젝트에 대해 주목하고 말을 퍼뜨릴 수 있는 확고한 인프라가 구축되어 있었던 거죠. 이렇게 떠들 수 있는 여건이 마련되지 않으면 아무리 눈에 띄는 보랏빛 소라고 해도 널리 알려지기 어려울 겁니다. 좀 더 구체적으로 만약 자일스가 아키옵터릭스를 상업용 소프트웨어로 제작해 그럴듯한 웹 사이트나 음악 산업 컨벤션 같은 곳에서 팔려 했다면 아마 이처럼 큰 관심을 받지 못했겠죠.

다시 말하지만 이런 '리마커블'의 정의는 자일스의 루비 프로그래밍 세상 밖에도 적용됩니다. 다시 저의 커리어 조언서에 대한 예시로 돌아가면 저는 책을 쓰던 초기에 블로그가 제 아이디어를 소개하기에 리마커블한 장소라고 깨달았습니다. 블로그는 눈에 잘 띄고 링크, 트윗, 페이스북 등을 통해 좋은 아이디어를 빠르게 퍼뜨릴 수 있는 인프라를 갖추고 있죠. 이런 주목받기 좋은 특성 덕분에 저는 출판사에 이 책의 출간을 제안할 때 이미 '열정과 실력'이라는 주제에 대해 제 의견을 듣고 싶어 하는 독자군을 많이 확보한 상태였죠. 또한 전 세계 신문과 주요 웹 사이트에서 해당 주제에 대한 제 생각을 인용하기 시작했고 이 기사들은 몇 천 번씩 트위터상에서 퍼져 나갔습니다. 만약 제가 이 아이디어를 돈을 받고 강연하는 데 그쳤다면 커리어에 대한 사람들의 생각을 바꾸겠다는 제 사명감은 아마 벽에 부딪히고 말았을 겁니다. 제가 사용한 장소가 충분히 리마커블하지 않았기 때문이었겠지요.

지금까지의 논의를 아래와 같이 하나의 법칙으로 요약해 보겠습니다.

> **Ø 리마커블의 법칙**
>
> 사명감 기반의 프로젝트가 성공하려면 2가지 측면에서 리마커블해야 한다. 첫 번째, 그 프로젝트를 접한 사람들이 다른 사람들에게 거기에 주목하도록 요청할 정도여야 한다. 두 번째, 그렇게 주목받을 수 있을 만한 장소에서 시작해야 한다.

이렇게 법칙으로 다듬고 나니 사명감으로 훌륭한 커리어를 일군 기존의 사례에서도 이 법칙이 적용된다는 점을 알 수 있었죠. 마케터의 마음가짐으로 사명감에 접근하는 법을 구체화하기 위해서는 앞서 다룬 사례들로 잠시 돌아가 리마커블의 법칙이 실제로 어떻게 적용되는지 살펴볼 필요가 있습니다.

세상에 나온 보랏빛 소

파디스 사베티의 사명감은 유전학을 통해 아프리카의 전염병을 퇴치하는 것이었습니다. 훌륭한 사명감이지만 그 자체로는 현재 파디스의 만족스러운 삶을 설명하기에 부족합니다. 실제로 이러한 사명감을 가지고 기초 과학 분야에서 바이러스 유전자의 염기서열 같은 주제를 훌륭히 연구하고 있는 과학자들은 수없이 많지만, 그중에서 특별히 주목받는 커리어를 가진 사람은 찾아보기 어렵죠. 하지만 파디스는 '강력한 컴퓨터로 오래된 질병에 저항력을 갖춘 진화의 사례를 찾는다'는 매력적인 프로젝트를 통해 자신의 사명감을 추구했습니다.

그녀의 방식에서 리마커블의 증거를 찾고자 한다면 사베티의 연구에 대해 다룬 수많은 기사들의 헤드라인만 살펴봐도 충분합니다. "인간의 DNA가 남긴 발자취를 추적하는 여성에 대한 5가지 질문"(《디스커버Discover》, 2010년 4월), "진화의 리듬을 익히다"(《사이언스Science》, 2008년 4월), "인류는 아직 진화 중인가?"(BBC 〈호라이즌Horizon〉 시리즈, 2011년 3월). 그야말로 사람들이 말을 퍼뜨릴 수밖에 없는 프로젝트, 보랏빛 소인 거죠.

이렇게 리마커블한 프로젝트를 찾음으로써 파디스는 '리마커블의 법칙'의 첫 번째 조건을 만족시켰습니다. 두 번째 조건은 그녀가 주목받을 수 있는 장소에서 자신의 프로젝트를 시작하는 겁니다. 그런데 다른 모든 과학자들처럼 파디스에게 이 조건은 쉽게 충족시킬 수 있는 것이었습니다. 동료들에게 논문을 평가받는 과학계 시스템은 좋은 아이디어가 퍼져 나갈 수 있게 하니까요. 아이디어가 좋을수록 더 훌륭한 학술지에 실릴 수 있고 더 훌륭한 학술지에 실릴수록 더 많은 사람들이 그 논문을 읽게 되죠. 그리고 더 많은 사람이 읽을수록 더 많이 인용되고 더 많이 논의되며 학계에서도 더 큰 영향력을 발휘하게 됩니다. 리마커블한 아이디어를 가진 과학자에게 그 아이디어를 퍼뜨리는 최고의 방법은 이견의 여지가 없죠. 바로 학술지에 게재하는 겁니다! 파디스 역시 《네이처》에 논문이 실리면서 명성을 드높이게 되었죠.

커크 프렌치에게서도 우리는 리마커블의 법칙이 적용되는 모습을 볼 수 있습니다. 그의 사명감은 고고학의 대중화였죠. 이 사명감을 추구하는 데는 리마커블하지 않은 수많은 방법들이 있습니다. 예를 들자면 그는 펜실베이니아주립대의 고고학과 커리큘럼을 만들면서 재학생들과 씨름할 수도 있었고, 대중이 관심을 갖는 과학 잡지에 고고학에 관한 논문을 실을 수도 있었죠. 하지만 이런 프로젝트들로는 커리어를 매력적으로 변모시킬 수 있을 정도로 관심을 잡아끄는 성공을 불러일으키지 못했을 겁니다. 그 대신 커크는 사람들의 집으로 직접 찾아가 고고학적 기술을 이용해 가보의 가치를 사람들이 알게끔 도와주는 길을 택했습니다. 이 방식이 리마커블하다는 점은 그가 지금 받고 있는 강연 초청장의 수만 세어 봐도 알 수 있죠. 그중에는 고고학계의 가장 큰 컨퍼런스에서 고고학 대중화에 앞장선 학자로서 느낀 교훈에 대해 강연할 기회도 있었습니다. 그가 연사로 나선 강연장은 청중들로 만석이 되었죠. 박사 학위를 딴 지 얼마 되지 않은 학자로서는 놀라운 일입니다.

이렇게 보면 커크 역시 자신의 사명감을 뒷받침할 리마커블한 프로젝트를 가진 것이라 할 수 있습니다. 이제 그에게 필요한 건 주목받을 수 있는 장소뿐이었죠. 그가 찾아낸 장소는 TV였습니다. 우리는 TV를 본 다음 날 우리의 관심을 끈 것에 대해 얘기하도록 훈련된 사회에 살고 있으니까요.

⊗ 네 번째 일의 원칙 핵심 노트

•
•

이 책의 핵심 아이디어는 간단합니다. 자신이 사랑하는 일을 만들기 위해서는 우선 희소하고 가치 있는 능력을 갖춰 커리어 자산을 쌓고, 이자산을 뛰어난 커리어를 규정하는 특징들을 얻는 데 투자해야 한다는 것이죠. 이런 특징 중 하나가 '사명감'입니다.

이 원칙을 설명하는 첫 번째 장에서 저는 모든 훌륭한 커리어 특징들과 마찬가지로 사명감에도 커리어 자산이 꼭 필요하다고 강조했습니다. 먼저 자신의 분야를 마스터하지 않고는 위대한 사명감을 곧바로 가질 수 없다고 했죠. 스티븐 존슨의 용어를 빌려, 그 분야의 최첨단 바로 위에 위치한 '인접 가능 영역'이 사명감을 찾기에 최적의 장소라고 주장했습니다.

따라서 자신의 사명감을 만나려면 우선 최첨단에 도달해야 하고, 결국 전문성이 있어야 합니다. 새로운 분야에 대한 커리어 자산이 부족한 상태로 사명감부터 찾으려 하면 실패할 수밖에 없는 거죠.

하지만 자신의 사명감을 찾았다고 해도 그 사명감을 성공시킬 구체적인 프로젝트를 일궈야 한다는 숙제가 여전히 남습니다. 이 숙제를 완성할 효과적인 전략은 구체적인 피드백을 주는 작은 단계를 밟는 것, 즉 '작은 도전'에 매달리는 겁니다. 그런 다음 얻은 피드백(좋든 나쁘든)을 활용해 다음에 무엇을 할지 파악해야 하죠. 이 체계적 탐색의 과정을 통해 발견하기 힘든 특별한 길을 찾을 수 있습니다.

사명감에 대한 연구를 진행하던 중 저는 이 작은 도전 전략이 자신의 사명감을 성공시킬 유일한 방법이 아니라는 점을 발견했습니다. 마케터의 마음가짐을 갖추는 것 역시 도움이 될 수 있죠. 이 전략에 저는 '리마커블의 법칙'이라는 이름을 붙였습니다.

이 법칙에 따르면 사명감을 성공시키는 프로젝트는 2가지 측면에서 리마커블해야 합니다. 첫째, 말 그대로 사람들이 그 프로젝트에 주목할 수 있도록 해야 하고, 둘째, 그런 주목을 받을 수 있는 장소에서 시작되어야 하죠.

종합하자면 사명감은 커리어 자산으로 얻을 수 있는 가장 중요한 특징입니다. 하지만 자신의 직업에 이런 사명감을 갖는 건 쉽지 않죠. 훌륭한 사명감을 정의할 수 있을 만큼 커리어 자산을 갖췄다 해도 그 사명감을 실제로 성공시켜야만 합니다. 여기에 작은 도전과 리마커블의 법칙을 활용한다면 단지 훌륭한 아이디어에 불과한 사명감을 뛰어난 커리어로 변모시킬 가능성을 크게 높일 수 있는 겁니다.

エピローグ

어떻게 일할 것인가

나의 일의 원칙 적용기

프롤로그에서 저는 이 책을 기획하게 된 배경에 대해 설명한 바 있습니다. 대학원생으로서의 시간과 박사후 과정이 끝나 가는 즈음 학계의 구직 시장에 들어서야 했죠. 교수로서 성공한다는 게 쉬운 일이 아님을 잘 알고 있었습니다. 커리어를 잘 관리하지 못한다면 버려진 껌 같은 신세를 면치 못할 거란 점도요. 더 큰 문제는 당시 경기가 불황이었던 탓에 아예 학계에서 일자리를 찾지 못할 가능성도 있다는 것이었습니다. 그럴 경우엔 커리어를 완전히 원점에서부터 다시 생각해야 할 테고요. 이런 불확실한 상황은 다음과 같은 질문으로 이어졌습니다. "대체 사람들은 어떻게 자신의 직업을 사랑할 수 있는 걸까?"

2010년 가을부터 저는 학계에 지원서를 내기 시작해서 12월 초가 되자 무려 20군데나 지원했습니다. 학계 구직 과정에서 독특한 점은 구직의 어려움을 잘 아는 동료들이 알아서 다른 자질구레한 일들을 대신 처리해 준다는 겁니다. 그리고 그 과정이 어려운 건 사실이지만 한꺼번에 처리되는 일이기에 중간에 비는 시간이 꽤 있다는 거죠. 그런데 그 시간에 할 자질구레한 일들이 없으니 자칫 게을러지는 듯한 불편함마저 느끼게 됩니다. 이렇게 그해 11월 말에서 12월 초 사이 20곳의 지원서를 모두 제출한 저는 학부 시절 여름 방학 이후 처음으로 마땅히 할 일이 없는 상태가 됐습니다.

드디어 앞선 질문에 대한 탐구를 진지하게 시작할 수 있는 여건이 주어진 겁니다. 이때부터 저는 성공했든 실패했든 다른 사람들의 커리어에 대한 이야기를 찾아다니며 그로부터 뭘 배울 수 있을지 알아보기 시작했죠. 그래서 처음 만난 사람이 프롤로그에 등장했던 토머스였습니다. 그렇게 접한 이야기들은 제가 오랫동안 가져 온 생각을 더욱 굳혀 주었습니다. 바로 '열정을 따르라는 건 나쁜 조언이다'라는 생각이었죠. 하지만 이 확신은 '행복한 커리어를 위해서는 어떤 전략이 효과적인가'라는 오히려 더 파악하기 어려운 질문을 불러왔습니다.

1~2월이 되자 이에 대한 답을 찾는 건 잠시 중단해야 했습니다. 구직 과정이 본격화되면서 면접도 준비해야 했고 서류가 통과된 곳 중 어디에 면접을 보러 가야 할지 고민해야 했거든요. 3월 초에는 드디어 면접이 본격적으로 시작됐는데 그중 한 곳이 조지타운대학교였습니다. 조지타운의 모든 것이 마음에 들었죠. 운 좋게도 다른 한 곳에서 제안을 더 받았고 빨리 결정해야 했습니다. 그래서 조지타운 측에 면접은 즐거웠고 같이 일하고 싶지만 다른 곳에서도 급히 결정해야 하는 제안을 받았다고 솔직히 전했죠. 그러자 그날 밤 인사위원회 위원장으로부터 한 통의 이메일이 도착했습니다. 딱 세 문장으로 된 간결한 내용이었죠. "내일 정식 제안을 드릴 예정입니다. 내일 오후에 어떻게 연락을 드리면 될까요. 핸드폰으로 전화하면 되겠습니까?"

그리하여 저는 남아 있던 두 곳의 면접을 취소하고 조지타운의 교수직 제안을 받아들였습니다. 제 커리어의 주사위는 이미 던져진 셈이었죠. 그렇게 3월 둘째 주에 저는 공식적으로 구직 시장에서 발을 뺄 수 있게 됐습니다. 8월부터 업무가 시작될 예정이어서 커리어에 대한 제 질문에 답을 구할 시간이 4개월가량 남은 거죠. 이제 일자리는 구했지만 그 일을 제가 사랑하는 일로 바꿀 방법을 여전히 알아내야 했습니다. 그래서 그해 봄부터 여름까지 저는 두 번째부터 네 번째 일의 원칙에서 핵심이 되는 인터뷰를 하고 다녔습니다.

이 에필로그를 쓰는 지금은 교수로서 첫 학기를 시작하기 2주 전인 상태입니다. 지난 몇 달 간 저는 이 책에 서술된 탐구의 과정을 열심히 수행했을 뿐 아니라 그 탐구의 결과물을 제게도 실제로 적용시키려 노력해 왔습니다. 이 책의 집필 계약은 조지타운대학 교수직을 수락한 지 2주 만에 이뤄졌습니다. 집필의 완성 단계인 에필로그를 쓰는 지금, 타이밍은 이보다 적절할 수 없죠. 교수로서의 새로운 삶을 집중적으로 생각하기 시작한 시점에 원고를 쓰고 있으니, 과연 어떻게 해야 리마커블한 커리어를 시작할 수 있을지 충분히 고민할 수 있으니까요.

저는 이 탐구를 통해 몇 가지 놀라운 사실들을 밝혀냈습니다. 자신의 일을 사랑하는 것이 목표라면 "열정을 따르라"는 잘못된 조언이죠. 더 중요한 것은 희소하고 가치 있는 일에서 뛰어난 실력을 갖추고, 그 커리어 자산을 좋은 직업을 구성하는 특징들에 투자하는 일입니다. 자율성과 사명감이란 특징이 훌륭한 출발점이 되어 줄 테고요.

이 에필로그의 목적은 이렇게 밝혀낸 사실들을 제가 실제 저의 직업 생활에 어떻게 적용했는지를 알려 드리는 겁니다. 즉 독자 여러분을 제 사고 과정 속으로 초대해, 첫 번째부터 네 번째까지 일의 원칙들이 구체적으로 제 새로운 커리어의 초기 단계에서 어떤 역할을 했는지 보여 드리고자 합니다.

　물론 이렇게 제 개인적인 경험에 적용해 보는 건 잠정적인 결론에 불과합니다. 이 원칙들이 어떤 결과를 안겨줄지 확실히 파악하기에는 아직 교수로서 충분히 오랜 시간을 보내지 못했으니까요. 하지만 이런 점이 오히려 제가 얘기하는 일의 원칙들을 더욱 들여다볼 가치가 있게 만든다고 생각합니다. 여러분이 앞으로 자신의 직업에 이 책에서 얻은 교훈을 적용할 때 어떤 구체적인 행동을 취해야 할지 저의 경험을 통해 실제 사례를 접할 수 있을 겁니다. 여러분의 결정은 저와는 다를 수 있겠지만 '자신이 사랑하는 일을 만들려면 어떻게 일해야 하는가'에 대한 새로운 접근을 통해 자신의 커리어를 어떻게 구축해 나갈지, 이 에필로그에서 단서를 얻게 되길 바랍니다.

첫 번째 원칙을 체험하다

1부에서 저는 "열정을 따르라"가 잘못된 조언이라고 주장했죠. 대다수의 사람들에게 자신의 커리어에 알맞은 아직 발견하지 못한 열정 같은 건 없기 때문입니다. 자신에게 맞는 일을 찾는 길은 그보다 복잡한 과정을 거친다고 했습니다. 이런 통찰은 이번 탐구에서 처음으로 얻은 게 아니라 사실 제가 오랫동안 의심해 오던 바였죠. 1부에서는 제 직관에 대한 실질적 증거를 찾으려는 노력에 대해 서술했지만 그 직관의 씨앗은 이미 오래 전에 심어진 셈입니다.

열정에 대한 제 의심은 고등학생 시절로 거슬러 올라가 친구 마이클 시먼스와 함께 웹 디자인 회사를 설립했던 때부터 시작됐습니다. 우리는 회사 이름을 '프린스턴 웹 솔루션Princeton Web Solutions'이라고 지었죠. 설립 계기는 대단치 않았습니다. 닷컴 붐이 한창인 1990년대 후반이었고 언론은 온통 수백만 달러를 벌어들인 십 대 CEO들의 이야기로 도배되던 시절이었죠. 이에 솔깃해진 마이클과 저는 평범한 여름 방학 아르바이트보다는 분명 더 많은 돈을 벌 기회가 있으리라 생각했습니다. 그래서 아마존닷컴처럼 뭔가 새로운 첨단 기술 기업에 대한 창의적 아이디어를 떠올리려고 애썼지만 그저 쩔쩔매기만 하다가 결국 처음부터 절대 하지 않으리라 맹세까지 했던 일, 웹 사이트 디자인을 하는 걸로 되돌아오게 됐습니다. 다만 확실한 건 그 일이 우리의 '천직'이 될 거란 생각 따위는 전혀 없었다는 겁니다. 그저 지루했고, 시간은 남았고, 야심은 가득했죠(참 위험한 조합입니다만). 무엇보다 회사를 차린다는 건 우리가 상상할 수 있는 일 중에서 가장 유망해 보였습니다.

프린스턴 웹 솔루션이 대단한 성공을 거두지는 못했지만 애초부터 우리에겐 회사를 성장시키는 데 큰 노력과 시간을 쏟을 마음도 없었습니다. 고교 졸업반 때는 6~7개 회사의 일을 맡았는데 그중에는 지역 건축 회사와 기술 전문대 그리고 아이디어는 별로였지만 이상하게 투자는 잘 받는 노년층 대상의 웹 포털 사이트가 포함돼 있었죠. 이런 일들의 보수는 대략 5000~1만 달러였는데 인도의 하청 회사에 대부분의 프로그래밍 업무를 넘기고도 우리 몫을 챙기기에 충분했습니다. 그리고 고교 졸업 후 대학에 입학하게 되자(마이클은 뉴욕대, 저는 다트머스대)

저는 웹 사이트 디자인은 그만두고 좀 더 흥미로운 일들, 예를 들면 연애에나 신경 쓰기로 했죠.

제 또래 세대에게 "열정을 따르라"는 직업적 조언을 거부하는 건 신성 모독처럼 여겨지지요. 하지만 저는 그런 식의 열정을 한 번도 느껴 본 적이 없었는데 아마 이 프린스턴 웹 솔루션 덕분이 아닐까 생각합니다. 이미 얘기했듯이 창업 과정은 열정과는 아무 상관도 없었거든요. 마이클과 함께 회사를 잘 돌아가게 만들 방법을 고민해 봐도, 결국은 희소하고 가치 있는 능력이 답(특히나 십 대에게는 더더욱)이라는 결론에 이를 뿐이었죠. 우리의 커리어 자산은 갖가지 재미있는 경험들을 보상해 주었습니다. 정장을 입고 고객사 회의실에 가서 발표를 했고, 십 대가 사기엔 부담스러운 금액의 물건을 구입하는 것도 걱정 없었죠. 창업을 대견하게 여긴 선생님들은 회사 일 때문에 수업에 빠지는 걸 암묵적으로 허락해 주었고, 잡지에 우리에 관한 기사가 실리고 신문사에선 사진을 찍어 가기도 했습니다. 이 모든 경험이 명문대에 진학하는 데도 분명 큰 역할을 해 줬을 테고요.

이를 통해 저는 마음 깊은 곳의 영혼을 찾는다고 해서 인생이 흥미로워지진 않는다는 사실을 배우게 됐습니다. 말하자면 프린스턴 웹 솔루션이 '직업적 행복에는 천직을 찾겠다는 소명 의식이 필요하다'는 생각을 갖지 않도록 예방 주사를 놔 줬다고 할까요.

이런 고등학생 시절부터의 경험 때문인지 대학에 입학한 후 동기들이 인생에서 무엇을 구해야 할지 고민하는 모습이 이상하게 보였습니다. 전공 선택처럼 기본적인 일 처리조차 마치 우주의 운명이 걸리기라도 한 듯 모두가 쩔쩔맸죠. 말도 안 되는 일이었습니다. 제게 세상이란 프린스턴 웹 솔루션처럼 삶을 더욱 재밌게 만들어 줄 기회로 가득한 곳이었고, 그런 기회를 얻는 일은 미리 정해진 타고난 기질이나 성향을 파악하는 것과는 아무 상관도 없으니까요.

이런 생각을 갖고 있었기 때문에 동기들이 자신의 천직이 무엇인지 고심하는 동안 저는 큰 보상을 안겨 줄 수 있는 희소한 능력을 갖출 기회를 찾아다녔습니다. 우선 최대한 효율적으로 공부할 수 있는 기술을 연구하기 시작했죠. 한 학기 동안 체계적인 실험을 거쳐 3년 연속 평점 4.0 만점의 성적을 받았는데, 그동안 한 번도 밤을 새우지 않았고 심지어 저녁 늦게까지 공부한 적도 별로 없었습니다. 이 경험을 바탕으로 학습 지침서를 출판하기까지 했죠. 덕분에 대학생 시절을 흥미진진하게 보낼 수 있었습니다. 아마도 다트머스대학에서 출판 에이전트에게 정기적으로 전화를 받는 학생은 제가 유일했을 테니까요. 하지만 이 가운데 무엇도 내재된 열정을 추구하는 과정에서 얻어진 결과는 아니었습니다. 실제로 제가 첫 책을 쓰게 된 건 존경하던 기업가와 술을 한 잔하던 중 벌어진 일 때문이었죠. 지나가는 말처럼 책에 대한 아이디어를 꺼낸 저를 혼내듯 그는 이렇게 말했습니다. "말로만 떠들지 말고, 정말 멋진 책이 될 수 있을 거라 생각한다면 지금 당장 써야지." 이 정도만 해도 제게는 책을 쓸 만한 충분한 이유가 됐던 거죠.

이후 대학을 졸업하고 무엇을 해야 할지 결정해야 했던 때도 있었습니다. 마이크로소프트와 MIT 진학 중에서 선택해야 했죠. 바로 동기들이 쩔쩔매는 종류의 결정이었지만 저는 걱정할 이유가 전혀 없었습니다. 어느 쪽을 선택하든 리마커블한 인생으로 이끌어 줄 수많은 기회가 보장되어 있다고 확신했으니까요. 결국은 MIT에 진학하기로 했는

데, 온갖 이유 중에서 당시 여자 친구와 가까운 곳에서 지낼 수 있다는 점이 가장 컸죠.

여기서 설명하려는 요점은 첫 번째 원칙의 핵심적인 통찰에 대해 저는 본격적으로 탐구를 시작하기 전에 이미 알고 있었다는 점입니다. 사실 고등학생 시절에 충분히 깨달은 바였죠. 그래서 2011년 가을, 교수가 될지 아니면 완전히 다른 길을 걸을지 확신이 없는 시기에도 첫 번째 원칙 덕분에 과연 이 길이 내 천직일지 쓸데없이 고민하지 않을 수 있었던 겁니다. 어느 쪽이든 제가 제대로만 한다면 제가 사랑하는 일을 만들어 낼 수 있다고 자신했죠. 하지만 이 목표를 어떻게 달성할 수 있을지에 대해선 자신이 없었기에 다른 원칙들을 찾아 나서게 된 겁니다.

두 번째 원칙을 체험하다

"열정을 따르라"가 나쁜 조언이라고 한 첫 번째 원칙은, 그렇다면 사랑하는 일을 만들기 위해서는 무엇이 중요한지 찾으려는 제 탐구의 계기가 되어 주었죠. 두 번째 원칙은 본격적인 탐구의 과정에서 처음으로 얻게 된 통찰에 관한 것입니다. 훌륭한 일을 만드는 조건은 '희소성'과 '가치'이며 자신의 커리어에서 이 조건들을 갖추려면 마찬가지로 희소하고 가치 있는 능력이 필요하다는 생각이죠. 다시 말해 스티브 마틴의 말처럼 "누구도 무시하지 못할 실력"을 갖추기 위해 노력하지 않으면 자신의 일을 사랑하기 어렵다는 겁니다. 현재의 일이 자신의 천직이라 믿는지 여부와는 별개로 말이죠.

이런 희소하고 가치 있는 능력을 지칭하기 위해 저는 '커리어 자산'이라는 용어를 제시하면서 이 자산을 확보하는 방법을 찾기가 쉽지 않다고도 얘기했습니다. 말 그대로 희소하고 가치 있는 것이라면 당연히 쉽게 가질 수 없는 거죠. 이 깨달음을 통해 성과의 학문을 들여다본 저는 '의식적 훈련'이라는 개념과 맞닥뜨리게 됐습니다. 편안한 수준을 넘어서는 가차 없는 노력으로 능력을 쌓는 방법이었죠.

이 과정에서 음악가나 운동선수나 체스 선수는 모두 이 의식적 훈련이란 개념에 친숙한 반면 지식 노동자는 그렇지 않다는 점도 알게 됐습니다. 대부분의 지식 노동자는 의식적 훈련의 불편한 중압감을 무슨 전염병이라도 되는 양 피하려 들죠. 실제로 전형적인 사무실 근무자들은 강박적으로 이메일을 체크하는 습관을 갖고 있는데, 약간의 정신적 스트레스마저 거부하려는 심리가 표출된 행동이라고 할 수 있습니다.

이런 와중에 저는 점점 현재 학계에서의 제 커리어가 걱정되기 시작했습니다. 커리어 자산을 쌓아 가는 속도가 점차 느려지고 있는 게 아닌가 하는 두려움이 생겼죠. 이런 우려를 이해하려면 대학원과 그 뒤 박사후 과정이 제공하는 성장 경험이 들쭉날쭉하다는 점을 먼저 이해할 필요가 있습니다. 이 과정의 초기에는 계속해서 지적인 불편함을 느낄 수밖에 없습니다. 저도 물론 많이 경험했지만 대학원 수준의 수학 문제는 의식적 훈련에 매진하기에 좋은 환경을 제공해 줍니다. 대체 어떻게 풀어야 할지 모르는 문제지만 좋은 성적을 위해서는 어떻게든 풀어내야 하죠. 따라서 거듭되는 실패를 반복하면서도 끈질기게 최선을 다할 수밖에 없습니다. 0점을 받을지도 모른다는 두려움 때문에 마지막 뉴런 하나까지 활용하며 정신적인 스트레스를 견디는 이 과정에는 의식적 훈련에서 발전을 위해 필요하다고 얘기하는 요소들이 잘 응축되어 있는 겁니다. 바로 이것이 대학원생들이 초기에 현저한 능력의 발전을 이룰 수 있는 까닭이죠.[1]

하지만 MIT 컴퓨터과학과처럼 연구 중심 프로그램에서는 대학원 과정이 2년 지나면 수업량이 점점 줄어듭니다. 즉 지도 교수의 관리에서 벗어나 스스로 자신의 궤도에 올라서야 하는 거죠. 이때 계속해서 자신을 몰아붙이지 않으면 발전이 정체될 수 있습니다. 성과를 연구한 심리학자 안데르스 에릭슨이 '적당한 수준'이라고 명명한 지점에 갇혀 버리는 겁니다.

두 번째 원칙에 관련된 연구 결과는 이런 정체기가 위험하다고 경고합니다. 커리어 자산의 공급을 끊어 자신의 일을 적극적으로 유지할 수 있는 능력을 저해하기 때문이죠. 이렇게 탐구를 진행하면서 제 자신의 일에도 실용적인 전략이 필요하다는 점을 더욱 분명히 느끼게 됐습니다. 일상적 루틴 속에서 정기적으로 의식적 훈련에 매진할 수 있으려면 말이죠.

노벨상을 수상한 전설적인 이론물리학자 리처드 파인만^{Richard Feynman}은 고등학생 때 IQ가 평균을 살짝 넘는 125에 불과했다고 합니다. 하지만 파인만의 자서전을 보면 그가 어떻게 평범한 지능에서 천재로 성장할 수 있었는지 알 수 있죠. 그는 중요한 논문이나 수학적 개념을 만나면 그것을 뿌리째 이해할 때까지 강박적으로 매달렸다고 합니다. 즉 그의 놀라운 지성은 신의 선물이라기보다 의식적 훈련에 매진한 결과였다고 볼 수 있는 거죠. 파인만으로부터 자극받아 저는 제 분야의 가장 어려운 연구 결과들을 기초부터 완벽히 이해하는 데 집중하기로 했습니다. 이것이야말로 저의 커리어 자산 보유고를 확실히 늘릴 수 있는 첫걸음이라고 생각했기 때문입니다.

우선 제 연구 분야에서 많이 인용되면서도 이해가 어렵다고 정평이 난 논문을 골랐습니다. 이 논문은 잘 알려진 문제에 대한 최고의 해결책을 제시하는 알고리즘 분석이라는 한 주제에만 집중하는 내용이었죠. 이 논문의 결론을 인용하는 학자들은 많았지만 그 배경까지 세세히 이해하는 사람은 드물었습니다. 이 악명 높은 논문을 완벽히 이해하는 것이 의식적 훈련에 몰두하기로 한 결심을 이행하는 좋은 시작점이 되리라 여겼던 겁니다.

그리고 제가 얻은 첫 번째 교훈은 이런 식으로 능력을 계발하는 건 '정말 어렵다'는 깨달음이었죠. 논문의 주요 논증 부분에서 처음으로 까다로운 문제에 부딪히자마자 내적인 갈등이 느껴졌습니다. 마치 막 정신 에너지를 쓸 계획인 걸 제 마음이 미리 알아차리고 뉴런들이 반대 시위에라도 나선 것 같았죠. 처음에는 희미하게 느껴졌지만 제가 포기하지 않자 나중에는 엄청난 규모로 불어나 제 집중력을 무너뜨리려고 하더군요.

이런 저항과 맞서기 위해 제가 활용한 방법은 2가지였습니다. 첫 번째 '시간' 활용법은 "나는 앞으로 이 일을 한 시간 동안 할 거야"라고 스스로에게 말하는 겁니다. "이러다 기절하든 전혀 성과가 없든 상관없어. 앞으로 한 시간은 이 일에만 무조건 매달릴 거야." 물론 기절하는 일은 절대 없고 결국에는 성과를 내게 되지요. 이 방법을 쓰면 대개 10분이 흐른 뒤엔 저항 세력이 잠잠해지더군요. 그 10분이 항상 견디기 어렵긴 했지만 노력할 시간이 정해져 있다는 사실을 안다는 점이 어려움을 견디는 데 도움이 됐습니다.

두 번째는 '정보'를 활용하는 방법입니다. 제가 집중해서 얻은 결과물을 유용한 형식으로 바꾸는 거죠. 우선 서로 다른 증명들의 상호 의존 관계를 보여 주는 증명 맵을 만듭니다. 쉽지 않은 작업이지만 심하게 어렵진 않았고 결과를 이해하는 데 일종의 준비를 할 수 있게 해 줬습니다. 그다음으로는 이 맵을 이용해 직접 짧은 퀴즈를 만들어 증명에서 사용된 핵심 정의들을 억지로라도 외울 수 있게 했습니다. 비교적 쉬운 작업이었지만 이 역시 집중력이 필요한 일이어서 이후에 나오는 수학 문제를 분석하는 데 꼭 필요한 이해를 얻을 수 있었죠.

이렇게 두 단계를 거치며 일단 집중하는 데 성공한 후에는 증명을 요약하는 좀 더 어려운 과제에 도전했습니다. 명제 하나하나를 세세히 짚으며 증명에 매달려 그 사이의 연결 고리를 채우는 거죠. 마지막으로 제 나름의 언어로 상세하게 요약문을 정리하는 것으로 마무리했습니다. 머리가 후들거릴 정도로 어려운 일이었지만 이미 앞서 논문에 나오는 상대적으로 쉬운 과제들을 정리해 둔 덕분에 밀고 나갈 수 있었죠.

2주에 한 번씩은 정기적으로 이 논문 작업에 착수했습니다. 한 번에 대략 15시간 정도를 의식적 훈련에 쏟아 부은 셈인데 강도가 워낙 센 탓에 그보다 훨씬 많은 시간을 투자한 것처럼 느껴졌죠. 다행히 이런 노력으로 즉각적인 효과를 볼 수 있었습니다. 무엇보다 이전에는 좀처럼 이해되지 않았던 관련 연구들이 전체적으로 이해됐습니다. 이 논문을 쓴 저자들이 독점적으로 누렸던 즐거움을 이제 저도 느낄 수 있게 된 거죠. 새롭게 이해한 바를 바탕으로 저는 새로운 결과를 증명해 냈고 제 분야의 유명 컨퍼런스에서 발표까지 했습니다. 덕분에 앞으로 탐구할 새로운 연구 방향까지 설정할 수 있었고요. 제가 쓴 전략의 가치를 가장 잘 보여 주는 지표는 제가 이 논문에서 2가지 오류를 찾아냈다는 점일 겁니다. 이 사실을 논문 저자들에게 전하니 그 오류를 지적한 사람이 여태껏 저를 포함해 단 2명이라는 답변을 들을 수 있었죠. 게다가 저자들조차 아직 그 오류를 정정한 논문을 내놓지 못했다더군요. 이 오류 지적이 갖는 의의는 구글 학술 검색에 따르면 이 논문이 당시 이미 60회나 인용됐다는 사실을 떠올려 보면 알 수 있을 겁니다.

하지만 이런 작은 성공들보다 더 중요한 점은 이 테스트를 통해 제가 새로운 마음가짐을 갖게 됐다는 겁니다. 이제 저는 '압박감'을 긍정적으로 받아들일 줄 알게 됐죠. 압박감이 주는 불편함을 피해야 할 대상으로 여기지 않고, 보디빌더가 공들여 근육을 만들 때 타는 듯한 고통을 느끼는 것과 마찬가지로 뭔가 제대로 하고 있을 때 느껴지는 신호라고 생각하게 된 겁니다. 이런 자각에 힘입어 저는 덩치가 큰 논문을 분석할 때 일상적 루틴에 의식적 훈련법을 주입시키기 위한 3가지의 작은 습관을 고안하게 됐습니다. 다음은 이 3가지 루틴에 대한 설명입니다.

연구 바이블 루틴

이 연구 바이블이란 사실 컴퓨터에 저장한 문서를 말합니다. 루틴은 다음과 같습니다. 일주일에 한 번 저의 '바이블' 문서에 제 연구와 관련이 있다고 생각하는 내용을 요약해서 적습니다. 이 요약문에는 결과에 대한 설명, 이전 연구와의 비교, 그리고 그 결과를 얻기 위해 사용한 주요 전략이 반드시 포함됩니다. 이렇게 요약하는 건 처음의 단계적인 논문 분석 때보다는 강도가 덜하지만(덕분에 주 1회 분석이 가능하게 됐지만) 여전히 의식적 훈련의 압박감은 상당하지요.

시간 기록 루틴

또 하나의 의식적 훈련 루틴은 시간 기록지 활용입니다. MIT 시절 책상 앞에 붙여 놓기 시작했고 조지타운대학에 와서도 쓰고 있죠. 기록지에는 각 달마다 의식적 훈련의 상태에 몰입한 전체 시간을 쓰게 돼 있습니다. 2011년 3월 15일부터 이 시간 기록지를 쓰기 시작했는데 3월 두 주 동안에는 총 12시간을 의식적 훈련 상태로 보냈죠. 처음으로 한 달 전체의 시간을 기록해 둔 그해 4월은 총 42시간이었다가 5월은 26.5시간, 6월은 23시간으로 줄었습니다. 사실 이 두 달 동안에는 MIT에서 조지타운으로 이사하는 데 온통 정신이 팔려 있었거든요. 이렇게 매일 시간을 기록해 둔 종이를 눈앞에 두면 하루 동안 의식적 훈련의 비중을 더 늘릴 수 있는 새로운 방법을 계속 찾게 됩니다. 이런 루틴이 없다면 제 능력의 한계를 늘리는 데 투자하는 시간은 분명 훨씬 줄어들게 되겠지요.

이론 노트 루틴

세 번째 전략은 MIT 서점에서 가장 비싼 노트를 구입하는 것이었습니다. 기록 보관소에서나 쓸 법한 품질의 이 연구 노트는 무려 45달러나 했죠. 질 좋은 두꺼운 표지에 이중 와이어로 묶여 평평하게 펼쳐지는 노트였습니다. 내지는 두꺼운 격자무늬 중성지로 돼 있고요. 새로운 이론을 브레인스토밍할 때 이 노트를 사용합니다. 매번 브레인스토밍이 끝날 때마다 그 결과를 직접 형식에 맞춰 날짜와 함께 기록해 두죠. 비싼 노트 가격을 생각하면 적는 내용도 그만큼 중요해야 한다는 의무감과 함께 아이디어를 수집하고 정리하는 데 필요한 압박감이 들게 됩니다. 결국 의식적 훈련에 더 투자하게 되는 거죠.

두 번째 원칙을 탐구하면서 얻은 깨달음은 제가 일에 접근하는 방법 자체를 근본적으로 바꿔 놓았습니다. 이전의 사고방식을 한마디로 얘기하자면 '생산성 중심'이었다고 할 수 있죠. 무조건 일을 끝내는 것이 최우선 순위였습니다. 하지만 이런 생산성 위주의 사고방식은 의식적 훈련이 필요한 일을 뒤로 미루게 합니다. 그런 일은 완료할 방법도 불분명할 뿐 아니라 의식적 훈련이 요구하는 정신적 스트레스와 불편함까지 고려하면 일정을 계획할 때 우선적으로 선택하지 않게 되는 겁니다. 머리가 복잡해지는 증명 문제와 씨름하기보다는 자신의 대학원생 웹 페이지를 새로 꾸미는 게 훨씬 쉽죠. 그 결과 대학원생 초기에 강제로 쌓아 두었던 제 커리어 자산은 시간이 지날수록 점점 줄어들었습니다. 하지만 두 번째 원칙에 대한 연구는 저를 한층 '실력 중심'으로 만들어 그런 상황에서 벗어나도록 바꿔 놓았죠.

제가 하는 일에서 더 뛰어난 능력을 갖추는 것이 갈수록 가장 중요해졌고 이런 뛰어난 능력을 갖추기 위해서는 의식적 훈련이 더욱더 필요해졌습니다. 일에 대한 사고방식의 변화가 커리어에 미치는 영향은 이렇듯 엄청난 겁니다.

세 번째 원칙을 체험하다

2011년 이른 봄 저의 구직 상황은 흥미로운 전개를 맞습니다. 당시 조지타운대학으로부터 구두 제안만 받았고 아직 정식 계약서를 쓰지는 않았는데, 저의 박사후 과정 지도 교수가 "서면 계약이 없으면 의미가 없네"라고 하더군요. 그렇게 공식 제안을 기다리는 동안 유명 주립대학교 한 곳으로부터 연구비 지원이 잘 되는 연구 프로그램의 면접 요청을 받았습니다. 이렇게 난감한 상황을 어떻게 헤쳐 나가야 할지 결정하는 일을 다행히 당시 동시에 진행 중이던 제 탐구 덕택에 쉽게 단순화시킬 수 있었지요. 특히 세 번째 원칙에서 설명한 자율성의 가치에 대한 탐구가 제게 안내자 역할을 해 주었습니다.

세 번째 원칙은 무슨 일을 어떻게 할지 스스로 결정할 수 있는 '자율성'이 뛰어난 커리어 구축에 강력한 힘을 발휘한다고 말해 줍니다. 그야말로 '꿈의 직업을 만드는 묘약'이라고 불릴 만하죠. 다른 사람들이 "나도 저런 직업을 갖고 싶어"라고 부러워하는 커리어의 소유자들을 연구해 보면 거의 항상 자율성이 중심 역할을 하고 있습니다. 이러한 자율성의 가치를 이해하게 되면 기회를 평가하는 방식도 바뀝니다. 어떤 일자리의 잠재적인 자율성을 그 일자리가 주는 급여나 사회적 평판만큼이나 중요하게 고려하게 되는 거죠. 제 자신의 구직 과정에서도 저는 그런 마음가짐으로 임했고, 덕분에 조지타운대의 제안을 받아들일지 아니면 다른 주립대학에 면접을 보러 갈지 선택할 때 새로운 시각을 가질 수 있었습니다.

자율성을 기준으로 선택지를 평가하기 시작하니 2가지의 중요한 포인트가 보이더군요. 첫째, 조지타운대학은 전체 대학 차원에서 과학계에 대한 투자의 일환으로 컴퓨터과학과의 박사 프로그램을 막 시작하는 단계였습니다. 제 구직 과정에 도움을 준 MIT의 지도 교수가 본인의 경험을 얘기해 준 적이 있었지요. 커리어 초기 조지아공대 컴퓨터과학과에서 일할 때였는데 그곳도 당시에 처음 연구 중심 프로그램으로 전환하고 있는 상태였다고 합니다. "이제 막 성장 중인 프로그램에 속해 있으면 언제나 발언권을 가질 수 있지"라고 하더군요. 이와는 반대로 이미 자리가 잡힌 조직에서 새로운 조교수로 임용될 경우 조직 내 위치는 가장 밑바닥일 수밖에 없죠. 이런 대학에서 프로그램의 방향에 영향을 미치려면 정교수가 될 때까지 몇 년이고 마냥 기다려야만 합니다. 그 전에는 그저 위에서 하라는 대로 따를 뿐이죠.

제가 주목한 두 번째 포인트는 조지타운의 정교수 임용 절차가 일반적인 패턴과는 사뭇 달랐다는 점이었습니다. 대형 대학의 경우 정교수 임용은 보통 다음과 같이 이뤄집니다. 행정처의 고위 관료들이 후보자가 속한 분야의 다른 사람들에게 편지를 보내 과연 그 후보자가 해당 분야에서 최고인지 묻습니다. 그렇지 않을 경우엔 후보에서 탈락시키고 그 조건에 맞는 후보자를 물색하죠. 일부 대학에서는 아예 새롭게 임용된 교수들에게 정교수는 꿈도 꾸지 말라고 얘기하기까지 합니다. 학계의 구직 시장이 그만큼 치열하고 가용한 인재들이 많기에 이런 점은 감수해야 할 부분이기도 하죠.

만약 저처럼 새롭게 등장한 전공 분야라서 행정처에서 의견을 물을 만한 전문가를 찾을 수 없다면 정교수직을 얻기가 정말 어려워집니다. 현재 어떤 위치에 있는지 외부에서 평가해 줄 사람이 없다는 뜻이니까요. 이 때문에 신규 교직원은 체제에 순응할 수밖에 없습니다. 즉 정교수가 되는 가장 안전한 방법은 이미 많은 관심을 받는 탄탄한 연구 주제를 골라서 동료들보다 뛰어난 성과는 내는 것이죠. 뭔가 혁신적인 과제를 고르고 싶다고 해도 나중으로 미뤄야 합니다. 카네기멜론대학 컴퓨터과학과 교수였던 작고한 랜디 포시Randy Pausch는 자신의 유명한 저서 《마지막 강의The Last Lecture》에 이런 현실을 잘 포착해 냈습니다. "신규 교직원들이 나에게 찾아와 이렇게 묻곤 한다. '와, 일찍 정교수가 되셨네요. 비결이 뭡니까?' 그럼 나는 이렇게 답한다. '별로 어렵지 않아요. 금요일 밤 열 시쯤 제 사무실로 전화하면 알려 드리죠'라고."

조지타운은 이와는 달리 정교수 임용에 노골적인 상대 평가를 적용하지 않는다는 점을 분명히 했습니다. 막 성장하는 단계인 컴퓨터과학과는 외부에서 인재를 채용하기보다는 내부에서 스타 연구자들을 길러 내는 데 집중하는 중이었죠. 즉 만약 제가 좋은 주제로 훌륭한 연구 결과를 낸다면 계속 교수로 머무를 수 있다는 뜻입니다. 기존의 안전한 주제를 선택해야 한다는 부담감이 없다면 제 연구 프로그램을 훨씬 더 자유롭게 운영할 수 있을 테고요.

커리어에서 누릴 수 있는 자율성이란 측면에서 보면 조지타운은 체계가 이미 잡힌 주립대학보다 분명히 더 매력적이었습니다. 하지만 최종 결정을 내리기에 앞서 저는 세 번째 원칙에서 얻은 다른 지혜의 관점에서도 이 문제를 검토해 봤죠. 너무 자율성을 열광적으로 추구하는 게 아닌가 하는 경고 말입니다. 자율성을 구하는 사람들이 흔히 빠지는 2가지 함정이 있었죠. 첫 번째 함정은 커리어 자산이 부족한 경우였습니다. 상응하는 희소하고 가치 있는 능력이 없이 일에서 더 많은 자율성을 얻으려는 건 신기루를 좇는 것이나 다를 바가 없다는 거죠.

이런 예로 전통적인 직업을 그만두고 웹 사이트에서 나오는 수입으로만 먹고살려는 이른바 '라이프 스타일 디자인' 추종자들이 있었습니다. 이런 반골들 중 대부분은 곧 사람들이 돈을 낼 만한 가치 있는 기술을 갖추지 못하면 자신의 생계를 유지할 만한 수입을 벌어들일 수 없다는 사실을 깨닫고 말죠. 이 함정은 저의 구직과는 별 관련이 없어 보입니다. 학계의 구직에는 보통 상당한 커리어 자산이 필요하니까요. 임용 후보자가 교수직 제안을 받기 위해서는 학계 동료들이 주목하는 학술지에 논문을 실어야 하고 강력한 추천서도 있어야 하죠. 하지만 커리어 자산이 충분치 않은 후보자들에게 연구 자율성을 보장한다고 유혹하고는 막상 임용한 후에는 엄청난 수업량과 업무량을 안겨 버리는 학과들도 있습니다. 다시 말해 아무리 이렇게 희소한 능력이 당연한 세계라 할지라도 자율성의 신기루를 항상 경계해야 한다는 겁니다.

자율성의 두 번째 함정은 더 큰 자율성을 얻을 수 있을 만큼 충분한 커리어 자산을 갖췄을 때 발생합니다. 이 경우 더 큰 자율성을 얻음으로써 이득을 보는 건 오직 본인이기 때문에 주변 사람들의 반대에 부딪힐 가능성이 커지는 거죠. 다행히도 저는 MIT에서 가장 가깝게 지낸 지도 교수가 조지타운처럼 빠르게 성장하는 곳이 제공하는 유연함을 추구하라고 독려해 주었습니다. 하지만 저의 직업 세계에서는 이 같은 결정에 반대를 겪는 경우가 분명히 많습니다. 그들에게는 기반이 탄탄한 대학에서 잘 닦인 경로를 걷는 게 정교수직도 보장받고 좋은 평판도 얻는 안전한 길이겠지요. 연구에 대해 더 큰 자율성을 얻으려는 제 관심사는 그들에게는 고려 사항이 아닐 테고, 따라서 안전한 결정 외의 다른 어떤 결정도 위험해 보이는 겁니다.

세 번째 원칙에 대해 탐구하면서 저는 이 2가지 함정을 벗어날 수 있는 유용한 도구인 '재정적 생존 가능성의 법칙'과 만나게 됐습니다. 이 법칙은 다음과 같이 설명할 수 있죠. "일에서 더 큰 자율성을 얻을 수 있는 매력적인 아이디어를 실천할지 말지 결정할 때, 스스로에게 과연 사람들이 기꺼이 돈을 지불할 것인지 여부를 물어보라. 그 답이 '그렇다'라면 계속하라. '아니다'라면 포기하라."

궁극적으로 이 법칙은 제가 스스로의 커리어를 최종적으로 결정하는 데 도움이 됐습니다. 조지타운대학은 제가 무슨 일을 어떻게 할지 결정할 수 있는 자율성을 더 많이 제공할 수 있는 곳이었죠. 이건 확실해 보였습니다. 뿐만 아니라 자율성을 보장하면서도 금전적으로나 저의 연구에 대한 지원 면으로나 괜찮은 조건도 제공하려 했습니다. 재정적 생존 가능성의 법칙에 따라 저는 2가지 자율성의 함정을 모두 피할 수 있다는 확신을 가지고 조지타운을 선택할 수 있었죠. 자율성과 교환하기에 충분한 커리어 자산을 갖춘 상태였기에 과감히 반대의 목소리를 물리칠 수 있었습니다. 그래서 결국 주립대학의 면접 요청을 뿌리치고 조지타운을 기다렸던 겁니다.

네 번째 원칙을 체험하다

네 번째 원칙에서 설명했듯이 직업적 사명감은 자신의 일을 조직해 주는 목적과 같습니다. 자신이 하는 일에서 명성을 얻게 해 주고 그러한 명성과 함께 찾아오는 훌륭한 기회로 안내해 주죠. 이는 또한 저를 오래도록 매혹시킨 생각이기도 합니다.

이런 사명감이 학자라는 직업에는 잘 어울립니다. 특별하게 두드러지는 커리어를 가진 교수에게 동료와 무엇이 다른지 물어보면 거의 항상 "명확한 사명감을 가지고 일했다"라는 대답이 나옵니다. MIT 물리학과 교수였다가 작가가 된 앨런 라이트먼^{Alan Lightman}을 예로 들어 볼까요. 라이트먼은 전통적인 물리학자로 커리어를 시작했지만 한편으로는 글도 썼습니다. 과학의 인간적 측면을 다루는 소설과 논픽션을 썼죠. 여러 저작 중 소설《아인슈타인의 꿈^{Einstein's Dreams}》이 가장 잘 알려져 있고 에세이들은 거의 모든 주요 문학 잡지에 실렸습니다.

라이트먼의 커리어는 과학의 인간적인 면을 탐구하겠다는 사명감에 기초해 있었고 덕분에 그는 매력적인 기회를 얻을 수 있었죠. 그는 MIT 물리학과의 치열한 정교수 경쟁을 떠나 MIT 역사상 최초로 과학과 인문학에 이중 소속을 가진 교수가 되었습니다. MIT의 커뮤니케이션 필수 과정 개발을 도왔고 대학원 과학 저술 프로그램을 설립하기도 했죠. 저와 만났을 당시 라이트먼은 겸임 교수로 자리를 옮겨 좀 더 자유로운 일정 속에서 인상적일 만큼 홀가분한 삶을 즐기고 있었습니다. 현재는 그가 중요하다고 생각하는 이슈들에 초점을 맞춘, 자신이 직접 설계한 글쓰기 수업 강의를 하는 중이죠. 연구 보조금이나 논문 게재의 필요성으로부터 스스로를 해방시킨 겁니다. 여름이면 전화, TV, 인터넷도 없는 메인주의 한 섬에서 가족과 함께 시간을 보냅니다. 아마도 장엄한 자연 속에서 생각할 여유를 가지려는 거겠죠. 제게 가장 인상 깊었던 건 MIT 공식 홈페이지의 본인 연락처에 다음과 같이 적었다는 점입니다. "저는 이메일을 쓰지 않습니다." 잘 알려지지 않은 학자라면 절대 따라할 수 없는 단순함의 극치라고 할 수 있죠.

라이트먼은 사명감을 기반으로 색다르면서도 뛰어난 커리어를 구축한 수많은 교수들 중 한 사람일 뿐입니다. 그런 이들 중에서 저는 파디스 사베티와 커크 프렌치 같은 사람을 찾아내 인터뷰했고 4부에서 그들에 대한 이야기를 자세히 소개했죠. 앨런 라이트먼이나 31세에 수학과 문화 연구를 조합해 명성을 얻은 에레즈 리버먼Erez Lieberman, 또 빈곤퇴치 프로그램 연구로 매카서 상MacArthur Genius Grant을 수상한 에스터 듀플로Esther Duflo의 이야기는 이 책에 싣지 못했지만, 제 자신의 커리어를 가꾸는 방법에 대한 생각에 큰 영향을 끼쳤습니다.

하지만 네 번째 원칙을 진지하게 연구하면서 파디스, 커크, 자일스 보켓 등 뛰어난 사명감을 가진 사람들을 직접 만나보기 전까지는 실제로 자신의 일에서 사명감을 실현한다는 것이 얼마나 어려운지 제대로 이해하지 못했죠. 억지로 사명감을 가지려 할수록 성공할 가능성이 오히려 더 낮아진다는 점을 배웠습니다. 결국 진정한 사명감에는 2가지가 필요했죠. 첫째, 커리어 자산이 필요한데 여기엔 인내가 요구됩니다. 둘째, 자기 분야에서 항상 변화하는 인접 가능 영역을 끊임없이 살피면서 새로운 멋진 아이디어를 찾아야 합니다. 그러려면 새로운 아이디어를 계속해서 접하고 브레인스토밍에 매달려야 하죠. 더구나 이 2가지가 결합되어 평소 생활에 녹아들어야 하는 것이지, 어떤 단계들을 완수한다고 해서 자동으로 사명감이 생기는 게 아닙니다. 2011년 여름에 들어서면서 저는 새롭게 이해한 바를 바탕으로 일에 대한 접근법을 바꿔 성공적인 사명감을 얻고자 시도했습니다. 이런 노력의 결과인 루틴을 조합해 일명 '사명감 개발 시스템'을 만들었죠. 이 시스템은 3층 피라미드 형태로 구성돼 있습니다.

꼭대기 층: 잠정적 연구 사명감

꼭대기 층의 잠정적 연구 사명감은 사명감 개발 시스템 전체를 안내하는 역할을 맡습니다. 제가 흥미를 가진 연구 분야에 대한 개략적인 가이드라인을 제공하는 거죠. 현재 저의 사명감은 '분산 알고리즘 이론을 흥미로운 새 분야에 적용해 흥미롭고 새로운 결과를 만들어 낸다'라고 정의할 수 있습니다. 이 사명감 선언을 정의하기 위해 우선 저는 제 분야에서 커리어 자산을 쌓아야 했죠. 분산 알고리즘에 대해 논문을 쓰고 또 읽으면서 이 이론을 새로운 환경에 적용시킬 경우 엄청난 잠재력이 숨어 있다는 사실을 알 수 있었습니다. 물론 정말 어려운 일은 이 잠재력을 폭발시킬 훌륭한 프로젝트를 찾아내는 것이었죠. 이 목표를 달성하기 위해 피라미드의 다른 두 층을 설계한 겁니다.

바닥 층: 배경 연구

이제 피라미드의 꼭대기에서 바닥으로 내려가 봅시다. 여기서는 배경 연구에 대한 제 노력을 볼 수 있습니다. 규칙은 이렇습니다. '매주 내 분야에 대한 새로운 뭔가를 접한다.' 논문을 읽거나 관련 논의에 참여하거나 또는 회의에 참석해야 했죠. 그 새로운 아이디어를 정말 이해했다는 확신을 갖기 위해 앞서 소개한 저의 '연구 바이블'에 저만의 언어로 요약, 정리해 둬야 했습니다. 또한 배경 연구에서 떠오른 아이디어들을 자유롭게 생각하기 위해 매일 한 번씩은 산책에 나섰습니다. 마침 저는 걸어서 출퇴근했고 산책시켜야 할 개도 있어서 그 일과 중에서 고르면 됐죠. 어떤 주제를 접할지에 대한 선택은 꼭대기 층의 사명감 선언이 정한 바에 따랐습니다.

자유롭게 재조합한 아이디어들과 잠재성 있는 주제들을 결합하려는 이 배경 연구 프로세스는 스티븐 존슨의 책《탁월한 아이디어는 어디서 오는가》로부터 얻은 것입니다. 4부에서 인접 가능 영역에 대한 그의 생각을 소개한 바 있었죠. 존슨에 따르면 새로운 아이디어들과 그 아이디어들의 혼합 및 조합을 촉진시키는 '유동적 네트워크'에 대한 접근은 혁신적인 아이디어를 부르는 촉매제 역할을 해 준다고 합니다.

중간 층: 탐사 프로젝트

이제 우리는 피라미드의 중간 층, 교수로서 제가 생산하는 연구 성과의 대부분을 관장하는 곳에 도착했습니다. 네 번째 원칙에서 설명했듯이 잠정적인 사명감으로부터 뛰어난 성취로 도약하기 위한 효과적인 전략은 제가 '작은 도전'이라고 명명한 작은 프로젝트들을 이용하는 것입니다. 이 작은 도전은 사명감 탐색의 과정에서 다음과 같은 특성을 갖죠.

- 한 달 이내에 완성할 수 있을 정도로 작은 프로젝트다.
- 새로운 가치를 창조해야 한다. 예를 들어 새로운 기술을 마스터하거나 기존에는 없던 새로운 결과를 만들어 내야 한다.
- 구체적인 피드백을 모을 수 있는 구체적 결과를 도출해야 한다.

저는 피라미드 바닥 층의 배경 연구 과정을 통해 드러난 가장 유망한 아이디어들을 탐색하는 데 이 작은 도전을 활용했습니다. 다만 집중력의 강도를 유지하기 위해 한 번에 2~3가지의 승부만 시도했죠. 또 계획표에 노란색으로 데드라인을 표시해 완성의 긴급도를 높였고요. 마지막으로 이 도전들에 투자한 시간을 앞에서 설명한 시간 기록지에 적어 두었습니다. 이런 도구들을 사용하지 않으면 덜 중요하지만 더 긴급한 일들에 주의를 빼앗기는 바람에 결국 질질 끌려 다니게 되더군요.

하나의 작은 도전을 마치면 그로부터 얻은 구체적인 피드백을 발판 삼아 연구 방향을 잡았습니다. 예를 들어 이 프로젝트를 포기해야 할지, 다음은 어떤 방향으로 탐색하는 게 가장 좋을지 등을 피드백을 통해 알 수 있었죠. 이 작은 도전들을 달성하려는 노력은 의식적 훈련으로 이어지는 부수적인 효과까지 더해 주었습니다. 의식적 훈련의 결과로 저는 제가 하는 일에서 점점 더 튼튼한 실력을 쌓을 수 있었고요.

궁극적으로 이 중간 층에서 시도한 프로젝트들은 성공하든 실패하든 꼭대기 층의 연구 사명감을 발전시키는 데 도움이 되었습니다. 결국은 이 시스템 전체가 끊임없이 진화하면서 제 연구에 대한 더 명확하고 더 튼튼한 비전을 가질 수 있게 해 주는 하나의 완결된 피드백 고리처럼 작동하는 겁니다.

무슨 일을 하느냐보다 어떻게 일하느냐가 중요하다

이 책은 열정을 따르는 것이 행복의 열쇠라고 믿었던 토머스의 이야기로 시작했지요. 이 신념에 충실하려 했던 그는 자신의 열정을 따라 캐츠킬산맥의 외딴 사원에서 선 수련을 시작했습니다. 그곳에서 명상에 몰두하고 끝없는 법문 설법을 들으며 수행에 전념했죠.

하지만 토머스는 기대했던 행복을 찾지 못했습니다. 오히려 환경이 바뀌었음에도 불구하고 사원에 도착하기 전과 "정확히 똑같은 사람"이라는 점을 깨달았죠. 이런저런 직업을 전전하면서 자신의 진정한 사명감을 찾지 못했다고 여겼던 마음도 그대로였습니다. 우리는 이런 깨달음의 무게에 눈물을 흘리던 토머스를 프롤로그에 남겨두고 왔죠. 사원 주변 고요한 떡갈나무 숲속에 앉아 울던 그를요.

그로부터 약 10년 후 저는 MIT 근처의 한 커피숍에서 토머스를 만났습니다. 당시 그는 독일에서 일하고 있었지만 컨퍼런스 참석차 보스턴을 방문 중이었죠. 짧은 머리에 키가 크고 마른 체형인 토머스는 유럽 지식 노동자답게 테가 얇고 각진 안경을 쓰고 있었습니다. 우리는 마주 앉아 커피를 마시며 사원에서 겪었던 위기 이후 그의 삶에 대한 이야기를 나눴지요.

사원에서 나온 토머스는 열정을 좇아 캐츠킬산맥으로 떠나느라 2년 전 그만두었던 은행으로 되돌아갔습니다. 하지만 이번에는 자신의 직업에 대한 인식이 바뀐 상태였죠. 사원에서의 경험 덕에 한때 그의 마음을 사로잡았던 직업에 대한 환상과 현실 도피적 사고방식에서 벗어날 수 있었던 겁니다. 대신 자신에게 주어진 업무와 그 업무를 잘해내는 법에 집중할 수 있었습니다. 현재의 직업과 아직 발견하지 못한 마법 같은 미래의 직업을 소모적으로 비교하던 과거의 버릇을 버렸죠.

이런 새로운 사고방식과 그로 인한 성과는 관리자들의 눈에 띄어 재입사 9개월 만에 승진을 했습니다. 곧이어 또 승진했고 또다시 승진했죠! 데이터 입력 업무를 하던 하위직에서 2년 만에 60억 달러 규모의 투자 자산을 관리하는 전산 시스템 전체 책임자 자리에 올라선 겁니다. 저와 만났을 때는 그보다 5배나 많은 자산을 관리하는 시스템을 책임지고 있었습니다. 일은 상당히 고됐지만 토머스는 도전을 즐기는 자세로 일했지요. 또 자신의 일에서 존중감, 영향력, 자율성을 느끼고 있었는데, 이 3가지는 바로 두 번째 원칙에서 제가 자신이 사랑하는 일을 만드는 데 필요한 희소하고 가치 있는 특징으로 꼽았던 것들이기도 합니다. 토머스가 이런 특징들을 얻은 건 자신의 열정에 맞는 일을 찾았기 때문이 아니라, 자신의 일을 훌륭히 수행하고 그로부터 얻은 커리어 자산을 전략적으로 투자한 덕분입니다.

전산 시스템을 관리하는 일이 토머스가 과거 꿈꿨던 매일이 천국 같은 삶을 안겨 주지는 못할 겁니다. 하지만 이제 토머스 스스로도 깨달았듯 그 어떤 직업도 그렇게 해 주지는 못합니다. 만족스러운 직장 생활은 그의 오래된 판타지보다 더 절묘한 경험을 안겨 주지요. 저와 얘기를 나누며 토머스는 자신이 변하게 된 이유가 한 가지 단순한 진실을 깨달았기 때문이라고 인정했습니다. 그건 바로 '제대로 일하는 것이 좋은 직업을 찾는 것보다 더 중요하다'라는 것이었지요. 그가 직업에서 행복을 찾기 위해서는 완벽한 직업이 필요한 게 아니었습니다. 이미 자신이 하고 있는 일에 다른 방식으로 접근하는 게 필요했을 뿐입니다.

저는 토머스의 이 마지막 이야기, '제대로 일하는 것이 좋은 직업을 찾는 것보다 더 중요하다'가 이 책의 핵심 메시지를 잘 요약해 준다고 생각합니다. 단순한 표현이긴 하지만 사실은 수십 년간 열정의 미스터리한 가치에만 집착해 온 커리어 조언들을 일거에 뒤집어 버리는 말이지요. 꿈의 직장을 얻으면 한순간에 직업적 행복이 이뤄질 거란 우리의 몽상을 날려 버리고 대신 직업적 만족에 대해 더 냉철한 관점을 제공해 줍니다. 이 때문에 제가 토머스의 뒷얘기를 이 책 마지막까지 남겨 둔 겁니다. 우선 여러분과 함께 4가지 일의 원칙을 먼저 탐색함으로써 '제대로 일한다는 것'의 의미를 파악하고자 했던 거죠. 이런 마음가짐이 우리 자신의 일에서 어떻게 더 큰 행복감을 안겨 주는지도 다양한 사례들을 통해 살펴봤습니다. 이렇게 여러분에게 미리 단서를 제공해 뒀으니 부디 토머스 이야기의 결말도 그다지 놀랍게 여기지 않길 바랍니다.

저는 제 직업을 사랑합니다. 또한 그간의 탐구 과정에서 발견한 아이디어들을 계속 실천한다면 이 사랑이 더욱 깊어질 것이라고 확신합니다. 토머스도 자신의 일에 대해 저와 같은 생각을 했고 이 책에 등장한 대부분의 사람들 역시 마찬가지였죠.

이 확신을 독자 여러분과 나누고 싶습니다. 제가 밝혀낸 원칙들이 여러분을 안내해 줄 겁니다. 자신의 천직을 찾는 일에 너무 집착하지 마세요. 그보다는 희소하고 가치 있는 능력을 쌓는 게 먼저입니다. 이런 능력을 통해 커리어 자산을 충분히 쌓은 다음에는 현명하게 투자해야 합니다. 커리어 자산을 이용해 일의 대상과 방법에서 자율성을 얻고 인생을 바꿀 사명감을 확인하여 그에 따르세요. 모든 걸 버리고 떠나 산에서 승려들과 함께 수련하겠다는 환상보다는 덜 매력적으로 들릴 수는 있어도, 이러한 일의 철학이야말로 오랜 시간에 걸쳐 실제로 효과를 내 온 것입니다.

그러니 다음번에 혹시 용기를 내 추구해야 할 꿈의 직업이 어딘가에서 자신을 기다리고 있는 게 아닌가 하는 의심이 들기 시작할 때면, 우선 딱 2가지 이미지만 떠올려 보기 바랍니다. 먼저 열정에 목매다가 문득 진실을 깨닫고 낙담하며 흐느끼던 토머스의 모습을 상상해 보세요. 그다음엔 그 모습을 10년 후 저와 커피숍에서 만나 확신에 차서 미소 짓던 토머스의 이미지로 바꿔 보는 겁니다. 이때 토머스는 대화를 나누던 중 저를 빤히 쳐다보며 이렇게 얘기했죠.

"인생이란 참 즐거워요. 그렇지 않나요?"

부록

용어 설명 · 등장인물 소개

1부

열정론passion hypothesis

이 가설은 직업에서 행복을 얻기 위해서는 먼저 자신이 무엇에 열정을 가졌는지 파악한 다음 그 열정에 맞는 직업을 찾아야 한다고 주장한다. 이 책의 기본 기조는 이 열정론이 아무리 널리 받아들여지고 있다고 해도 잘못일 뿐 아니라 위험할 수 있다는 것이다.

2부

누구도 당신을 무시하지 못할 실력을 쌓아라 Be so good they can't ignore you

코미디언 스티브 마틴의 이 말은 사랑하는 일을 만들기 위해 무엇이 필요한지를 알려 준다. 마틴은 2007년 찰리 로즈와의 인터뷰에서 연기자 지망생들에게 전할 조언을 묻자 이렇게 답했다. "아무도 제 조언을 귀담아 듣지 않더군요. 듣고 싶은 답이 아니었기 때문이겠죠. 그들이 원하는 건 좋은 에이전트를 구하는 방법이나 멋진 대본을 쓰는 방법이었겠지만… 저는 항상 이렇게 말합니다. '누구도 당신을 무시하지 못할 실력을 쌓아라'라고요."

장인 마인드셋^{craftsman mindset}

자기 일에서 '자신이 세상에 제공할 수 있는 가치'에 집중하는 사고방식이다.

열정 마인드셋^{passion mindset}

자기 일에서 '직업이 자신에게 제공할 수 있는 가치'에 집중하는 사고방식으로 장인 마인드셋과 대비된다. 열정 마인드셋은 여러분이 꿈꾸는 더 좋은 직업이 어딘가에서 발견되기를 기다리고 있다고 상상하게 함으로써 결국 만성적인 불만과 몽상으로 이어진다.

커리어 자산^{career capital}

직업 세계에서 희소하고 가치 있는 능력을 말한다. 자신이 사랑하는 일을 얻기 위한 기축 통화 역할을 한다.

좋은 직업과 커리어 자산 이론^{career capital theory of great work}

이 이론은 이후 등장하는 모든 아이디어의 토대를 제공한다. 열정을 따르는 대신 희소하고 가치 있는 능력을 갖춰 커리어 자산을 쌓은 다음 이를 좋은 직업을 규정하는 특징들을 얻는 데 활용해야 사랑하는 일을 얻을 수 있다고 주장한다. 그러려면 열정 마인드셋(세상이 자신에게 제공하는 가치에 집중하는 태도)이 아닌 장인 마인드셋(자신이 세상에 제공하는 가치에 집중하는 태도)이 요구된다. 2부에서는 이 이론을 다음과 같이 3단계로 설명했다.

- 좋은 직업을 규정하는 특징들은 희소하고 가치 있는 것이다.
- 수요 공급의 법칙에 따르자면 이런 특징들을 얻기 위해서는 그 대가로 역시 희소하고 가치 있는 능력이 필요하다. 이렇게 자신이 제공할 수 있는 희소하고 가치 있는 능력이 바로 '커리어 자산'이다.
- '누구도 자신을 무시할 수 없는 실력'을 갖추는 데 끊임없이 집중하는 장인 마인드셋이야말로 커리어 자산을 얻기 위한 가장 적합한 전략이다. 바로 이것이 만약 당신의 목표가 자신이 좋아하는 직업을 갖는 것이라면 열정 마인드셋보다 장인 마인드셋을 추구해야 하는 이유다.

1만 시간의 법칙 ^{10,000-hour rule}

성과를 연구하는 학자들에게 잘 알려진 법칙으로 어떤 기술을 마스터하는 데 드는 연습 기간을 정의한다. 이 개념을 대중화시킨 말콤 글래드웰은 저서 《아웃라이어》에서 다음과 같이 썼다.

"복잡한 일을 훌륭하게 수행하기 위해서는 일정한 임계점 수준의 연습이 필요하다는 사실이 전문가들의 연구를 통해 계속해서 드러나고 있다. 실제로 연구자들은 진정한 전문가가 되기 위해 필요한 마법의 숫자가 1만 시간이라는 결론에 도달했다."

의식적 훈련 ^{deliberate practice}

지속적으로 능력을 향상시킬 수 있을 정도의 난도로 구성된 훈련이다. 1990년대 초 이 용어를 만든 플로리다주립대 교수 안데르스 에릭슨은 "개인의 성과에서 특정 영역을 효과적으로 향상시키기 위한 목적으로, 일반적으로는 지도자에 의해 고안되는 활동"이라고 정의했다. 의식적 훈련은 편안한 상태를 넘어서 능력을 발휘하게끔 하고, 이후 성과에 대해 혹독한 피드백을 받아들이도록 요구한다. 대부분의 지식 노동자들은 커리어 구축 과정에서 이런 식으로 능력을 발전시키기를 꺼린다. 솔직히 말해 불편할 정도로 힘들기 때문이다. 하지만 사랑하는 일을 만드는 데 필수적인 커리어 자산을 늘리려면 반드시 이런 의식적 훈련을 일의 일상적인 루틴으로 받아들여야 한다.

커리어 자산 시장 career capital market

커리어 자산의 획득은 특정한 유형의 커리어 자산 시장에서 이뤄지며 이 시장은 승자 독식과 경매, 2가지 유형으로 나뉜다.

승자 독식 시장에서는 단 한 가지의 커리어 자산만이 통용되며 수많은 사람들이 이를 두고 경쟁한다. 반면 경매 시장에는 다른 여러 종류의 커리어 자산들이 존재하고 각자가 자신의 고유한 커리어를 조합할 수 있다. 각 시장마다 커리어 자산에 필요한 전략이 다르다. 예를 들어 승자 독식 시장에서는 중요한 하나의 기술을 어떻게 마스터할지 파악하는 게 우선이지만, 경매 시장에서는 자신이 보유한 기술들의 조합이 얼마나 희소한지가 관건일 수 있다.

3부

자율성 control

자율성은 무슨 일을 어떻게 할지에 대한 발언권이라고 할 수 있다. 사랑하는 일을 얻는 과정에서 커리어 자산으로 갖출 수 있는 가장 중요한 특징 중 하나다.

자율성의 첫 번째 함정^{first control trap}

직업 생활에서 더 많은 자율성을 얻으려 할 때 주의해야 하는 함정 중
하나다. 커리어 자산이 부족한 상태로 얻는 자율성은 지속되기 어렵다
는 사실을 말한다.

자율성의 두 번째 함정^{second control trap}

직업 생활에서 더 많은 자율성을 얻으려 할 때 주의해야 할 또 다른 함
정이다. 직장에서 의미 있는 자율성을 얻기에 충분한 커리어 자산을 획
득하는 시점은 현재 고용주에게 가치 있는 인력으로 부각되는 시점과
정확히 일치하므로, 여러분이 변화를 시도하는 걸 고용주가 방해할 것
이라는 사실을 말한다.

용기 문화^{courage culture} (2, 3부)

'꿈꾸는 직업을 얻기 위해서는 뻔한 진로에서 벗어날 수 있는 용기만
갖추면 된다'는 다수의 작가와 온라인 논객을 통해 퍼져 나가고 있는
생각을 지칭하는 용어다. 의도는 좋을지 몰라도 커리어에 대한 열망을
뒷받침할 수 있는 커리어 자산의 중요성을 폄하하게 만든다는 점에서
위험한 문화다. 이 때문에 많은 사람들이 직장을 그만두지만 결국 이전
보다 훨씬 더 악조건에 처한다.

재정적 생존 가능성의 법칙law of financial viability

자신의 일에서 더 많은 자율성을 가지려 할 때 2가지 자율성의 함정을 벗어나는 데 도움을 주는 간단한 법칙이다. 더 많은 자율성이 보장된 매력적인 아이디어의 실천 여부를 결정할 때 사람들이 기꺼이 돈을 낼지부터 스스로에게 물어보라고 제안한다. 그렇다면 실천하고, 그렇지 않다면 포기해야 한다.

4부

사명감mission

사랑하는 일을 얻는 과정에서 커리어 자산으로 갖출 수 있는 또 하나의 중요한 특징이다. 사명감은 커리어에 통합적인 목표를 제시해 준다. 한 직업에만 국한되지 않고 다양한 직종에 적용될 수 있다. '왜 나는 이 일을 하는가?'에 대한 답을 제공한다.

인접 가능성adjacent possible

과학 저술가 스티븐 존슨이 혁신의 기원을 설명하기 위해 스튜어트 카우프만에게서 차용한 용어다. 존슨은 어떤 분야에서든 다음의 위대한 아이디어는 현재의 최첨단 수준 바로 위 단계, 즉 기존 아이디어들의 새로운 조합이 가능한 인접 영역에서 발견된다고 설명했다. 여기서 핵심은 혁신이 일어나는 인접 가능 영역에 도달하려면 먼저 그 분야의 최첨단에 이르러야 한다는 점이다. 커리어 구축에서는 훌륭한 직업적 사명감 역시 인접 가능 영역에서 주로 발견된다는 사실이 중요하다. 따라서 자신의 커리어에서 사명감을 찾고 싶다면 그 분야의 최첨단에 우선 도달해야 한다.

작은 도전^{little bets}

경영 저술가 피터 심스에게서 차용한 아이디어다. 혁신적 조직들과 사람들을 연구한 심스는 다음과 같이 서술했다. "처음부터 거대한 아이디어나 계획을 가지고 전체 프로젝트를 시작해야 한다고 믿은 게 아니라, 방향만 옳다면 체계적으로 여러 차례의 작은 도전들을 시도했다. 그 과정에서 작은 실패들과 또 작지만 중요한 성공들을 겪으면서 결정적인 정보를 배웠다." 커리어 구축의 관점에서 보자면 작은 도전은 사명감을 둘러싼 모호한 아이디어를 구체적이고 성공적인 프로젝트로 바꿔 줄 수 있는 훌륭한 전략이다.

리마커블의 법칙^{law of remarkability}

사명감을 성공적으로 실현시키기 위한 프로젝트를 찾게 해 주는 단순한 법칙으로, 작은 도전 전략과 함께 사용할 수 있다. 사명감 기반 프로젝트가 성공하려면 2가지 측면에서 리마커블해야 한다. 첫째, 그 프로젝트를 접한 사람들이 타인들에게도 주목하도록 요청할 정도여야 한다. 둘째, 그런 주목을 받을 가능성이 있는 장소에서 시작해야 한다.

조 더피 ^{Joe Duffy}(2부)

현재 직업

최근 은퇴하기 전까지 조는 15명으로 구성된 자신의 브랜딩 및 디자인 숍인 더피 앤드 파트너스를 경영했다.

자신의 일을 사랑하는 이유

그는 직접 국제적 프로젝트를 골라 일했고 자신의 일에서 큰 존경과 보상을 얻었다. 여가 시간의 대부분은 위스콘신주 토타가틱강 강변에 자리 잡은 본인 소유의 휴양지 더피 트레일에서 보냈다.

이 책의 원칙들을 어떻게 적용했나

조가 광고 일을 시작했을 때는 여느 젊은이들이 그렇듯 대기업 환경이 주는 제약에 짜증을 냈다. 원래 미술가가 꿈이었던 그는 직장을 그만두고 그 꿈으로 돌아가려고 생각하기도 했다. 하지만 커리어 자산 이론에 따라 훌륭한 직업을 규정하는 특징은 희소하고 가치 있는 것이므로 훌륭한 직업을 얻기 위해서는 그 대가로 제공할 희소하고 가치 있는 능력이 필요하다는 점을 깨달았다. 자신의 분야 내에서 '로고를 통한 브랜드 커뮤니케이션'이라는 전문성을 발견하고 그 기술을 자신의 것으로 만드는 데 매달렸다. 결국 대형 광고 회사에 고용되어 더 많은 급여와 자유를 얻을 수 있었다. 커리어 자산을 지속적으로 쌓자 회사에서는 독자적인 자회사를 경영할 수 있게 하여 더 많은 자율성까지 부여했다. 결국 자신의 이름을 건 회사를 직접 경영하기에 이르렀고 전문성을 통해 얻은 금전적 보상을 이용해 더피 트레일을 매입했다. 은퇴하기 전에 이미 언제 어떻게 일할지를 자율적으로 결정할 수 있었으니, 조는 자신의 일과 휴식 모두에서 최대한으로 인생을 즐겼다고 할 수 있다.

알렉스 버거 Alex Berger (2부)

현재 직업

알렉스는 성공한 TV 방송작가다.

자신의 일을 사랑하는 이유

꾸준히 일거리를 얻을 수 있는 능력만 갖춘다면 방송작가는 환상적인 직업이다. 수백만 명이 시청하는 창의적 프로젝트를 진행하면서 엄청난 돈을 벌 수 있다. 게다가 매년 몇 달씩 여가 시간도 누릴 수 있다.

이 책의 원칙들을 어떻게 적용했나

아이비리그 졸업장을 손에 쥐고 처음 할리우드에 도착했을 때 알렉스는 자신이 구상한 여러 가지 엔터테인먼트 관련 프로젝트들을 통해 이 업계에 발을 들일 수 있을 거라 생각했다. 하지만 이런 아이디어에 아무도 관심을 갖지 않는다는 점이 드러났고, 알렉스는 얼마 지나지 않아 더 구체적인 분야인 TV 방송 대본으로 관심의 영역을 좁혔다. 그는 이 분야에서 중요한 것은 오직 한 종류의 커리어 자산, 즉 질 좋은 대본을 쓰는 능력이라는 점을 깨닫게 됐다.

대학 토론 챔피언 시절 갈고닦은 기술을 바탕으로 대본 쓰는 능력을 체계적으로 향상시키기 시작했고, 동시에 4~5개의 대본 작업을 진행하기도 했으며, 가차 없는 피드백을 기꺼이 받아들였다. 이 전략을 통해 그의 대본 작성 능력은 빠르게 향상되어 마침내 처음으로 자신의 대본이 방송으로 제작되기에 이르렀고, 덕분에 방송국 전속 작가 자리를 꿰찼으며, 또 그 덕분에 마이클 아이스너와 프로그램을 공동 제작할 수 있게 됐다. 커리어 자산 이론이 현실에서 실행된 대표적인 사례라고 할 수 있다. 자신이 사랑하는 직업을 얻기 위해 알렉스는 먼저 누구도 무시하지 못할 실력을 쌓아야 했다.

마이크 잭슨 Mike Jackson (2부)

현재 직업

마이크는 실리콘 밸리 샌드힐 로드에 위치한 친환경 기술 벤처 투자 기업 웨스틀리 그룹의 이사다.

자신의 일을 사랑하는 이유

친환경 에너지 벤처 투자는 각광받는 분야다. 세상을 돕는 길인 동시에, 마이크도 인정하듯이 돈도 많이 벌 수 있다.

이 책의 원칙들을 어떻게 적용했나

마이크가 인생에서 뭘 해야겠다는 명확한 비전을 가지고 직업 전선에 뛰어든 건 아니었다. 하지만 적어도 커리어 자산 이론의 기본인 '더 희소하고 가치 있는 능력을 갖출수록 더 흥미로운 기회들이 찾아온다'는 점만은 이해하고 있었다. 그래서 마이크는 커리어 초기에 가치 있는 자산을 하나씩 자신의 것으로 만들겠다는 목표를 추구했는데, 풍부한 커리어 자산이 자신에게 가치 있는 진로를 약속해 줄 것이라 믿었기 때문이다. 우선 야심찬 석사 논문 주제를 골랐고 덕분에 국제 탄소 시장의 전문가가 될 수 있었다. 그다음에는 이 전문성을 바탕으로 미국 기업들에 탄소 배출권을 파는 친환경 에너지 스타트업 기업을 운영했다.

친환경 에너지 시장에 대한 전문 지식과 기업 경영에 관한 경험이라는 2가지 요소는 마이크를 현재 그가 일하는 친환경 에너지 벤처 투자기업인 웨스틀리 그룹에 꼭 필요한 인재로 만들어 주었다. 이런 과정을 밟는 동안 마이크는 자신의 천직을 찾으려 든 것이 아니라 더 뛰어난 실력을 갖추는 데 집중했다. 그리고 그 결과로 누구나 선망하는 직업을 얻을 수 있었다.

라이언 보일랜드 ^{Ryan Voiland} (3부)

현재 직업

라이언과 그의 아내 세라는 매사추세츠주 그랜비에서 유기농 농장인 레드 파이어 팜을 운영한다.

자신의 일을 사랑하는 이유

라이언은 십 대 때부터 원예학을 익혀 왔다. 현재 자신이 원하는 대로 경작할 수 있는 땅을 소유하고 있다는 점은 그에게 엄청나게 만족스러운 요소다.

이 책의 원칙들을 어떻게 적용했나

많은 사람들이 농장 생활에 대해 막연히 장밋빛 이미지를 꿈꾼다. 팍팍한 도회지의 삶으로부터 벗어나 자유롭게 야외의 멋진 날씨 속에서 시간을 보낼 수 있다면 얼마나 좋을까 상상하면서 말이다. 하지만 레드 파이어 팜에서 실제로 라이언과 함께해 보니 그런 환상은 금방 깨졌다. 농사일은 정말 힘들다. 날씨는 휴가 때처럼 즐길 수 있는 대상이 아니라 농작물에 큰 피해를 끼칠 수 있는 무서운 힘을 지닌 존재다. 그리고 현대적 생활에서 자유로울 거란 예상과 달리 농부도 이메일, 엑셀 스프레드시트, 각종 소프트웨어에 시달리는 사업가에 불과했다. 라이언이 자신의 일을 사랑하는 이유는 야외에서 일할 수 있다거나 이메일로부터 자유롭다는 게 아니라 무슨 일을 어떻게 할지 자신이 자율적으로 결정할 수 있다는 점이었다.

세 번째 원칙에서 설명한 대로 이 자율성이란 특징은 사랑하는 일을 만드는 데 결정적 역할을 한다. 라이언의 이야기에서 중요한 점은 그가 어느 날 갑자기 '농장을 하면 자율성을 보장받을 수 있을 테니 땅을 좀 사야겠어'라고 결심한 게 아니라, 그런 자율성을 얻기 위해서는 다른 가치 있는 커리어 특징처럼 커리어 자산 획득이 먼저 필요하다고 깨달았다는 것이다. 그는 자신의 농장을 갖기 10년 전부터 농사일에 대한 기술을 갈고닦아 왔다. 우선 부모님의 텃밭을 가꿔 경작물을 내다 파는 데서부터 시작해 좀 더 큰 프로젝트를 맡으면서 자신의 능력을 서서히 쌓아 올렸다. 원예학을 공부하러 코넬대학으로 떠나던 시점에는 지역 농부로부터 땅을 임대해 경작하고 있었다. 대학을 졸업한 후에야 자금을 빌려 처음으로 자신의 땅을 구입했다. 그의 이런 전문성을 고려하면 농장이 잘되는 건 그리 놀랍지 않은 일이다. 라이언은 자율성과 꾸준한 커리어 자산 획득의 가치를 몸소 보여 주는 완벽한 사례다.

룰루 영 Lulu Young (3부)

현재 직업

룰루는 프리랜서 소프트웨어 개발자다.

자신의 일을 사랑하는 이유

룰루는 어려운 소프트웨어 프로젝트를 즐기지만 동시에 언제, 무슨 일을, 어떤 조건에서 할지를 포함한 인생 전반의 자율성도 중요하게 여긴다. 수요가 높은 능력을 갖춘 프리랜서 개발자로서 그녀는 일에 대한 자율성을 유지하면서 다양한 레저 활동도 병행해 왔다. 내키는 대로 한 달 동안 여행을 떠나거나 비행기 조종 훈련을 받기도 하고 주중 오후를 조카와 함께 보내기도 한다.

이 책의 원칙들을 어떻게 적용했나

라이언과 마찬가지로 룰루도 자율성의 가치를 잘 보여 주는 사례다. 또한 라이언처럼 그녀도 자율성을 추구하는 과정에서 커리어 자산을 잘 활용했다. 룰루가 어느 날 갑자기 프리랜서 개발자가 되기로 결심한 건 아니다. 업계에서 오랜 시간에 걸쳐 능력과 평판을 쌓아 왔다. 이제 그녀는 자신의 일을 스스로 결정할 수 있을 만큼 충분한 커리어 자산을 갖췄다. 하지만 그녀의 이야기를 파고들면 현재의 자율성이 단번에 얻어진 게 아니란 점을 알 수 있다. 오히려 자신의 일에서 점점 뛰어난 실력을 갖추게 되면서 더 많은 자유를 얻기 위한 지속적인 협상을 통해 얻어 낸 결과물이다.

그 협상은 개발자 중 가장 하위 단계라고 할 수 있는 소프트웨어 검사원이던 첫 직장부터 시작됐다. 룰루는 검사 과정의 상당 부분을 자동화하는 방법을 알아냈다. 이로 인해 얻은 자산 덕에 주당 30시간 근무 조건을 협상해 철학 수업을 들을 수 있었다. 더 뛰어난 실력을 갖추면서 그녀는 커리어 자산을 스타트업 기업들에서 좋은 자리를 얻는 데 투자했고 점점 더 큰 자율성을 확보했다. 그 스타트업 중 한 곳이 대기업에 인수된 후에는 곧바로 제약이 뒤따랐기에 룰루는 프리랜서로 나섰다. 바로 이 시점에서 그녀가 갖춘 커리어 자산이 더 많은 자율성을 확보하기 위한 마지막 결정을 뒷받침하기에 충분했다는 점이 무엇보다 중요하다.

데릭 시버스 ^{Derek Sivers} (3부)

현재 직업

데릭은 사업가이자 작가이며 사상가다.

자신의 일을 사랑하는 이유

데릭은 자신의 커리어에서 충분한 성공을 거두고 이제는 원하는 곳에서 자신이 원하는 프로젝트를 하며 살 수 있게 됐다. 자신의 인생에 대한 완전한 자율성을 획득해 그 특징을 완벽하게 누리고 있다.

이 책의 원칙들을 어떻게 적용했나

데릭 또한 자율성이야말로 뛰어난 커리어의 결정적 특징이라는 점을 보여 주는 사례다. 하지만 3부의 논의에서 데릭이 특별히 중요한 이유는 그가 더 많은 자율성을 추구할지 여부를 결정할 때 적용한 법칙 때문이다. 내가 '재정적 생존 가능성의 법칙'이라고 명명한 이것은 사람들이 기꺼이 돈을 낼 경우에만 그 프로젝트를 추진해야 한다는 것이다. 만약 사람들이 돈을 지불하려 들지 않는다면 그건 여러분에게 자신이 원하는 자율성을 얻어 낼 커리어 자산이 충분치 않다는 뜻이다.

이 법칙은 데릭이 지금과 같은 성공을 거두는 데 안내자 역할을 해

췄다. 그는 워너브라더스를 그만두고 전업 뮤지션이 되려고 할 때 처음 이 원칙을 적용했다. 음악을 통해 기존 직장에서 버는 만큼의 돈을 벌 수 있을 때까지 그 결정의 실행을 유보했던 것이다. 만약 파트타임 연 주로 그 정도의 수입을 벌어들일 수 없다면 전업 뮤지션이 된다고 해도 성공하기 힘들다고 여겼기 때문이다. 나중에 수천만 달러에 매각한 기 업인 시디 베이비를 시작했을 때도 이 원칙을 적용했다. 기업가적 야망 을 추구하는 데 자신의 전부를 투자하는 대신 작게 시작한 것이다. 그 렇게 해서 돈을 약간 벌면 그 돈으로 규모를 조금 더 키웠다. 상당한 금 액을 벌기 시작한 후에야 비로소 회사 경영을 자신의 전업으로 삼았다.

'용기 문화'는 자신의 일에서 더 많은 자율성을 얻으려면 극단적인 선택을 해야 한다고 우리를 몰아붙인다. 이런 면에서 데릭은 현실을 직 시하게 해 주는 좋은 사례가 된다. 자유를 추구하는 건 좋지만 실패하 기도 쉽다. 재정적 생존 가능성의 법칙은 이런 위험을 벗어나게끔 안내 해 준다.

파디스 사베티Pardis Sabeti (4부)

현재 직업

파디스는 하버드대학교 진화생물학 교수다.

자신의 일을 사랑하는 이유

파디스의 커리어는 '전산유전학으로 오래된 질병을 퇴치한다'는 그녀가 찾아낸 흥미롭고도 중대한 사명감에 기초해 있다.

이 책의 원칙들을 어떻게 적용했나

파디스는 강력한 사명감을 기초로 직업을 갖는 가치를 잘 설명해 주는 사례다. 많은 교수들이 교수라는 직함에 너무 경도된 나머지 심각한 냉소주의에 빠지곤 한다. 파디스가 이런 운명을 피한 건 중요성과 흥미를 발견한 일에 매진했기 때문이다. 그녀가 어떻게 이런 사명감을 발견하게 됐는지도 똑같이 중요하다. 사명감을 찾기는 쉽다고(마치 영감처럼 별안간 떠오른다고) 여기는 반면 사명감을 추구할 용기는 내기가 어렵다는 잘못된 믿음을 가진 사람들이 많다. 네 번째 일의 원칙은 정확히 그 반대되는 주장을 펼친다. 커리어의 기반이 될 수 있는 진정한 사명감을 발견하려면 상당한 전문성이 우선 뒷받침되어야 한다.

오히려 일단 발견한 사명감을 추구하는 건 대개 별일이 아니다. 바로 이 점을 파디스의 이야기에서 확인할 수 있다. 파디스가 현재 자신의 커리어를 규정하는 사명감을 확인할 수 있기까지는 수년간의 기술 습득 과정이 필요했다. 대학을 졸업한 그녀는 유전학 박사 과정을 밟았으며, 정확히 뭘 하고 싶은지 확신이 부족한 상태에서 의대에도 다녔다. 의대를 마치고 박사후 과정 연구원으로 일정 기간 일해 본 후에야 마침내 이 흥미진진한 새로운 기회를 골라낼 수 있을 만한 전문성을 갖출수 있었던 것이다. 파디스의 성공에서 무엇보다 중요한 요소는 인내심이었다. 자신의 직업을 한 방향으로 성급히 규정하기보다 계속 커리어 자산을 쌓으면서 그 과정에서 알게 된 흥미로운 가능성들을 주의 깊게 살펴봐 왔던 것이다.

커크 프렌치 Kirk French (4부)

현재 직업

커크는 펜실베이니아주립대학교에서 고고학을 가르치고 디스커버리 채널 TV 프로그램의 공동 진행자를 맡고 있다. 이 프로그램에서 그는 전국을 누비면서 사람들이 소유한 기념품이나 가보의 역사적 가치를 파악하도록 돕는다.

자신의 일을 사랑하는 이유

고고학을 가르치는 직업을 가진 커크는 고고학의 대중화에 오랫동안 관심을 둬 왔다. 자신의 전공 분야인 마야 문명에 관한 다큐멘터리에서 인터뷰한 이후로 고고학을 대중화할 수단으로 미디어에도 관심을 가져 왔다. 그러므로 TV 프로그램 고정 출연은 이런 관심사들이 환상적으로 현실화된 결과라고 할 수 있다.

이 책의 원칙들을 어떻게 적용했나

커크는 자신의 연구 분야를 대중화시키겠다는 사명감에 기초하여 그의 고고학 커리어를 구축했다. 이 사명감 덕에 그는 자칫 너무 건조하거나 힘에 부칠 수 있는 학술적 커리어를 모험심과 만족감 넘치는 근원으로 변모시킬 수 있었다. 파디스의 경우처럼 이 사명감에도 우선 커리어 자산이 필요했는데 커크에게 그 자산은 박사 학위였다. 또 그의 이야기에서 네 번째 일의 원칙에서 제시한, 일단 발견한 직업적 사명감을 성공시키기 위한 2가지 전략 중 첫 번째가 드러난다.

TV 프로그램 진행자가 되겠다는 생각이 커크에게 불현듯 찾아온 건 아니다. 그는 수차례의 '작은 도전'을 통해 고고학의 대중화라는 일반적인 사명감을 탐색했다. 다큐멘터리를 찍을 자금을 모으려는 시도처럼 이 작은 도전들 중 상당수는 실패했지만 그 실패들 역시 중요했다. 덕분에 효율적이지 못한 방법들로부터 관심을 돌릴 수 있었고 결국에는 이 작은 도전 중 하나가 그를 TV 프로그램으로 이끌었기 때문이다. 템플 기사단의 보물을 발견했다고 주장하는 피츠버그 북부에 사는 남성을 방문해 촬영하기로 결심함으로써 말이다.

그로부터 얼마 지나지 않아 한 프로듀서가 커크의 학과장에게 고고학과 관련된 TV 쇼를 기획 중이라는 이메일을 보냈고, 그 이메일을 본 커크는 프로듀서에게 자신이 찍은 템플 기사단 테이프를 보냈다. 프로듀서가 그 영상을 마음에 들어 했고, 곧 커크를 진행자로 내세운 프로그램의 기획안이 탄생했다. 커리어에 대한 사명감을 발견할 수 있을 정도로 전문성을 쌓는 것은 사명감을 실현하기 위한 첫 번째 단계다. 그리고 커크의 이야기가 보여 주듯 사명감을 실현하기 위해 작은 도전들에 나서는 것이 두 번째 단계라고 할 수 있다.

자일스 보켓 Giles Bowkett (4부)

현재 직업

자일스는 유명한 루비 소프트웨어 프로그래머다. 그 명성 덕택에 그는 그때마다의 관심사에 따라 여러 직업을 경험할 수 있었다. 미국 최고의 루비 프로그래밍 회사에서 일하기도 했고, 오직 블로그에서 얻는 수입만으로 살 수도 있었고, 할리우드 유명 배우가 웹 기반 엔터테인먼트 벤처 기업을 추진하는 데 도움을 주기도 했으며, 가장 최근에는 자신의 책을 쓰기 시작했다.

자신의 일을 사랑하는 이유

자일스는 과도할 정도로 역동적인 성향의 소유자이기에, 지루함을 느끼면 금세 흥미로운 직업을 찾아 이리저리 옮겨 다닐 수 있는 그의 능력은 급변하는 그의 주의력과 찰떡궁합이었다. 자일스가 만약 경제적 필요 때문에 장기간 틀에 박힌 주당 40시간 업무를 하게 된다면 얼마나 불행해질지 그와 조금만 시간을 보내면 누구나 알 수 있을 것이다.

이 책의 원칙들을 어떻게 적용했나

자일스는 사명감을 훌륭한 커리어의 기반으로 삼은 또 다른 사례다. 그의 사명감은 예술과 루비 프로그래밍의 세계를 접목시키는 것이었다. 자일스는 스스로 음악을 작곡하고 연주하는 오픈 소스 소프트웨어 프로그램 아키옵터릭스를 출시하면서 이 사명감을 성공시켰다. 이 소프트웨어로 자신의 분야 커뮤니티 내에서 얻은 유명세가 이후 그의 자유분방한 커리어 활동을 줄곧 뒷받침해 주었다.

파디스와 커크처럼 자일스도 자신의 사명감을 확인하기 위해 커리어 자산이 필요했다. 그는 음악을 진지하게 공부하고 연주했으며 수년 동안 프로그래밍 실력을 쌓은 다음에야 이 두 분야를 결합했을 때 발생할 수 있는 잠재력을 알아볼 수준의 전문성을 갖출 수 있었다. 또한 그의 이야기에서 네 번째 일의 원칙에서 제시한, 일단 발견한 직업적 사명감을 성공시키기 위한 2가지 전략 중 두 번째를 포착할 수 있다.

내가 '리마커블의 법칙'이라고 이름 붙인 이 두 번째 전략은 훌륭한 사명감 기반의 프로젝트는 2가지 측면에서 리마커블해야 한다는 것이다. 첫째, 그 프로젝트를 접한 사람들이 타인들에게 주목하도록 요청할 정도여야 한다. 둘째, 그렇게 주목받을 수 있을 만한 장소에서 시작해야 한다. 자일스는 아키옵터릭스를 출시할 때 바로 이 법칙을 따랐다. 그는 정교한 음악을 생성시키는 컴퓨터 코드의 조합이 사람들의 관심을 잡아끌리란 점을 알았으며, 또한 이 흥미로운 프로젝트에 대한 소문을 퍼뜨리기에 적합한 구조를 갖춘 오픈 소스 소프트웨어 커뮤니티가 이 소프트웨어를 출시하기에 완벽한 장소라는 점 역시 알고 있었다. 이 2가지 특징을 자신의 프로젝트에 결합시켰기에 자일스의 직업적 사명감은 성공을 거둘 수 있었던 것이다.

감사의 말

이 책을 쓰기로 결심한 건 제 블로그 '스터디 핵스'에 열정론에 관해 몇 개의 포스트를 올렸던 때로 거슬러 올라갈 수 있습니다. 당시 제 블로그 독자들이 보였던 반응은 즉각적이고도 방대했죠. 그들이 보여 준 피드백은 이 주제에 대한 제 생각을 정리하고 집중하는 데 큰 도움을 줬으며 더 많은 사람들과 나누어야 할 논의라는 확신을 안겨 줬습니다. 이 프로젝트를 시작할 용기를 내게 해 준 독자들에게 감사를 드립니다.

그 시점부터 저의 출판 관계자들이 함께 그림을 그려 주기 시작했습니다. 제 오랜 에이전트이자 멘토인 로리 앱케마이어Laurie Abkemeier는 그녀의 마법으로 저의 다양한 생각들을 한 편의 조화로운 출판 제안서에 집어넣을 수 있게 도와줬지요. 그랜드센트럴 출판사의 릭 울프Rick Wolff가 이 책의 판권을 따냈다는 게 저는 더없이 기뻤습니다. 릭은 모든 작가들이 바라는 유형의 에디터죠. 그는 초기 단계부터 제 아이디어를 이해해 줬고 이후로도 한결같은 열의를 보여 주었습니다. 제 도발적인 주장을 사람들이 받아들일 수 있는 방식으로 표현하도록 도와주기도 했지요. 울프의 노력 덕택에 이 책이 한층 더 좋아질 수 있었습니다.

마지막으로 제 아내 줄리는 집필 과정에서 정말 필수적인 존재였죠. 원고를 읽어 주었을 뿐 아니라 끝없이 반복되는 제 생각들을 들어 주었고 항상 솔직하고 분명한 피드백을 해 주었으니까요. 이런 노력에는 아내뿐 아니라 우연히 저와 비슷한 시기에 커리어 조언서를 구상하고 썼던 친구 벤 캐스노차Ben Casnocha도 동참해 주었습니다. 집필 과정에서 매 단계마다 정말 유익한 대화를 무수히 함께 나누어 준 그에게 감사를 전합니다.

주

2장

1. Roadtrip Nation, http://roadtripnation.com. 'Watch' 링크를 클릭하면 시즌별 PBS 전체 방송분과, 각 시즌마다 인터뷰 주제에 따른 에피소드들을 둘러볼 수 있다.

2. Interview with Ira Glass, Roadtrip Nation Online Episode Archive, 2005, http://roadtripnation.com/IraGlass.

3. Interview with Andrew Steele, Roadtrip Nation Online Episode Archive, 2005, http://roadtripnation.com/AndrewSteele.

4. Interview with Al Merrick, Roadtrip Nation Online Episode Archive, 2004, http://roadtripnation.com/AlMerrick.

5. Interview with William Morris, Roadtrip Nation Online Episode Archive, 2006, http://roadtripnation.com/WilliamMorris.

6. Vallerand, Blanchard, Mageau et al., "*Les passions de l'ame*: On Obsessive and Harmonious Passion," *Journal of Personality and Social Psychology* 85, no. 4 (2003): 756 – 67.

7. Wrzesniewski, McCauley, Rozin, et al., "Jobs, Careers, and Callings: People's Relations to Their Work," *Journal of Research in Personality* 31 (1997): 21 – 33.

8. 학술적 개관은 다음을 보라. Deci and Ryan, "The 'What' and 'Why' of Goal Pursuits: Human Needs and the Self-Determination of Behavior," *Psychological*

Inquiry 11(2000): 27 - 68. 더 대중적인 이해를 위해서는 Daniel Pink, *Drive: The Surprising Truth About What Motivates Us* (New York: Riverhead, 2009), 또는 이 이론을 다룬 공식 웹 사이트 http://www.psych.rochester.edu/SDT/를 참고하라.

3장

1. Daniel H. Pink, "What Happened to Your Parachute?" Fast-Company.com, August 31, 1999, http://www.fastcompany.com/magazine/27/bolles.html.
2. Google Books Ngram Viewer, http://books.google.com/ngrams.
3. Arnett, "Oh, Grow Up! Generational Grumbling and the New Life Stage of Emerging Adulthood—Commentary on Trzesniewski & Donnellan (2010)," *Perspectives on Psychological Science* 5, no. 1 (2010): 89 - 92. 인용 부분 및 관련 논의는 다음 섹션을 보라. "Slackers or Seekers of Identity-Based Work?"
4. Julianne Pepitone, "U.S. job satisfaction hits 22-year low," CNNMoney.com, January 5, 2010, http://money.cnn.com/2010/01/05/news/economy/job_satisfaction_report/.
5. Alexandra Robbins and Abby Wilner, *Quarterlife Crisis: The Unique Challenges of Life in Your Twenties* (New York: Tarcher, 2001).
6. Interview with Peter Travers, Roadtrip Nation Online Video Archive, 2006, http://roadtripnation.com/PeterTravers.

4장

1. George Graham, "The Graham Weekly Album Review #1551: Jordan Tice: *Long Story*," George Graham's Weekly Album Reviews, March 11, 1999, http://

georgegraham.com/reviews/tice.html.

2. Steve Martin, *Born Standing Up: A Comic's Life* (New York: Scribner, 2007).

3. "An Hour with Steve Martin" (originally aired on PBS, December 12, 2007). 다음 웹 사이트에서 이용 가능하다. http://www.charlierose.com/view/ interview/8831.

4. Steve Martin, "Being Funny: How the pathbreaking comedian got his act together," *Smithsonian*, February 2008, 다음 웹 사이트에서 이용 가능하다. http:// www.smithsonianmag.com/arts-culture/funny-martin-200802.html.

5. Calvin Newport, "The Steve Martin Method: A Master Comedian's Advice for Becoming Famous," Study Hacks(blog), February 1, 2008, http://calnewport.com /blog/2008/02/01/the-steve-martin-method-a-master-comedians-advice -for-becoming-famous/.

6. Po Bronson, "What Should I Do with My Life?" FastCompany.com, December 31, 2002, http://www.fastcompany.com/magazine/66/mylife.html.

7. Po Bronson, *What Should I Do With My Life: The True Story of People Who Answered the Ultimate Question* (New York: Random House, 2002).

5장

1. "Ira Glass on Storytelling, part 3 and 4," YouTube video, 5:20, video courtesy of Current TV, uploaded by "PRI" on August 18, 2009, http://www.youtube.com/ watch?v=BI23U7U2aUY.

2. Kelly Slater, "Al Merrick Talks Sleds," Channel Island Surfboards(blog), January 6, 2011, http://cisurfboards.com/blog/2011/al-merrick-talks-sleds/.

3. Emily Bazelon, "The Self-Employed Depression," *New York Times Magazine*, June 7, 2009, page MM 38. 다음 웹 사이트에서 이용 가능하다. http://www.nytimes.com/2009/06/07/magazine/07unemployed-t.html.

4. Pamela Slim, *Escape from Cubicle Nation: From Corporate Prisoner to Thriving Entrepreneur* (New York: Portfolio Hardcover, 2009).

5. Pamela Slim, "Rebuild Your Backbone. Because you are good enough, smart enough, and doggonit, people like you," Escape From Cubicle Nation(author's website), http://www.escapefromcubiclenation.com/cause-you-are-good-enough-smart-enough-and-doggonit-people-like-you/.

6. Stephen Regenold, "A Retreat Groomed to Sate a Need to Ski," *New York Times*, June 5, 2009, C34. 다음 웹 사이트에서 이용 가능하다. http://www.nytimes.com/2009/06/05/greathomesanddestinations/05Away.html.

7. 이런 유형의 위험에 대해 더 자세히 알고 싶다면 다음 책을 보라. Robert I. Sutton, *The No Asshole Rule: Building a Civilized Workplace and Surviving One That Isn't* (New York: Warner Business Books, 2007).

6장

1. "Salon Media Circus," Salon.com, October 1997. 최초 연구 시점부터 이 책에 해당 문구를 편집해 인용한 기간 사이에 이 칼럼의 온라인 버전이 삭제된 것으로 보인다. 원래 출처는 다음과 같았다. http://www.salon.com/media/1997/10/29money.html.

7장

1. Djakow, Petrowski, and Rudik, *Psychologie des Schachspiels* (Berlin: Walter de

Gruyter, 1927).

2. Charness, Tuffiash, Krampe, et al., "The Role of Deliberate Practice in Chess Expertise," *Applied Cognitive Psychology* 19, no. 2 (2005): 151–65.

3. Malcolm Gladwell, *Outliers: The Story of Success* (New York: Little, Brown and Company, 2008).

4. http://www.psy.fsu.edu/faculty/ericsson/ericsson.exp.perf.html.

5. Ericsson and Lehmann, "Expert and Exceptional Performance: Evidence of Maximal Adaptation to Task Constraints," *Annual Review of Psychology* 47 (1996): 273–305.

6. Ericsson, Anders K., "Expert Performance and Deliberate Practice," http://www.psy.fsu.edu/faculty/ericsson/ericsson.exp.perf.html.

7. Geoff Colvin, *Talent Is Overrated: What Really Separates World-Class Performers from Everybody Else* (New York: Portfolio Hardcover, 2008).

8. Geoff Colvin, "Why talent is overrated," CNNMoney.com, October 21, 2008 (originally appeared in Fortune), http://money.cnn.com/2008/10/21/magazines/fortune/talent_colvin.fortune/index.htm.

8장

1. Daniel H. Pink, *Drive: The Surprising Truth About What Motivates Us* (New York: Riverhead Hardcover, 2009).

2. DeCharms, "Personal Causation Training in the Schools," *Journal of Applied Social Psychology* 2, no. 2 (1972): 95–112.

3. "ROWE Business Case," Results-Only Work Environment (ROWE) website, http://

gorowe.com/wordpress/wp-content/uploads/2009/12/ROWE-Business-Case.
pdf.

11장

1. "Derek Sivers: How to start a movement," TED.com, video posted online April 2010,

   http://www.ted.com/talks/derek_sivers_how_to_start_a_movement.html.

12장

1. "Pardis Sabeti: Expert Q & A," NOVA ScienceNOW, posted July 7, 2008, http://

   www.pbs.org/wgbh/nova/body/sabeti-genetics-qa.html.

13장

1. Steven Johnson, *Where Good Ideas Come From: The Natural History of

   Innovation* (New York: Riverhead Hardcover, 2010).

2. Sabeti, Reich, Higgens, et al., "Detecting recent positive selection in the human

   genome from haplotype structure," *Nature* 419 no. 6909 (2002): 832-837.

14장

1. 커크와 제이슨은 이 프로그램명이 공예품에 금전적 가치를 매겨서 고고학의 신조에
   반한다고 생각했기에 싫어했고 본인들이 원래 제안한 제목 〈진품 또는 가품Artifact
   or Fiction〉을 훨씬 선호했다. 아이러니하게도 첫 시즌의 세 번째 에피소드가 방영된
   후 〈아메리칸 트레저〉에 대한 권리를 소유했다고 주장하는 개인이 디스커버리 채널을
   고소했다. 방송국은 그해 여름 시리즈 방영을 중단하고 다음해 여름에 방송을 재개하

기로 계획했으며 이번에는 커크와 제이슨이 원래 제안한 제목을 사용하기로 했다.

2. Peter Sims, *Little Bets: How Breakthrough Ideas Emerge from Small Discoveries* (New York: Free Press, 2011).

15장

1. Seth Godin, *Purple Cow: Transform Your Business by Being Remarkable* (New York: Portfolio Hardcover, 2003).

2. Seth Godin, "In Praise of the Purple Cow," FastCompany.com, January 31, 2003, http://www.fastcompany.com/magazine/67/purplecow.html.

3. Chad Fowler, *My Job Went to India: 52 Ways to Save Your Job* (Pragmatic Programmers) (Raleigh, NC: Pragmatic Bookshelf, 2005).